국악 교육프로그램 개발

윤명원 · 곽은아 · 김희선 · 박지영
이선미 · 신영미 · 이주항 공저

KOREAN TRADITIONAL
MUSIC EDUCATION
PROGRAM
DEVELOPMENT

학지사

머리말

오늘날 문화예술교육은 학교뿐만 아니라 공공영역의 문화관련 기관, 기관형 교육기관 및 단체까지 포괄하고 있으며, 민간영역에까지 점차 그 영역이 확대되고 있습니다. 이러한 사회문화적 변화에 힘입어 문화예술교육사 제도가 문화체육관광부에 의해 시행되었으며, 문화예술교육사는 공교육 차원에 머물러있던 예술교육의 대상, 목적, 방법을 확대시키는 데 큰 역할을 하고 있습니다. 그러나 제도적 장치가 생기고 교육대상이 전 국민으로 확대된 것만큼 교육이 다양해지고 그 질이 높아지고 있는지, 또 국악교육이 4차 산업혁명 시대를 맞이할 준비가 되어 있는지 생각해 볼 필요가 있을 것입니다.

문화예술교육자들은 급변하는 시대적 상황과 요구에 적극적으로 대처하기 위해 부단한 애를 쓰고 있으나 문화예술교육의 이론과 체계가 정립되지 않고 교육기관의 부족함으로 인해 새로운 교육프로그램 개발에 어려움을 겪고 있는 실정입니다. 집필자들 또한 현장에서 활발하게 활동하고 있는 국악전공자이자 국악교육자로서 누구보다 국악 교육프로그램의 다양화, 양질화에 필요성을 느끼고 있던 시기에 이 책의 집필을 의뢰받았습니다. 이에 국악교육자로 현장에서 좋은 프로그램을 개발하는 데 도움을 줄 수 있는 방법들을 제시하고자 기쁜 마음으로 이번 집필에 동참하게 되었습니다.

이 책은 대상별로 다양한 프로그램 사례와 개발단계에 따른 과정을 상세히 제시함으로써 국악교육에 입문하거나 프로그램 개발 경험이 적은 독자들이 실습해 볼 수 있도록 구성하였습니다. 교육프로그램 개발의 필수요소는 교육대상을 면밀하게 분석하는 것입니다. 그러나 이 책은『국악교육론』과『국악 교수・학습방법』을 선수학습하거나 동시에 볼 것이라는 가정하에 집필했으므로 교육대상의 분석을 자세히 제시하지 않았습니다. 따라서 교육대상 분석에 관한 내용은 앞의 두 책을 참고할 것을 권유합니다.

『국악교육론』『국악 교수 · 학습방법』『국악 교육프로그램 개발』의 단계를 밟아 체계적으로 학습을 한다면 문화예술교육으로서의 국악교육을 고민하는 사람들에게 좋은 안내서가 될 것이라 믿습니다. 그리고 우리나라 역사에서 근현대의 음악교육이 서양음악 중심으로 진행되었음을 볼 때, 국악교육의 기회는 그동안 잃어버린 민족 고유의 음악정서를 회복하는 길이며 국악 전공자들에게 문화예술교육자로서의 역할을 당당하게 펼칠 수 있는 시간이 될 것입니다. 이 책이 문화예술교육자로서 새 길을 걷고 있는 국악전공자들에게 부족하나마 유익한 동반자가 되기를 바라며, 이 책이 세상에 나올 수 있도록 정성을 다해 준 학지사 직원분들에게도 깊은 감사를 드립니다.

2019년 3월
저자일동

차례

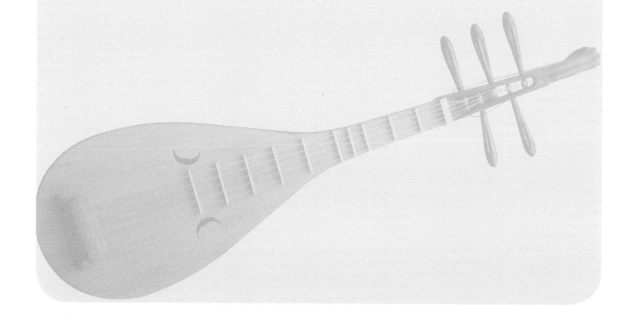

제1장
국악 교육프로그램 개발 교과목의 이해

김희선

1. 국악 교육프로그램 개발 교과목의 이해
2. 문화예술교육으로서 국악 교육프로그램 개발의 필요성
3. 국악 교육프로그램 개발 교과목의 교재 구성

문화예술교육사 2급 교육과정의 핵심 직무 역량 교과목인 국악 교육프로그램 개발의 개요와 강좌를 개괄적으로 소개하는 장이다. 국악 교육프로그램 개발은 앞서 2개의 교과목인 〈국악교육론〉과 〈국악 교수·학습방법〉에서 학습한 교수 역량을 종합적으로 활용하여 현장성을 높이기 위한 과목으로, 이 장에서는 국악 교육프로그램 개발 교과목의 이해, 국악 교육프로그램 개발의 필요성, 교재 구성의 방향, 각 장의 핵심 내용 소개를 통해 국악 교육프로그램 개발의 기본적 이해를 제공한다.

1. 국악 교육프로그램 개발 교과목의 이해

1) 국악교육 패러다임의 전환과 문화예술교육

국악교육은 근대 이후 일제 강점기 시기에는 진행되지 못하다가 해방과 함께 제도화가 시작되었다. 본격적인 국악교육 제도화 이전에는 이왕직아악부의 이왕직아악부양성소가 1917년 1기생을 모집함으로써 궁중음악과 민간풍류음악 교육이 시작되었고, 현재의 국립 국악중고등학교로 이어지고 있다. 현대적 의미의 국악교육은 1959년 서울대학교 국악과 설립으로 시작되었는데, 이는 국악이 제도권의 전공으로 사회적 인정을 받은 것이면서 동시에 전문가 양성 교육의 흐름을 바꾼 일이었다. 이후 1970~1980년대에 국립과 사립 대학에 국악과가 개설되어 국악전문가 양성을 위한 현대적 국악고등교육이 진행되고 있다.

한편 공교육 안에서 국악교육은 포괄적 음악교과 안에 배치되었는데, 미약하나마 1955년 1차 교육과정으로 시작되어 1973년 3차 교육과정 이후에 점차 국악교육의 비중과 내용이 심화되어 본격적으로 공교육의 음악교과 안에서 진행되고 있다. 6차 교육과정에 이르러 국악의 비중이 증가하고 7차 교육과정 및 2007 개정에서 다수의 국악 제재곡이 실리는 등 공교육 내 국악교육의 양적 증가가 이루어졌다. 즉, 해방 이후 국악교육은 국가 차원에서 문화적 자원인 국악의 보존과 전승을 목적으로 하는 전문가 교육과 향유자 교육을 위한 지식 전달 중심의 국민교육으로 나누어 실시되어 왔다. 이들 교육의 성격을 들여다보면 대학의 국악과 및 중고등학교의 전공자 교육은 전문 예술가 양성을 목표로 전공을 세분화하여 실기 위주의 기능 교육을, 공교육의 국악교육은 국악지식기반의 교과과정을 중심으로 진행되어 왔다(권덕원 외, 2012; 김희선, 장윤희 2016; 전지영, 2015). 이러한 양분화된 국악교육에 변화가 생기기 시작하는 데 있어 학교 음악교육 시 국악수업을 담당할 국악강사를 일선 학교에 파견하는 국악 강사풀제가 시행된 것이다. 2000년에 시작한 국악 강사풀제는 국악 전공 졸업생들의 일자리 창출과 일선 학교 음악교사들의 국악 관련 수업의 어려움을 해소시켜 학교교육의 질적 향상을 도모하고자 하는 두 가지 목적으로 시행되었다. 국악 강사풀제는 이후 시행되는 문화예술교육과 맞물리면서 예술강사로 통합되었다.

　본격적으로 문화예술교육이 시행된 과정은 다음과 같다. 2004년에 '문화예술교육 활성화 종합계획'이 발표되고, 같은 해에 문화체육관광부 내에 문화예술교육과가 신설되었다. 2005년 2월에는 한국문화예술교육진흥원이 설립되었으며 같은 해 12월에 「문화예술교육지원법」이 제정되고, 2006년 6월에 시행령이 발표되어 문화예술교육의 법적·제도적 절차가 마무리됨으로써 본격적으로 예술강사 지원사업이 시작된 것이다. 2000년에 시작된 국악 강사풀제는 2006년에 국악, 연극, 영화, 무용, 만화·애니메이션 5개 분야로 확장되면서 사업명은 기존의 실기 강사풀제에서 예술강사 지원사업으로 통합되었다. 2010년도에는 기존의 5개 분야에 공예, 사진, 디자인 분야가 추가되어 8개로 확대·시행되었다. 2011년에는 전국 16개 시도에 지역문화예술교육지원센터가 지정되었고, 2012년에는 문화예술교육사 제도가 도입되었다.

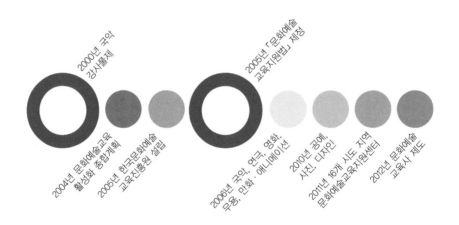

[그림 1-1] 문화예술교육의 시행 과정

　「문화예술교육지원법」 시행이 가져온 가장 큰 변화는 학교문화예술교육을 넘어 사회문화예술교육이 도입된 것이다. 사회문화예술교육은 사회의 여러 구성들이 문화향수권을 실천할 수 있는 여건을 조성하는 것으로, 특히 문화예술 취약계층의 문화예술교육 접근을 쉽게 하는 것을 목적으로 한다. 교육의 대상도 아동복지시설, 지역, 취약계층, 노인, 장애인, 교정시설 수용자, 소년원 학교, 결혼 이민 여성, 군인, 이주 노동자 등으로 설정되었다. 더 나아가 최근의 사회문화예술교육은 취약계층 뿐 아니라 공공기관, 문화기반시설, 사회복지시설, 주민자치문화센터, 복지관 등 문화 관련 기관과 기관형 교육기관 및 단체까지 포괄하고 있다. 또한 문화예술 교육사 자격제도는 문화예술 분야 전공자들의 취업으로 이어져 점차 그 영역이 확대되고 있다. 즉, 문화예술교육사는 공교육 차원에 머물러 있던 예술교육의 대상, 목적, 방법을 확대시켰으며, 이는 궁극적으로 국악교육을 포함하는 예술교육의 차원에서 획기적인 변화를 요구하는 새로운 패러다임이다.

문화예술과 그 교육을 사회적 공공재로 바라보게 하는 문화예술교육사 제도는 예술정책 결정의 결과물이기도 하지만 한편으로는 전 지구적 예술과 예술교육의 패러다임 변화와 이에 대한 시민사회의 요구를 반영한 것이기도 하다. 20세기 중후반 이후에 전 세계 예술의 기반이 된 모더니즘을 바탕으로 전개된 유미주의적 엘리트 예술과 예술향유의 특권의식은 21세기를 맞아 이에 대한 비판적 관점과 태도의 등장으로 변화하고 있다. 이러한 비판적 태도는 예술의 개념을 확대하여 예술을 매개로 한 사회적 행위의 중요성을 인지하고 점차 공동체와 시민의 예술 행위 참여를 강조하는 것이다. 성숙하고 창의적인 인류 사회에 대한 요구가 커지면서 예술에 대한 사회적 기대가 변화하고, 이에 따라 예술과 예술교육의 패러다임의 전환을 기대하는 것이다. 사회문화예술교육에 대한 전 지구적 관심은 유네스코의 "오늘날 세계가 직면한 사회적·문화적 도전과제를 해결하는 데 기여하도록 예술교육의 원리와 실천을 적용"할 것을 요구한 선언에 잘 드러나 있다. 글로벌 차원의 이러한 변화뿐 아니라 한국에서도 문화 개념의 확대로 이어져 궁극적으로 예술과 예술교육의 패러다임에 영향을 미치고 있다. 즉, 산업사회의 양적 사회에서 정보·지식·창조 기반의 질적 사회로 진입하며, 정부에서도 기존의 예술가, 공급자, 중앙 중심에서 국민 문화향수 기회의 증대와 일상적 삶의 문화로 문화예술정책의 방향을 전환하여 향유자, 수용자, 지역문화와 일상으로 정책의 대상이 변화하고 있는 것이다. 예술도 사회복지 차원의 공공재로 인식되어 '예술을 위한 예술행위 자체'보다 사회적 기능에 관심을 갖는 예술교육으로 전환되고 있다.

또한 산업사회의 종식과 함께 등장한 창조 기반 사회는 새로운 유형의 미래 인재를 요구하는데, 이때 필요한 능력은 유연하고 창의적인 사고력, 서로 다른 여러 지식을 융합하는 능력이며, 이는 예술교육에 요구되는 새로운 요청이다. 즉, 미래 사회에서 예술은 창의적 사고의 바탕으로, 예술 매개를 통한 사회적 행위 참여는 사회 전체의 문화 역량을 높이고 사회 내 소통을 증가시키고 구성원 간 공동체 의식을 상승시키는 사회융합의 도구이자 역할을 할 것으로 기대된다. 특히 한국 사회에 양극화, 고령화, 과잉경쟁, 사회갈등의 심화, 가족해체, 고용불안이 사회문제로 부각되고 문화예술교육의 사회적 통합과 소통에 미치는 가치와 역할에 대한 인식이 확대되면서 문화예술교육의 예산도 이에 맞게 늘어났다.

이러한 예술패러다임의 변화, 국가사회적 인식과 환경의 변화 가운데 등장한 문화예술교육사 제도는 국악교육에 있어서도 현실 인식의 확장과 사회적 기여에 대한 관심 증대를 요구한다. 기능과 지식 전달 중심의 국악교육 대신 인간적 존엄과 사회적 삶을 조화시키는 본질적 성격을 갖도록 지식 전달 차원을 넘어 인간고유의 문화와 인류 문화의 다양성, 창의성 확보를 위한 교육으로 전환할 시점이 된 것이다. 또한 보존과 전승을 통한 민족문화의 창달이라는 과거지향적 목적 대신 인류사회 전체를 위한 인간성 회복으로 미래적 · 사회적 가치를 재설정할 필요가 있다. 국악의 존재 의미를 인간의 과거와 미래를 이어 주는 매개의 역할로 수정하고, 인류 문화의 역사가 주는 유익함을 더하여 미래 사회 예술과 새로운 인간상을 제시함으로써 인간 정체성의 확보, 실천, 성찰, 확장을 위한 국악교육으로 전환해야 하는 것이다. 이러한 점에서 문화예술교육의 도입은 국악교육의 가능성을 확장해 주는 것이면서 동시에 국악과 사회와의 관계에 관심을 높이는 계기가 되어야 하는 것이다.

2) 국악 교육프로그램 개발 교과목의 이해

문화예술교육사 2급 교육과정은 문화예술교육사가 수행하는 직무에 요구되는 교육 역량과 예술 전문성 함양을 목적으로 개정되었다. 특히 문화예술교육사 교육과정과 교사 양성기관의 교직과정의 틀과 차별화되는 핵심 교수 역량이 제시되고 현장에서의 교육실무를 강조하는 방향으로 교과목 통합이 이루어졌으며, 이에 따라 문화예술교육사의 국악교육은 〈국악교육론〉 〈국악 교수 · 학습방법〉 〈국악 교육프로그램 개발〉로 재구조화되었다.

국악 교육프로그램 교과목은 문화예술교육의 직무 역량 과목으로, 앞서 학습한 〈문화예술교육 개론〉, 국악 관련 전문 교과목인 〈국악교육론〉과 〈국악 교수 · 학

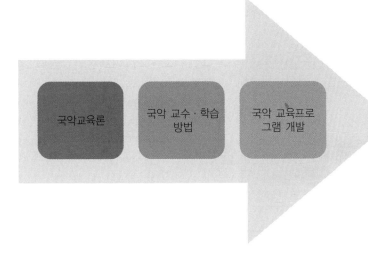

[그림 1-2] 문화예술교육사 교육과정의 국악 분야 교과목

습방법〉의 이론을 바탕으로 교육프로그램 개발 역량 함양이 목적이다. 즉, 이 교과목은 앞서 학습한 다양한 〈국악 교수·학습방법〉의 이해를 기반으로 국악교육에 효과적인 교수·학습 전략을 활용하면서 문화예술교육 패러다임에 적합한 국악 교육프로그램을 개발할 수 있도록 하는 것이다. 이를 위해 우선 교육프로그램 개발의 원리와 방법을 살펴보고, 이어 국악지도영역별 대상의 특징과 교육대상별 차이에 따른 교재·교구 사용의 중요성, 국악 분야 우수교육프로그램 개발 및 운영사례 소개를 통해 창의적이고 효과적인 프로그램 개발의 아이디어를 탐색한 후, 수업지도안을 작성하고, 교재·교구 개발과 활용을 통한 시연 발표, 수정, 보완의 과정을 거쳐 실제 국악 교육프로그램 개발을 실시해 볼 수 있도록 한다.

　이 교과목은 문화예술교육의 시행 목적과 특수성에 근거하여 문화예술교육사로의 역량과 소양을 함양하는 데 주안점을 둔다. 또한 국악교육의 학습 모형과 전략을 종합적으로 활용하여 다양한 학습자에 따른 현장성 있는 국악 교육프로그램 개발 역량을 강화하는 것을 목적으로 한다. 또한 이러한 기초 역량의 개발은 향후 문화예술교육사 1급의 기획, 운영, 분석, 평가, 관리에서 심화 역량의 기초를 다지는 일이 될 것이다.

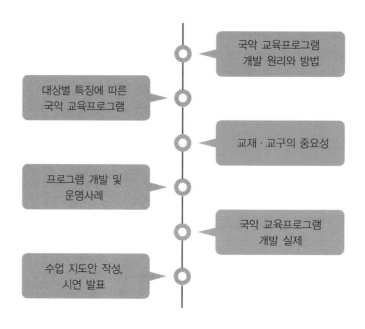

국악 교육프로그램
개발 원리와 방법

대상별 특징에 따른
국악 교육프로그램

교재·교구의 중요성

프로그램 개발 및
운영사례

국악 교육프로그램
개발 실제

수업 지도안 작성,
시연 발표

[그림 1-3] 국악 교육프로그램 개발 교과목의 내용

2. 문화예술교육으로서 국악 교육프로그램 개발의 필요성

1) 국악교육을 둘러싼 사회/기술/정책 환경의 변화

국악과 국악교육은 다양한 환경 변화에 따라 목표설정의 수정이 필요한 시점이
되었다. 특히 세계화, 인구구성비의 변화 등 사회환경의 변화, 기술혁신과 4차 산
업혁명시대의 도래 등 기술환경의 변화, 지역문화 통일대비 문화교육정책 등 문화
관련 정책환경의 변화는 국악을 포함한 예술 전반에 큰 영향을 끼칠 것이다. 인구
절벽과 고령화 등 사회구성원의 구성비 변화, 중심과 주변의 관계에 변화를 요구하
는 사회적 소수자·지역문화·문화다양성의 인식증가, 유미주의적 엘리트 예술과
예술의 특권의식에 대한 비판적 관점과 태도에 기반을 둔 공동체와 시민 예술 참여
급증, 포스트 모더니티에 기반을 둔 탈장르·탈경계의 공연예술의 급증, 세계화에
기반을 둔 전 세계 예술의 무한경쟁과 글로벌 단위의 전통예술 보존에 대한 관심
증가, 기술과 예술의 접목과 디지털 시대의 연결성의 증대, SNS 등 새로운 미디어

출현과 소비지형의 변화, 한국대중문화의 약진과 글로벌 대중문화산업의 발전, 통일대비 남북문화교류 증가 및 기대, 4차 산업혁명으로 대표되는 미래 인류 문화의 변화는 향후 국악교육의 방향과 목표가 이전과는 다른 것이어야 함을 말해 준다. 다음에서는 각각의 변화에 대해 간략히 정리해 보고자 한다.

(1) 사회환경의 변화

우선 가장 큰 틀에서 사회환경의 변화로는 20세기 후반 들어 전 세계인의 삶에 지대한 영향을 미친 세계화를 들 수 있다. 세계화는 정치·경제 단위를 넘어 문화와 삶의 단위에 이르기까지 전 세계가 경계를 넘나드는 현상을 지칭한다. 특히 세계화는 일상의 삶뿐 아니라 예술환경과 전통예술에도 변화를 가져오고 있음을 목격하고 있다. 20세기 후반에 이르러 전통예술계에 가져온 세계화의 변화를 들자면 미디어와 테크놀로지의 매개, 글로벌 투어리즘과 전통예술의 관광상품화, 인간의 이동과 디아스포라의 개입, 세계화와 자본주의의 심화, 대중문화와 문화산업의 심화, 글로벌-리저널, 내셔널-로컬의 새로운 협력 관계 등이 있으며, 그 결과 지역의 전통예술을 매개하는 생산-유통-소비의 과정과 개입하는 권력관계가 매우 복합적으로 구성되기 시작하였다.

세계화가 전통예술에 미친 가장 큰 영향은 로컬, 리저널, 내셔널의 영역에 머물렀던 전통예술을 글로벌의 장으로 이끌어 낸 것이며, 디지털 시대의 연결성은 이들의 글로벌 생산과 수용을 촉진하게 되었다. 또한 세계화의 시대에 심화된 문화산업과 엔터테인먼트 산업 안으로 포섭된 전통예술은 여러 가지 방식의 문화상품으로 전환되면서 글로벌 공연예술계에 독특한 상품으로 인식되기 시작하였다. 특히 미디어를 매개로 한 포스트 모던적 융·복합 공연양식에서 독특한 양식을 갖는 각 지역의 전통예술이 자원화되어 동시대 예술가들의 창조 작업의 원천이 되기도 하였다. 또한 나라를 초월한 문화상품으로의 전환은 국가/지역 단위에 머물던 전통예술에 글로벌 단위에서 향유자를 이끌어 냈다.

이들 향유자들은 이미 국적에 상관없이 모든 나라와의 네트워크를 통해 글로벌 문화를 경험한 바가 있는 소비자들로, 세계화 시대의 글로벌 소비문화, 투어리즘, 개인들의 세계화 경험은 각 지역 전통예술의 상품화 촉진의 매개로 작동되었다. 한편 이러한 문화의 세계화를 통한 다방향 세계화와 문화다양성에 대한 이해 증가로 전 세계 예술은 이제 무한경쟁의 시대로 접어들었으며, 수준 높은 예술에 대한 전 세계 예술소비자들의 접근빈도도 높아지고 경로도 다양해졌다. 무엇보다 글로벌 수준의 예술에 대한 욕구, 예술 참여욕구의 증가와 예술소비자의 다변화도 세계화에 따른 변화라 할 것이다.

한편 세계화가 가져올 문화동질화와 서구패권주의에 대한 반발로 지역, 문화, 예술, 전통에 대한 관심이 증가하는 데 전통음악과 관련한 대표적인 예가 유네스코의 인류무형문화유산의 제도화와 월드뮤직의 등장이다. 비서구 지역의 전통예술의 전승과 보존의 어려움을 해소하고자 전 인류적 차원에서 2001년에 유네스코의 "인류 구전 및 무형유산 걸작선언(Masterpieces of the Oral and Intangible Heritage of Humanity)"과 2003년에 무형문화유산 보호 협약(Convention for the Safeguarding of the Intangible Cultural Heritage)이 구축되어 전 세계적으로 전통문화와 예술의 보존에 대한 관심도 높아지고 있다. 또한 전 세계의 전통음악과 대중음악은 글로벌 네트워크를 기반으로 한 월드뮤직 시장 안에서 생산·소비·유통되고 있으며, 유럽에서 시작된 월드뮤직의 네트워크는 다시 전 세계로 확장 중이다.

〈표 1-1〉 유네스코 지정 한국 인류무형문화유산

2001 종묘제례 및 종묘제례악	2003 판소리	2005 강릉단오제	2009 영산재
2009 남사당놀이	2009 제주 칠머리당 영등굿	2009 처용무	2009 강강술래
2010 가곡, 국악관현반주로 부르는 서정적 노래	2010 매사냥, 살아 있는 인류 유산	2010 대목장, 한국의 전통 목조 건축	2011 한산 모시짜기
2011 줄타기	2011 택견, 한국의 전통 무술	2012 아리랑, 한국의 서정 민요	2013 김장, 김치를 담그고 나누는 문화
2014 농악	2015 줄다리기	2016 제주해녀문화	

출처: 유네스코와 유산 http://heritage.unesco.or.kr

국내의 사회 변화의 환경을 살펴보면 가장 중요한 변화는 저출산과 고령화에 따른 인구비의 변화와 그에 따른 사회적 변화이다. 만혼과 맞벌이, 출산율 저하, 기대수명의 연장으로 한국은 2017년 기준으로 65세 평균비율이 77%에 달하는 고령사회로 진입했으며, 2026년에는 초고령사회에 도달할 것이라고 예측하고 있다. 전통 기반의 사회구조의 급격한 변화는 인구비의 변화뿐 아니라 비혼, 만혼, 1인가구 비중 증가, 남녀 성역할, 전통 가족개념 변화, 가족해체 등으로 빠르게 변화하고 있어 이에 대한 이해가 필요하다. 더 나아가 사회문제로 떠오르는 소득 양극화와 이에 따른 건강, 교육, 주거, 정보, 여가 등 삶의 전반에서 구성되는 불평등의 심화가 사회 전체의 불안정을 초래하고 있다. 그런가 하면 외국인 근로자, 결혼이민자, 유학생 등 우리나라 거주 외국인 주민이 증가하고 있고, 장애인과 성적 소수자 등 사회적 소수자 및 약자의 권리에 대한 인식, 각각의 하위문화 형성과 표현의 움직임이 구성되는 문화다양성의 시대를 맞고 있다. 여기에는 소득 향상에 기반을 둔 삶의 질을 중시하는 라이프 스타일의 발현, 주5일 근무제 정착과 워라벨(일과 라이프 균형) 등 여가에 대한 관심도 증대하고 있다. 이러한 사회적 변화는 문화적 표현의 다양성과 문화다양성에 기초한 사회통합의 필요성이 증가하고 있는 것으로, 문화예술과 교육의 목적이 예술적 목적 이외에 사회적 기능도 수반하여야 함을 보여준다.

(2) 기술환경의 변화

사회환경 못지않게 살펴보아야 할 변화는 기술환경의 변화이다. 4차 산업혁명이라 일컬어지는 디지털과 스마트 문화를 기반으로 한 초연결성은 향후 문화예술교육과 국악교육에도 중요한 환경 변화가 될 것이다. 이미 페이스북, 카카오스토리, 트위터 등의 SNS, 스마트폰은 일상이 되었으며, 이로 인한 실시간 소통, 모바일 쇼핑, 스마트 결제는 생활화가 되었다. 이러한 변화로 인해 소비자는 적극적 의미의 프로슈머(prosumer), 크리슈머(cresumer)로 거듭나고 있으며, 예술에 있어서도 크라우드 펀딩을 통한 문화예술 프로젝트의 재원 조성과 실현, 문화예술작품의 셀프 유통플랫폼 확보 등 소비지형이 변화되고 있다. 한때 유행했던 컴퓨터와 인터넷 기반의 e러닝을 넘어 전자책 스마트폰, 가상현실 등도 문화예술 소비와 교육에 활용이 예상되고 있다. 또한 4차 산업혁명의 중심이라 일컫는 인공지능 로봇 등 컨버전스 기술에 의한 혁신적 기술이 예술영역으로 확대되면서 과학과 예술의 결합을 통한 다양한 통합예술프로그램의 생산이 전망되기도 한다. 인공지능과 상호작용을 하고 참여적 예술향유 환경이 조성될 것이며, 원한다면 누구나 앱 등을 활용하여 양질의 예술 콘텐츠를 만들 수 있게 됨으로써 생산-소비의 간극이 더욱 좁아질 것이다. 궁극적으로는 쾌락의 인간, 놀이로서의 예술, 미디어와 예술의 민주화를 통한 예술시민 개인들의 등장도 앞당겨질 것이다.

4차 산업혁명이 가져올 여러 변화의 예측 가운데 예술과 관련하여 주의 깊게 살펴볼 부분은 인간 경제 기반의 변화와 기계가 노동을 대신함으로써 인류가 갖게 될 여가시간의 증가이다. 특히 인류에게 당위적이라 여겼던 '일자리 경제'가 '자아실현 경제'로 전환될 것이며, 사람들은 기본소득을 받으면서 하고 싶은 일을 하는 부유하고 풍요로운 사회에서 살게 될 것이라는 미래 예측은 4차 산업혁명의 낙관적 시나리오이다. 이러한 낙관적 시나리오에 기대어 살펴본다면 인류의 자아실현경제가 가져올 삶의 변화는 예술의 생산뿐 아니라 향유의 방식에 매우 큰 변화를 가져올 것이다. 예술이 향유되는 범위는 기존 국가의 범주를 넘을 것이고, 생산의 방식은 디지털 세계와 물리적 세계를 넘나들 것이며, 생산자와 향유자의 경계도 모호해질 것이다. 무엇보다 줄어든 노동시간만큼 예술향유의 욕구와 함께 향유 조건이 다변화될 것이다. 또한 인공지능을 기반으로 하는 교육시스템 구축 및 각종 교육용 앱의 개발로 인한 공공교육으로 예술은 기존의 도제식 교육을 넘는 예술민주주의의 실현이 가능해질 것이라는 예측도 가능하다. 따라서 기술의 시대에 더욱 필요한 인류의 창의성 교육에 예술은 매우 중요한 역할을 하게 될 것이다.

(3) 정책환경의 변화

마지막으로 살펴볼 변화는 정책환경의 변화이다. 내 삶을 책임지는 국가, 자유와 창의가 넘치는 문화국가를 공표한 가운데 문화체육관광부는 2018년 초에 '2030 새 예술정책'을 발표했다. 새 예술정책에서 예술과 관련하여 관심 있게 살펴볼 부분은 지역과 일상의 생활문화, 남북 간 화해협력과 남북교류 활성화를 통한 남북관계 발전, 학술, 역사, 교육, 문화유산 등 사회문화교류협력 확대, 민족의 동질성 회복 사업, 국제 교류이다. 지역과 일상의 생활문화는 이미 문화예술교육사의 사회문화예술교육안으로 수렴되었으나 세부적으로는 국악교육계에서 관심을 갖고 발전시켜

야 할 부분이다. 또한 향후 문화예술교육사의 국악교육이 관심을 가져야 할 부분은 통일시대 대비 문화동질화에 대한 준비이다. 이미 2014년 기준 탈북민이 2만 7천여 명이며, 특히 2018년 평창동계올림픽 이후 판문점의 남북정상회담과 4월 27일 판문점 선언 채택, 평양정상회담과 9월 19일 평양공동선언 등으로 이어져 남북한 상호이해와 통일에 대한 인식제고를 위한 문화예술교육과 국악교육의 필요성은 더욱 증대될 전망이다.

[그림 1-4] 국악교육의 필요성

기능과 지식 전달 중심으로 전개되어 온 국악교육은 인간적 존엄과 사회적 삶을 조화시키는 본질적 성격 대신 도구적 성격을 갖고 있다는 비판에서 자유롭지 못하다(전지영, 2015). 따라서 빠르게 변화가 가능한 미래적·창의적 예술 인재와 향유자 교육, 4차 산업혁명의 도래와 같은 새로운 시대에 걸맞은 새로운 패러다임의 예술과 예술교육으로의 목표 설정과 전환의 필요성(김희선, 장윤희, 2016; 김희선, 2016)이 제기되고 있다. 전문가 교육은 새로운 예술의 가치를 만들어 낼 수 있는 교육으로 전환하여야 할 것이며, 더 나아가 전통예술 교육의 목적이 특정 지식을 학습하는 것이 아닌 전통예술의 본질인 시민사회의 커뮤니티성을 회복하고, 고도화되는 기술의 시대에 인간 고유의 문화와 인류 문화의 다양성, 인간의 창의성을 개발하는 데 도움이 되는 예술과 예술교육으로 전환해야 하는 시점이 된 것이다. 즉, 전통예술의 가치를 국가, 민족, 산업의 도구로 바라보는 관점을 넘어 인류의 인간성 회복과 문화다양성 확보를 위한 교육으로 전환하여야 한다.

2) 문화예술교육으로 국악 교육프로그램 개발의 필요성

문화예술교육은 초기에는 학교 강사풀제로 시작하여 학교예술강사 지원사업으로 확장되었고, 이후 사회문화예술교육으로 폭넓게 확대되었다. 이에 따라 문화예술교육의 영역은 학교와 사회 전체를 포괄하는 교수자인 문화예술교육사의 질적강화와 기존 교직과목과 차별화되는 문화예술교육사만의 특성화된 교육프로그램의 개발이 무엇보다 시급하다. 즉, 문화예술교육의 특성을 반영하면서 다양한 교육의 맥락과 동시에 교직교과목과 차별되는 새로운 프로그램 구성이 가능한 교육과정의 개발이 요구된다. 문화예술교육사는 기존의 예술강사에 비해 다양한 과업의 직무 내용이 요구된다. 예술강사는 교육기획, 수업기획, 교육프로그램의 개발, 강의, 평가 및 분석, 피드백, 행정관리의 과업이 주어졌다면, 문화예술교육사는 이에 더하여 전시 행사 기획, 프로그램 운영 및 교육생 관리, 경영지원, 대외 마케팅 등 새로운 업무가 신설되거나 추가되었다. 즉, 문화예술교육사는 강의를 하는 교수자를 넘어 행정지원가, 관리자, 네트워크 활용, 통합 문화예술교육, 지역전문가로서의 역

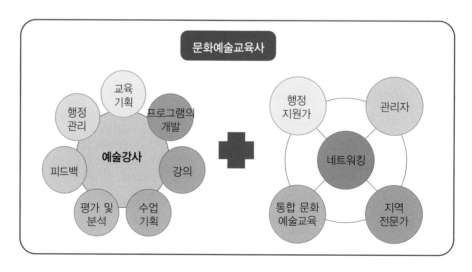

[그림 1-5] 문화예술교육사의 역할

할도 겸하여 요구된다(한국문화예술교육진흥원, 2017).

　문화예술교육사가 맡게 되는 현장은 학교교육 현장만이 아닌 성장 단계별로는 유아, 아동·청소년, 청장년, 노년기 뿐 아니라 문화취약계층, 문화기반시설, 사회 복지시설, 지역문화시설 등 다양한 연령과 계층을 포괄한다. 이는 문화예술교육사의 교육의 목표가 학교교육의 목표보다 포괄적임을 알려 준다. 이에 학교교육에서도 기본 교과, 자유학기제, 방과 후 학교 등 각 교육의 목표와 내용이 상이하며, 이에 따른 수업모델의 적용이 필요하다. 학교교육에서 예술강사는 기본 교과, 초등학교의 방과 후 학교 일환의 특기적성프로그램(창의적 체험활동, 토요 동아리, 돌봄 동아리 등), 중학교의 자유학기제 등에서 수업이 가능하다.

　유아 대상 국악교육은 유아의 심신건강과 조화로운 발달을 도와 민주시민의 기초를 형성하고, 국악의 아름다움과 예술적 요소에 관심을 갖고 탐색하며, 국악을 통해 자신의 생각과 느낌을 창의적으로 표현하는 능력을 기르고 풍부한 감성을

〈표 1-2〉 대상별 국악교육의 목표

대상	목표
유아	• 심신 건강과 조화로운 발달을 도와 민주시민의 기초를 형성 • 국악의 아름다움과 예술적 요소에 관심을 갖고 탐색 • 국악을 통해 자신의 생각과 느낌을 창의적으로 표현하는 능력을 기르고 풍부한 감성을 키움 • 전통문화에 관심을 갖고 친숙하게 함
아동·청소년	• 국악의 가창, 기악, 창작, 감상 등 국악 능력의 향상 • 생활 속에서 국악을 향유함으로써 삶의 질 향상 • 국악을 통한 타 영역(자아존중감, 공동체 의식, 절제와 균형, 자연애, 문화다원주의, 자아탄력성)의 지향
청장년	• 건강한 여가생활과 행복하고 풍요로운 삶의 영위를 통한 삶의 질 향상 • 민족적·주체적 정서 함양 • 사회적 소통 역량 및 공동체 역량 강화 • 지역문화 기반의 통합적 학습, 생활 속 문화공동체 활성화
노년	• 신체적·심리적 노화에 대해 긍정적 인식 • 건강 증진과 활력 도모를 통한 삶의 질 향상 • 자신감과 성취감, 협동심과 사회성 향상

출처: 윤명원 외(2018a).

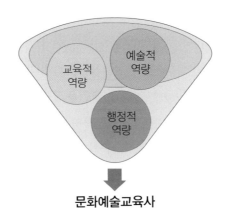

[그림 1-6] 문화예술교육사의 핵심 역량

키우며, 전통문화에 관심을 갖고 친숙해지도록 하는 것을 목표로 한다(윤명원 외, 2018a). 아동·청소년 대상의 국악교육은 국악 능력의 향상을 바탕으로 생활 속 국악 향유, 국악을 통해 창의성과 인성(자존감 향상, 공동체 의식, 절제와 균형, 자연애, 문화다원주의), 자아탄력성 등을 함양하는 것을 목표로 삼는다(윤명원 외, 2018a). 청장년 국악교육은 삶의 질 향상과 건강한 여가생활, 행복하고 풍요로운 삶의 영위 등 인격적 측면과 민족적·주체적 정서 함양, 사회적 소통 역량 및 공동체 역량 강화, 생활 속 문화공동체 활성화, 지역문화 기반의 통합적 학습, 국악에 친근함을 갖는 것을 중요한 목표로 삼는다(윤명원 외, 2018a). 노인 국악교육은 신체적·심리적 노화에 대해 긍정적 인식, 건강 증진과 활력 도모, 삶의 질 향상, 자신감과 성취감, 협동심과 사회성 향상, 기억력 향상과 신체활동 증진을 중요한 교육의 목표로 삼는다. 교육대상에 따른 교육목표의 상이함은 문화예술교육사의 역할이 포괄적임을 강조한다. 건강, 성숙, 상호소통, 이해, 공감, 나눔, 배려, 상호존중, 공동체 정신을 실현하면서 문화전통을 이해하고, 국악을 미래의 문화자산으로 여기는 한국인으로서의 자존감 회복과 인류 문화의 다양성과 창의성 증진이 국악교육의 최종적인 목표가 되기 위한 교육프로그램의 구성은 문화예술교육사의 중요한 책무이다.

3. 국악 교육프로그램 개발 교과목의 교재 구성

1) 개요

국악 교육프로그램 개발 교과목은 다양한 국악 교수 학습 모형에 대한 이해를 기반으로 국악교육에 효과적인 교수·학습 전략을 활용하며 문화예술교육 패러다임에 적합한 국악 교육프로그램을 개발할 수 있는 기본 역량을 기르기 위한 과목이다. 이를 위해 교육프로그램 개발의 원리와 방법을 살펴보고, 국악지도영역별 특징과 교육 대상(유아, 아동·청소년, 청장년, 노년)의 차이에 따른 교재·교구 사용의 중요성 등을 파악하고자 한다. 또한 우수한 국악 분야 문화예술교육프로그램 개발 사례를 검토하여 창의적이고 효과적인 프로그램 개발의 아이디어를 탐색한 후, 수업 지도안을 작성하여 시연 발표, 수정, 보완의 과정을 거쳐 실제 국악 교육프로그램을 실시해 볼 수 있도록 한다. 이를 통해 문화예술교육프로그램을 개발할 수 있는 기초 역량을 기를 수 있게 한다. 따라서 이 교과목을 교육프로그램 개발을 위한 이론적 기초를 토대로 국악 분야 문화예술교육사로서 전문적인 국악 교수 역량을 높이는 데 중점을 둔다.[1] 이를 위해 본 교과목은 실제 수업의 풍부한 사례를 소개하고, 이를 통해 문화예술교육사가 국악 교육프로그램을 구성하고 운영할 수 있기를 기대한다.

2) 수업목표

이 교과목은 문화예술교육으로서 국악교육을 실행할 교육대상과 교육영역에 따른 효과적인 국악 교육프로그램을 직접 계획·개발하는 데 필요한 기초지식과 역량을 함양하는 데 목적이 있다. 국악 교육프로그램 개발 교과목의 목적은 다음과 같다.

---

1) 문화예술교육사 2급 교육과정(일반용) 2017 한국문화예술교육진흥원.

- 국악 교육프로그램 개발 원리와 방법을 이해한다.
- 문화예술교육을 위한 효과적인 국악 교육프로그램의 특징을 이해하고, 직접 교육프로그램을 개발·적용한다.
- 통합예술교육프로그램 개발의 필요성을 이해하고 직접 계획·실습한다.

3) 각 장의 핵심 내용

이 교과목은 총 12장으로 구성되어 있는데 '문화예술교육사 2급 교육과정의 주차별 강의요목'을 기준으로 개발하였다. 제1~5장은 교육프로그램 개발의 기본 이론과 국악 교육프로그램의 특성 및 학교와 사회문화예술교육에서의 사례를 다루고, 제6~9장은 대상별 교육프로그램 개발의 실제를 학습한 후 실습할 수 있도록 구성하였다. 또한 제10~12장은 교재·교구 개발의 실제를 학습하고 실습할 수 있도록 구성하였다. 마지막으로 국악 교육프로그램 개발에 필요한 각종 서식(계획안, 지도안, 평가 양식)을 부록으로 수록함으로써 교육강사와 문화예술교육사를 준비하는 학습자들이 쉽게 자료를 활용할 수 있도록 하였다.

〈표 1-3〉 국악 교육프로그램의 각 장별 학습 목표와 학습 내용

제목	학습 목표	학습 내용
제1장 국악 교육프로그램 개발 교과목의 이해	교과목의 소개와 함께 국악 교육프로그램 개발의 필요성을 이해한다.	1. 국악 교육프로그램 개발 교과목의 이해 2. 문화예술교육으로서 국악 교육프로그램 개발의 필요성 3. 국악 교육프로그램 개발 교과목의 교재 구성
제2장 교육프로그램 개발의 원리와 방법	국악 교육프로그램을 개발하기 위해 대표적으로 사용하고 있는 교육프로그램 개발 이론을 탐색한다.	1. 교육프로그램 개발 이론과 교수설계 모형 2. 국악 교육프로그램 개발의 방법
제3장 활동영역별·교육대상별 국악 교육프로그램의 특성	활동영역별·교육대상별 국악 교육프로그램의 특성을 이해한다.	1. 활동영역별 국악 교육프로그램의 특성 2. 교육대상별 국악 교육프로그램의 특성
제4장 학교문화예술교육으로서 국악 교육프로그램 사례	학교문화예술교육 현장의 국악 교육프로그램 사례를 탐색하고 개발 시 유의점을 알아본다.	1. 학교 국악 교육프로그램 개발의 중요성 2. 학교문화예술교육 중 국악 교육프로그램 사례

제5장 사회문화예술교육 으로서 국악 교육 프로그램 사례	사회문화예술교육 현장의 국악 교육프로그램 사례를 탐색하고 개발 시 유의점을 알아본다.	1. 사회 국악 교육프로그램 개발의 중요성 2. 사회문화예술교육 중 국악 교육프로그램 사례 3. 국악 중심 통합문화예술 교육프로그램 사례
제6장 유아문화예술교육 국악 교육프로그램 개발	유아 국악 교육프로그램의 현황과 실제를 반영하여 유아에 적합한 프로그램을 개발한다.	1. 유아 국악 교육프로그램의 현황 2. 유아 국악 교육프로그램 개발의 실제 3. 유아 국악 교육프로그램 개발 실습
제7장 아동ㆍ청소년 문화 예술교육 국악 교육 프로그램 개발	아동ㆍ청소년 국악 교육프로그램의 현황과 실제를 반영하여 아동ㆍ청소년에 적합한 프로그램을 개발한다.	1. 아동ㆍ청소년 국악 교육프로그램의 현황 2. 아동ㆍ청소년 국악 교육프로그램 개발의 실제 3. 아동ㆍ청소년 국악 교육프로그램 개발 실습
제8장 청장년문화예술 교육 국악 교육 프로그램 개발	청장년 국악 교육프로그램의 현황과 실제를 반영하여 청장년에 적합한 프로그램을 개발한다.	1. 청장년 국악 교육프로그램의 현황 2. 청장년 국악 교육프로그램 개발의 실제 3. 청장년 국악 교육프로그램 개발 실습
제9장 노년문화예술교육 국악 교육프로그램 개발	노년 국악 교육프로그램의 현황과 실제를 반영하여 노년에 적합한 프로그램을 개발한다.	1. 노년 국악 교육프로그램의 현황 2. 노년 국악 교육프로그램 개발의 실제 3. 노년 국악 교육프로그램 개발 실습
제10장 교재ㆍ교구의 중요성	문화예술교육에서 사용되고 있는 교재ㆍ교구 사례를 통해 교육 대상에 적합한 교재ㆍ교구 활용의 중요성을 이해한다.	1. 교재ㆍ교구의 정의 및 분류 2. 교재ㆍ교구의 개발 이론 3. 교재ㆍ교구의 활용 사례
제11장 교재ㆍ교구의 제작 실습 1	유아, 아동ㆍ청소년 대상 교재ㆍ교구를 탐구하고 유의점을 반영하여 직접 제작 실습한다.	1. 유아 대상 교재ㆍ교구의 제작 실습 2. 아동ㆍ청소년 대상 교재ㆍ교구의 제작 실습
제12장 교재ㆍ교구의 제작 실습 2	청장년과 노인 대상 교재ㆍ교구를 탐구하고 유의점을 반영하여 직접 제작 실습한다.	1. 청장년 및 노년 대상 교재ㆍ교구의 제작 실습 2. 교수매체의 실제와 실습
부록 교육프로그램 개발 서식 모음	프로젝트 과제 등의 평가와 실습활동에서 활용할 수 있는 양식을 알아본다.	프로그램 계획안 작성 양식, 프로젝트 과제 발표 시 활용할 수 있는 평가 양식, 교수ㆍ학습 지도안 양식

4) 수업운영방식

이 교과목은 이상과 같은 내용을 가지고 일반 강의 및 소집단 토론 등 다양한 방식으로 수업이 운영된다. 각 장의 내용을 충실히 이해하고 앞서 강의에서 학습한 〈국악교육론〉의 지식과 〈국악 교수·학습방법〉에서 익힌 다양한 학습 형태, 동기 유발 전략, 대상과 목적에 맞는 교재·교구를 활용하여 창의적인 수업을 운영하도록 한다. 특히 관심대상과 목적에 맞는 국악 교육프로그램을 개발하고 발표하는 실습이 매우 중요하며, 이 과정에서 교재·교구의 중요성을 이해하고 제작과 실습을 통해 실제 수업에서 활용이 가능하도록 하였다. 따라서 자율적인 분위기에서 질문과 토론, 발표 참여, 동료 발표자들과의 평가가 이루어질 수 있어야 한다.

5) 평가방법

문화예술교육사 2급 교육과정에서 중간고사와 기말고사는 7주차와 마지막 주차에 배정되어 있으나 이는 해당 강의의 기관이나 교수자, 교육대상자의 사정에 따라 변경이 가능하다. 이 교과목의 평가는 한 학기에 걸쳐 중간, 기말로 나누어 진행할 것인데, 중간과제에서는 관심 대상과 교육목적에 맞는 국악 교육프로그램을 개발하고 1차 발표를 진행하도록 제시되었다. 이어 기말과제로는 1차 발표의 평가를 바탕으로 보완해서 이후 수업진도에 맞추어 교재·교구를 개발하여 완성본의 시안을 제출하도록 제시되었다. 되도록 평가 내용을 준수하는 것이 좋겠으나 이는 학교나 교육강사, 학생들의 사정에 따라 변경이 가능하다.

문화예술교육사 2급 교육과정에서 제시하고 있는 평가 내용 및 기준

- 평가기준

　출석 30%

　수업참여 30%(수업 시 질문과 응답 및 토론, 자율적 발표 참여도)

　중간과제 20%

　기말과제 20%

- 평가내용

　중간과제: 관심대상 및 목적에 맞는 국악 교육프로그램의 개발과 1차 발표

　기말과제: 적절한 교재·교구를 활용한 관심 대상 및 목적에 맞는 국악 교육프로그램 개발 및 완성본 시안 제출

출처: 문화예술교육사 2급 교육과정(한국문화예술교육진흥원, 2015b).

토의 주제

1. 문화예술교육에서 국악교육의 목표는 무엇이고, 이를 성취하기 위해 국악 교육프로그램은 어떤 내용을 담아야 하는가?

2. 변화하는 시대에 국악교육은 사회와 어떠한 관계를 맺을 수 있는지, 이를 토대로 사회와 조우하는 국악 교육프로그램의 방향은 어떠해야 하는지 토론해 보자.

3. 문화예술교육의 국악 교육프로그램 개발의 이유와 필요성에 대해 이야기해 보자.

참고문헌

권덕원, 황병훈, 송정희, 박주만(2012). 국악교육론. 경기: 교육과학사.

김희선(2013). 국악의 세계화-2000년대 해외공연사례를 중심으로. 공연문화연구, 27, 369-411.

김희선(2016). 월드뮤직 장의 한국전통음악: 탈경계 실천의 궤적과 의미. 동양음악, 40,

11-40.

김희선(2017b) 4차 산업혁명과 인공지능시대 전통예술의 미래 전망과 과제. 한국예술연구, 16, 5-26.

김희선, 장윤희(2016). 사회문화예술교육으로서 국악교육 전개와 과제. 국악교육연구, 10(2), 33-55.

오인경, 최정임(2005). 교육프로그램 개발 방법론. 서울: 학지사.

윤명원, 임미선, 이용식, 신은주, 이진원, 허윤정, 강혜인, 박지영, 정모희, 곽은아, 신응재, 강선하(2018a). 국악교육론. 서울: 학지사.

윤명원, 곽은아, 강혜인, 박소현, 박지영, 정모희, 황부남, 이영주, 배영진(2018b). 국악 교수·학습방법. 서울: 학지사.

전지영(2015). 국악교육의 본질과 한계에 관한 성찰. 교육문화연구, 21(3), 103-128.

한국문화예술교육진흥원(2012). 2011 문화예술교육 교육표준개발연구-국악. 서울: 한국문화예술교육진흥원.

한국문화예술교육진흥원(2014). 2013 융합적 접근을 통한 문화예술교육 효과분석연구. 서울: 한국문화예술교육진흥원.

한국문화예술교육진흥원(2015a). 2014 한국전통형 엘 시스테마 교육안 개발 연구보고서. 서울: 한국문화예술교육진흥원.

한국문화예술교육진흥원(2015b). 문화예술교육사 2급 교육과정(KACES-1570-C001). 서울: 한국문화예술교육진흥원.

한국문화예술교육진흥원(2015c). 2015 사회문화예술교육 중장기 사업전략연구. 서울: 한국문화예술교육진흥원.

한국문화예술교육진흥원(2016). 2016 예술강사 지원사업 발전을 위한 학교 교육과정 연구. 서울: 한국문화예술교육진흥원.

한국문화예술교육진흥원(2017). 문화예술교육사 2급 교육과정(교수자용). 서울: 한국문화예술교육진흥원

유네스코와 유산 http://heritage.unesco.or.kr

제2장
교육프로그램 개발의 원리와 방법

박지영

1. 교육프로그램 개발 이론과 교수설계 모형
2. 국악 교육프로그램 개발의 방법

교육프로그램을 개발하기 위해서는 교육과정의 개발 원리와 교수설계의 개념을 이해하는 것이 필수적이다. 이 장에서는 일반적으로 사용되고 있는 교수설계 이론들을 탐색하고, 그중 국악 교육프로그램 개발에 적합한 이론에 적용하여 국악 교육프로그램을 개발하는 방법을 알아보도록 한다. 이를 통해 보다 효과적으로 교육프로그램을 개발할 수 있는 기초를 다지는 것에 중점을 둔다.

1. 교육프로그램 개발 이론과 교수설계 모형

교육프로그램은 교육과정이라는 큰 틀에 맞추어 설계할 때 보다 체계적이고 효과적인 교육이 이루어질 수 있다. 교육과정은 무엇을 가르치고 배울 것인가에 대한 필수적인 내용을 담고 있는데, 학교는 국가 수준의 학교 교육과정을 기준에 두고 모든 교육을 설계한다. 그러나 학교 밖에서 이루어지는 대부분의 사회문화예술교육프로그램은 국가 수준의 정해진 교육과정이 없기 때문에 교육을 담당하는 주체, 즉 교육자들의 개별 재량에 의해 맡겨지고 있는 실정이다. 이 항에서는 교육과정의 대표적인 이론들과 교수설계 모형을 살펴보고자 한다.

1) 교육프로그램 개발 이론

교육프로그램 개발에 사용하는 대표적인 교육과정 개발 이론은 타일러(Tyler, R. W.)의 합리적 교육과정 개발 모형, 타바(Taba, H.)의 귀납적 모형, 워커(Walker, D. F.)의 자연주의적 모형, 스킬벡(Skilbeck, M.)의 역동적 모형이다. 내용은 다음의 〈표 2-1〉과 같다.

타일러는 프로그램 개발 이론 중 가장 일찍 알려진 전통적 이론을 대표하는 학자이다. 타일러의 모형에서 주목할 부분은 프로그램 목표의 달성을 강조하는 것이다. 이로 인해 합리적 교육과정 개발 모형, 목표중심 모형 등으로 불리기도 한다. 목표를 설정할 때 한두 개의 문장으로 간단하게 요약하여 목표를 분명하게 전달하는 것이 중요하다. 이것은 학습자로 하여금 프로그램에 참여하는 목표를 분명하게 인식할 수 있게 하여 목표 달성의 가능성을 더욱 높일 수 있기 때문이다. 타일러의 모형은 대부분의 교육 현장에서 보편적으로 사용할 수 있지만, 개발의 단계를 지나치게 단순화하여 다양한 교육 환경에서 발생할 수 있는 문제에 대한 고려가 부족하다는 점에서 한계가 있다.

타바는 교육을 직접 실행하는 교육자가 교육과정을 개발해야 한다는 점을 강조하였다. 타일러의 모형과 같은 맥락에서 만들어졌으나 학습 경험을 선정하기 전의 단계까지 보다 세분화되었으며, 특히 요구진단 단계의 설정이 포함되었다는 것을

〈표 2-1〉 교육과정 개발 절차 모형

	타일러 (Tyler, R. W.)	타바 (Taba, H.)	워커 (Walker, D. F.)	스킬벡 (Skilbeck, M.)
단계 및 절차	교육목표 설정	요구진단	강령 (platform)	상황 분석
		목표의 명료화	숙의[1] (deliberation)	목적 설정
		내용 선정	설계 (design)	프로그램 구축
		내용 조직		
	학습 경험 선정	학습 경험 선정		판단과 실행
	학습 경험 조직	학습 경험 조직		
	평가	평가내용과 방법 결정		모니터링, 평가, 피드백, 재구성
		균형과 계열성 검토		

알 수 있다. 또한 내용과 학습 경험을 구별하였다는 점도 타일러의 모형과 차이가 있으며, 하나의 단원들이 모여 교육과정이 완성된다는 미시적 관점의 귀납적 모형을 사용하였다.

워커는 교육과정을 개발할 때 교육과정요소와 개발 단계의 순서가 정해져 있지 않다는 점에서 자연주의적 모형을 제시하였다. 교육과정을 개발하는 참여자들의 숙의(타협, 조정)를 강조하고 결과보다 과정이나 절차에 중점을 둔 과정지향적 성격을 지닌다. 교육과정 개발의 유연함으로 인해 보다 창의적인 교육과정을 개발할 수 있으나 교육목표나 내용을 선정할 수 있는 구체적인 방안이 없다는 점에서 한계가 있다.

스킬벡은 학교 중심의 교육과정 개발 모형을 제시하였는데 교사들이 교육과정을 개발할 때 유용하게 사용할 수 있는 역동적 성격의 모형이다. 그는 사회의 특성과

---

1) 깊이 생각하여 충분히 의논함.

학교 교육환경을 비판적으로 분석하여 학교와 교사, 학생의 상황에 따라 적합한 교육과정이 개발되어야 한다는 것을 강조했다. 이 모형은 교육과정 개발자가 상황에 따라 각 단계를 축소하거나 결합하여 활용할 수 있다.

앞에서 언급한 바와 같이, 학교 밖에서 이루어지는 문화예술교육은 교육을 담당하는 주체에 의해 그 교육의 질이 크게 좌우된다. 따라서 교육을 담당하는 주체는 교육과정 개발 절차 모형을 참고하여 본인이 하고자 하는 교육의 큰 틀을 세운 후 교육프로그램을 개발할 때, 보다 체계적이고 효과적인 교육을 할 수 있을 것이다.

2) 교수설계 모형

교육프로그램은 교육과정을 기반에 둔 교수설계에 의해 만들어진다고 할 수 있다. 그리고 교수설계란 수업체제를 만드는 과정으로, 교수를 계획하고, 개발하고, 실행하며, 평가할 때 따라야 하는 일련의 총체적 절차를 말한다. 교수설계 모형은 제2차 세계대전을 전후하여 군의 교육 훈련 프로그램 개발을 효과적으로 안내하기 위하여 제안된 이후 군뿐만 아니라 기업, 학교 등에서 활용할 수 있는 다양한 형태로 발전하여 왔다(임철일 외, 2007). 이 장에서는 교육프로그램 개발을 위한 교수설계 모형으로 ADDIE 모형과 평생교육프로그램 개발에서 널리 사용하고 있는 선형적 접근 모형, 학교교육을 위한 ASSURE 모형을 소개하고자 한다.

(1) ADDIE 모형

우선 프로그램 개발에 있어서 기본적인 절차로 제시되는 ADDIE 모형은 학교교육뿐만 아니라 사회교육에서도 두루 사용하는 전형적인 교수설계 모델이면서 다양한 교수설계 모형의 기준이 된다. ADDIE 모형은 장르를 넘어서는 포괄적 개념의 모형이므로 다양한 장르의 프로그램 개발에 활용되는 것은 물론 음악교육프로그램 개발에도 두루 활용되고 있으므로 이 교과목에서도 국악 교육프로그램 개발 모형으로 활용하고자 한다. ADDIE 모형의 절차와 개요는 다음과 같다.

[그림 2-1] ADDIE 모형의 절차

〈표 2-2〉 ADDIE 모형의 개요

단계		내용
분석 (analysis)	요구 분석	• 어떤 바람직한 상태와 현재 상태 간의 차이를 밝히는 것 • 학습자가 필요로 하는 지식, 기능, 태도 등의 요구 파악
	학습자 분석	• 학습자의 특성 파악 • 지적 특성: 지능, 적성, 선수학습 능력 • 정의적 특성: 동기, 자아개념, 불안, 태도
	과제 분석	• 교육목적을 성공적으로 수행하기 위해 필요한 지식, 기능, 태도 등을 파악하고, 이들 간의 계열성 규명
	학습환경 분석	• 설계 과정에 영향을 미치는 제반환경과 교수 목적을 달성하기 위해 필요한 학습환경에 대한 분석
설계 (design)	목표 명세화	• 교수설계의 방향을 제시하는 목표 진술 • 목표는 성취행동, 행동이 나타날 수 있는 조건, 성공적인 성취행동으로 판단할 준거를 포함
	평가도구 개발	• 목표의 성취도 여부를 측정 • 준거지향검사 • 사전검사, 사후검사, 진도확인검사
	교수전략 결정	• 교수목표에 진술된 학습자의 성취행동 유형과 수준, 교과영역, 학습자의 장점과 선호도, 학습 이론과 연구에서 유출된 정보, 경험에서 나온 통찰력, 시간과 자원의 제한점 등을 근거로 교수전략 선정
	교수매체 선정	• 학습 내용, 학습자 특성, 교수 방법 및 전략에 의해 결정
개발 (development)	교수자료 제작	• 실제로 사용할 교수 프로그램이나 수업에 사용할 교수자료 제작
	형성평가	• 개발된 교수자료의 효과성과 효율성을 증진시키기 위해 반드시 형성평가 실시 • 1:1평가, 소집단평가, 현장평가
	교수자료 수정	• 현장평가 결과는 교수 프로그램이나 교수자료 자체를 수정하고, 교수목표, 과제 분석, 학습자의 특성 파악 등 설계의 모든 과정에 대해 검토하고 수정할 기회 제공

| 실행
(implementation) | 교수자료
활용 및 관리 | • 개발된 교수 프로그램이나 교수자료를 실제 교육 현장에
활용 및 관리 |
| 평가
(evaluation) | 총괄평가 | • 개발된 교수 프로그램의 선택에 관련된 사항을 결정하기
위해 실시 |

출처: 박숙희, 염명숙(2007).

　분석은 프로그램 개발에 있어서 가장 중요한 단계(윤옥한, 2013)이자 학습 내용을 정의하는 과정으로, 교수·학습 내용, 학습자의 특성, 교육 환경을 검토하는 과정이다. 설계는 교수 내용과 방법을 구체화하는 과정이고, 개발은 교수·학습 자료(매체)를 제작하는 과정이다. 실행은 교과목 혹은 프로그램 실제 상황에 적용·설치하는 과정이고, 평가는 교과목 혹은 프로그램의 적절성을 통제·결정하는 과정으로 볼 수 있다. 이와 같은 교수설계의 단계에 맞게 국악교육의 내용을 적용하면 보다 체계적인 교육내용을 구성할 수 있다.

(2) 선형적 접근 모형

　선형적 접근 모형은 말 그대로 한 단계씩 선을 따라 순차적으로 실행하는 모형을 의미한다. 프로그램을 개발할 때 가장 일반적으로 사용하는 방법으로 놀스(Knowles, M. S.), 보일(Boyle, P. G.), 코왈스키(Kowalski, T. J.) 등의 학자에 의해 체계적으로 제시된 바 있다(신용주, 2017). 이 중 가장 보편적으로 활용하는 모형은 놀스와 보일의 이론을 정리한 모형으로 5단계로 이루어진다.

[그림 2-2] 선형적 접근 모형의 단계

　선형적 접근 모형은 프로그램을 개발할 때 고려해야 할 요소를 단계적으로 제시해 준다는 점에서 의의가 있다. 프로그램 개발자들에게 각 단계별로 실행해야 할 과제를 분명하게 이해할 수 있으므로 합리적이고 안정적인 모형이라는 평가를 받는다. 학습자의 요구 분석, 프로그램 목표 설정, 수업목표 설정, 수업 방법 및 기법의 선정, 학습 결과의 평가의 5단계로 나뉘며, 프로그램 개발을 처음 시작하는 초보자들에게 적합한 모형이라고 할 수 있다. 그러나 다양한 교육현장에서 발생할 수 있는 문제점들에 대처할 수 있는 유연성이 부족하다는 점에서 제한점이 있다.

(3) ASSURE 모형

ASSURE 모형은 교사들을 위한 비교적 쉬운 실천 모형으로, 학습자 분석, 목표 진술, 교수방법과 매체 및 자료의 선정, 매체와 자료의 활용, 학습자 참여의 유도, 평가와 수정의 여섯 단계로 이루어져 있다. 1단계는 학습자 분석, 2단계는 목표 진술, 3단계는 교수방법과 매체 및 자료의 선정, 4단계는 매체와 자료의 활용, 5단계는 학습자 참여의 유도, 6단계는 평가와 수정의 단계이다(이성흠 외, 2003).

[그림 2-3] ASSURE 모형의 단계

학습자 분석의 단계에서는 학습자의 일반적 특성, 구체적인 출발점 능력 진단 및 학습 유형을 분석한다. 목표 진술 단계에서는 학습자의 행동, 학습의 조건, 평가 수준을 설정하여 진술한다. 교수방법과 매체 및 자료의 선정 단계에서는 수업방법을 선정하고, 교수매체를 선정하고, 자료를 선택한다. 매체와 자료의 활용 단계에서는 자료를 사전 검토하고 환경을 정비하는 등의 학습을 위한 사전 준비를 한다. 학습자 참여의 유도 단계에서는 학습자들이 스스로 목표를 설정하여 연습할 수 있도록 적절한 과제를 제시한다. 마지막으로 평가와 수정 단계에서는 학습 목표 달성 여부, 교수매체와 방법의 적절성, 교수·학습 활동의 적절성 등을 평가하여 다음 수업의 교수계획을 수정·보완한다.

(4) 그 밖의 다양한 모형

이밖에도 딕과 케리(Dick & Carey)의 교수설계 모형, 라이겔루스(Reigeluth)의 교수정교화 모형, 윌리스(Willis)의 R2D2 모형, 가네-브리스(Gagne-Briggs)의 교수설계 모형, 메릴(Merrill)의 내용요소전시이론 모형, 켈러(Keller)의 ARCS 모형 등 교육의 다양한 목적에 적합한 모형들이 학교교육을 중심으로 개발되어 있다. 교수자는 자신의 교육에 알맞은 모형을 활용하여 교수설계를 할 수 있고, 교육 경험이 누적되면 문화예술교육에 알맞게 기존의 모형을 변형하거나 새로운 모형을 개발할 수도 있을 것이다.

2. 국악 교육프로그램 개발의 방법

이 절에서는 앞에서 제시한 대표적인 교수설계 모형인 ADDIE 모형을 중심으로 국악 교육프로그램 개발방법을 설명하고자 한다. ADDIE 모형은 프로그램 개발의 기본 절차로, 학교교육뿐만 아니라 사회교육에서도 두루 사용하는 전형적인 교수설계 모델이면서 다양한 교수설계 모형의 기준이 되고 있음을 앞에서도 밝힌 바 있다. ADDIE 모형은 분석, 설계, 개발, 실행, 평가의 다섯 단계로 나뉜다.

1) 분석(analysis)

분석 단계에서는 교육을 해야 하는 이유를 도출해 냄으로써 교육의 목표를 설정하고 교육 내용을 결정할 수 있다. 이 단계를 세분화하면 요구 분석, 학습자 분석, 학습환경 분석, 과제 분석으로 나뉜다. 각각의 세부 분석 단계에서 활용할 수 있는 방법은 다음과 같다.

〈표 2-3〉 분석의 세부 단계와 방법

단계	방법	
요구 분석	서베이 기법 (설문조사법)	• 가장 보편적으로 사용되는 기법 • 설문 조사, 전화 조사, 이메일 조사, 우편 조사 등
	관찰법	• 현장에서 관찰을 통해 정보를 수집
	인터뷰 (면담법)	• 면담을 진행하는 사람의 숙달된 기술이 중요 • 대면 조사, 전화 조사 등
	결정적 사건 분석법	• 특정 직무나 직업을 가진 사람들에게 적합 • 삶에 있어서 중요하고 결정적인 사건을 기록하게 하고, 구체적인 행동 기록을 수집
	델파이 기법	• 집단 의견 수렴의 형태 • 전문가들의 식견, 직관 및 판단력을 효과적으로 수렴
	비형식적 요구	• 일상적인 접촉을 통해 요구를 파악 • 타당성과 신뢰도 확보가 어려움
학습자 분석	출발점 행동 분석	• 학습 내용과 관련하여 학습자가 이미 알고 있는 행동 • 설문 조사, 1:1 인터뷰, 면담 등
	일반적인 특성	• 학습자의 연령, 성별, 학습 능력, 성격, 다중 지능 등
	학습 양식	• 시각적 학습자, 청각적 학습자, 운동감각적 학습자
과제 분석	성격에 따른 분류	• 주제 분석, 작업 분석, 기능 분석
	접근방법에 따른 분류	• 위계별 분석, 단계별 분석, 시간 · 기능별 분석
학습환경 분석	활용할 수 있는 교수매체의 종류, 교실 공간의 크기, 학습자 간의 관계, 교수자와 학습자 간의 심리적 관계, 교수자료 개발 가능성	

출처: 신재한(2016).

요구 분석은 현재 상태와 바람직한 상태의 격차를 결정하고 그것의 본질과 원인을 점검하며 미래의 행동을 위해 우선순위를 탐색하는 체계적인 행위라 할 수 있다(신재한, 2016). 학습자 분석은 학습자가 학습 내용과 관련하여 어느 정도의 지식이 있는지를 파악하여 출발점 행동을 분석하고 학습자의 연령이나 성별, 성격 등의 일반적인 특성을 분석함으로써 현재 수행 정도를 파악하는 것이다. 과제 분석은 교육목적을 성공적으로 수행하기 위해 필요한 지식, 기능, 태도 등을 파악하고 이들 간의 계열성을 규명하는 것이다. 학습환경 분석은 교육에 활용하는 매체나 공간 등의 물질적 환경과 교수자와 학습자 간의 관계, 학습자와 학습자 간의 관계 등 심리적인 환경의 분석을 의미한다. 이 중 학습자 분석의 세부 단계인 학습 양식의 유형별 국악 수업방법을 제시하면 〈표 2-4〉와 같다.

〈표2-4〉 학습자 유형에 따른 국악 수업방법

구분	시각적 학습자	청각적 학습자	운동감각적 학습자
경향	• 언어적 설명을 통한 정보 수용의 어려움 • 차트, 포스터, 컴퓨터 소프트웨어 활용 • 주요 개념 및 문장 지도를 할 경우, 컬러 마커, 형광펜 사용	• 강의 및 토론 선호 • 말과 글로 표현 • 효과적 의사소통 경향 • 정렬된 책상 및 조용한 교실 선호 • 한 번에 한 가지 일에만 몰두 • 너무 많은 집단 과제 및 실습 과제를 싫어함	• 대화할 때 손을 씀 • 몸을 활용한 학습 • 노트 필기에 적극적 • 운동, 춤, 응원, 단체 활동, 연극 등에 소질이 있음
국악 수업 방법	• 악곡의 유래와 쓰임 등을 사진이나 그림, 만화로 제공 • 그림 악보, 색깔 악보, 기호 악보 • 감상할 때 음원보다 동영상 제공	• 창작이나 합주 연습 과제를 모둠별 활동으로 제공 • 음악 감상 후 느낌을 이야기하기	• 장단의 느낌을 춤사위로 표현하거나 익히기 • 탈춤, 마당놀이, 역할극, 상황극 • 강강술래 등의 집단 놀이 활동 • 악, 가, 무가 통합된 활동 등

출처: 신재한(2016)을 재구성함.

2) 설계(design)

설계 단계에서는 앞의 두 가지 분석을 통해 도출된 학습 내용을 어떻게 가르칠 것인지 방법을 설계하는 단계이다. 이 단계에서 교수·학습 과정안 또는 교수설계안(교안)을 만들게 된다.

〈표 2–5〉 국악 교육프로그램 개발을 위한 교수설계안(교안)

1. 프로그램명: 프로그램명이나 주제
2. 프로그램의 대상: 프로그램에 참여하는 학습자
3. 프로그램의 개관: 프로그램의 주요 학습 내용, 중점 지도 방향, 선정 이유, 교수 · 학습방법, 기획 의도 등
4. 프로그램의 목표: 프로그램 전체의 목표
5. 프로그램의 세부 내용: 프로그램의 차시 구성 및 차시별 주요 활동

차시	수업주제	주요 내용 및 활동
1		
2		
3		
4		
5		
6		
⋮		

6. 프로그램의 평가 계획: 학습 목표 달성을 확인할 수 있는 다양한 평가계획

7. 차시별 교수 · 학습 과정안

프로그램명		차시	
수업주제			
학습 목표			

단계	교수 · 학습 활동	준비물 및 유의점	시간
도입			
전개			
정리			

3) 개발(development)

　개발 단계는 설계된 교안을 실행하기 위한 도구를 만드는 단계로, 교수매체를 개발하는 것으로 설명할 수도 있다. 교수매체는 초기에 교수활동을 용이하게 하는 기계나 자료 등을 의미했으나, 지금은 매체를 보는 시각이 넓어져서 교육목표를 달성하기 위하여 학습자와 교수자 간에 사용하는 모든 수단을 의미한다(임철일, 연은경, 2015). 도구는 실제 학습자들이 사용하게 되는 교재나 프레젠테이션 도구, 교구 등이 된다. 예를 들어, 사물놀이라는 주제를 유아와 성인에게 교육을 할 경우 유아는 그림 악보가 적합할 것이고, 성인은 각 악기별 부호를 사용하는 정간보나 오선보 사용이 적합할 것이므로 각 대상의 수준과 선호에 맞는 교수매체를 선정하는 것이 학습 효과를 높이는 중요한 요인으로 작용한다. [그림 2-4]는 프레젠테이션 도구의 예시, [그림2-5]는 수업 실행 시 활용할 수 있는 활동지의 예시, [그림 2-6]은 교구 제작의 예시이다.

파워포인트

프레지

키노트

한쇼

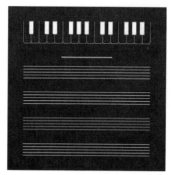

판서

[그림 2-4] 프레젠테이션 도구의 예시

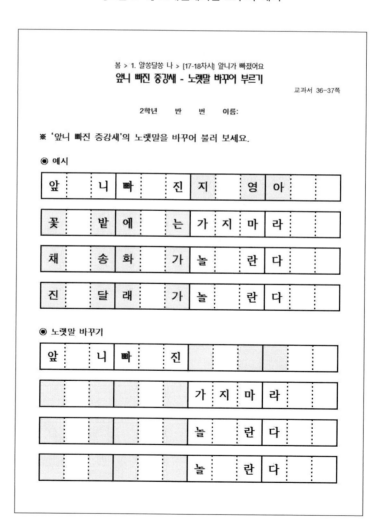

◈ 활동지

단소 연습곡 만들기

학년반(   ) 이름 (   )

• 汰(태), 潢(황), 無(무) 음을 사용하여 나만의 연습곡을 만들어
봅시다.

		汰	태
無	무		
△			

[그림 2-5] 활동지 예시

낙엽으로 만든 정간보

채반으로 만든 사자탈

[그림 2-6] 교구 제작의 예시

출처: 권덕원 외(2016).

4) 실행(implementation)

실행 단계는 앞에서 만들어진 교안과 교재 등으로 직접 수업을 시연하는 단계로, 학습자와 함께한다는 점에서 다른 단계들과 큰 차이점이 있다. 교안, 교재가 잘 준비되어 있다고 해도 실행하는 교수자의 실행 능력이 뒷받침해 주지 않으면 효과적으로 준비한 내용을 전달할 수가 없게 된다. 실행 단계에서 고려해야 할 사항은 다음과 같다.

[그림2-7] 실행 단계에서 고려해야 할 사항

학습환경은 학습을 실행하는 공간을 의미하는 것으로, 학습자 전원을 수용하기에 적합한 크기인지, 빔프로젝터와 음향 등의 프레젠테이션 도구들이 설치되어 있는지, 필요한 교구를 갖추고 있는지 등이 해당된다. 학습자 준비는 해당 학습에 참여하기 적합한 상태로 준비시키는 것을 의미하는데, 예를 들어 사물놀이 수업에 바닥에 앉는 형태의 수업을 위해서는 치마보다 편한 바지 차림의 옷을 입는 것이 더 좋을 것이다. 학습 경험은 학습자들이 학습 목표를 성취할 수 있도록 안내하고 다양한 방법으로 촉진하는 것을 의미하며, 학습자 참여 유도는 학습자가 수업에 적극적으로 참여하고 주의 집중을 지속할 수 있도록 효과적인 전략을 세워야 한다. 평가는 다음 단계에서 구체적인 방법을 제시하고 있지만, 실행 단계에서 실행과 동시에 평가의 행위가 이루어지기도 한다. 학습자가 학습 목표에 도달했는지 관찰평가, 자기평가, 상호평가 등의 다양한 방법을 적용해야 한다.

5) 평가(evaluation)

평가는 목표의 달성 여부, 교수매체의 적합성, 교수·학습 활동의 적절성 등을 평가함으로써 다음 수업을 위한 수정·보완의 단계이다. 프로그램 목표의 달성 여부는 학습자의 학습 목표 달성도를 확인하는 것으로 평가할 수 있다. 교수매체의 적합성과 교수·학습 활동의 적절성은 교수자의 자기평가, 프로그램의 실행 시 학습자들의 행동 반응의 관찰과 프로그램 종료 후 평가지 작성 등을 통해 평가할 수 있다. 이를 통해 교육의 효과성을 확인할 수 있고 부족한 부분을 수정·보완할 수 있도록 한다. 교육 후의 평가가 잘 이루어지면 학습의 효과를 극대화함으로써 궁극적으로 교육의 질을 향상시킬 수 있다. 이 항에서의 평가는 수업 설계의 마지막 단계에 해당한다고 볼 수 있는데, 교육평가는 수업 전, 수업 과정 중, 수업을 마친 후에 이루어지는 평가가 함께 이루어질 때 교육의 효과가 극대화된다.

〈표 2-6〉 학습자의 목표 달성 여부 평가방법

구분	전통적 평가방법	대안적 평가방법
학습자에 대한 관점	• 학습 결과에 관심 • 수동적 관점 • 분리된 지식과 기능을 평가	• 학습 과정과 결과에 관심 • 능동적 관점 • 통합된 지식과 기능을 평가 • 메타인지적 관점
평가형태	• 지필검사	• 수행평가 • 참평가 • 포트폴리오
평가실시	• 일회적 평가	• 지속적 평가
평가내용	• 단일 속성	• 다원적 속성(여러 측면)
평가대상	• 개인평가 강조	• 모둠평가 강조(협동)

출처: 김성숙 외(2015).

음악수업에서 평가는 단지 수업의 전 과정 중 마지막에 행해지는 것이 아니라, 수업의 과정 전체를 통하여 처음부터 끝까지 이루어지는 과정을 중요한 준거로 삼는 것이 필요하다(권덕원 외, 2008). 음악 관련 프로그램에서 활용하기에 적합한 수행평가의 유형은 다음과 같다.

〈표 2-7〉 수행평가 유형

유형	특징
관찰법	학습자의 행동을 지속적·체계적으로 관찰한다. 이를 위해 구조화된 체크리스트를 작성해서 사용하면 보다 객관적으로 일관성 있는 관찰평가가 가능할 것이다.
구술시험	학습자가 이해하고 있는 지식, 개념, 용어, 상황 등을 말로 표현한다.
서술형검사, 논술형검사	학습자가 이해하고 있는 지식, 개념, 용어, 상황 등을 글로 표현한다. 유아나 초등학교 저학년 학생과 쓰기가 곤란한 신체적 결손이 있는 학습자들에게는 적합하지 않을 수 있다.
동료평가	학습자의 동료가 평가한다. 객관적인 평가 준거를 제시해 주는 것이 좋다.
자기평가	학습자 자신이 스스로 평가한다.
면접법	관찰자가 1:1 또는 1:다수로 문답을 통해 평가한다.
실음지필평가	실제 음악을 들려 주면서 학습한 지식 등을 지필평가한다.
모둠별 발표	모둠을 구성하여 자기주도적으로 연습한 음악적 결과물을 발표하고, 이를 동료나 관찰자 등이 평가한다.
포트폴리오	일정한 기간 동안 학습자가 스스로 만들어 낸 결과물을 모은 자료를 평가한다.

출처: 권덕원 외(2008).

〈표 2-8〉 프로그램 평가서(참여자용)

프로그램명		작성일자		작성자	

순번	평가내용	평가기준				
		매우 아니다	아니다	보통 이다	그렇다	아주 그렇다
1	프로그램이 전체적으로 즐겁고 유익했다.	①	②	③	④	⑤
2	프로그램은 휴강, 결강 없이 이루어졌다.	①	②	③	④	⑤
3	프로그램의 성격에 맞는 수업방법이 사용되었다.	①	②	③	④	⑤

4	프로그램 특성에 적합한 수업 자료(매체)를 활용하였다.	①	②	③	④	⑤
5	강사와 학습자 간의 상호작용이 활발하게 이루어졌다.	①	②	③	④	⑤
6	학습자들의 수준에 맞게 프로그램 내용이 진행되었다.	①	②	③	④	⑤
7	이 프로그램을 다른 사람에게 추천할 것이다.	①	②	③	④	⑤

1. 이 프로그램에 가장 유익했던 점을 자유롭게 써 주세요.
2. 이 프로그램에서 수정·보완되었으면 하는 점을 자유롭게 써 주세요.

이 장에서는 국악 교육프로그램을 개발하기 위한 교육과정 이론과 교수설계 모형을 살펴보고, 교육프로그램 개발방법의 기본 원리를 알아보는 것에 중점을 두었다. 그리고 가장 일반적으로 많이 사용되는 ADDIE 모형의 단계인 분석, 설계, 개발, 실행, 평가의 다섯 단계에 맞게 프로그램을 개발할 수 있는 방법을 제시하였다. 또한 제시한 일반적인 모형 외에 교육의 형태에 따라 다양한 모형이 개발되어 있으므로 이를 본인이 구상하고 있는 국악교육에 맞게 일부 변형하여 사용한다면 보다 체계적이고 효과적인 국악 교육프로그램을 개발할 수 있을 것이다. 나아가서 다양한 국악교육의 형태에 맞는 교수설계 모형이 개발되기를 희망한다.

토의 주제

1. ADDIE 모형의 다섯 단계와 그 내용을 간단하게 설명해 보자.

2. 요구 분석방법 중 세 가지 이상을 말하고, 특징을 설명해 보자.

3. 평가단계에서 지필평가의 대안적 평가방법을 설명하고, 어떤 형태의 국악교육에 적용하는 것이 좋을지에 대해 토의해 보자.

참고문헌

권덕원, 석문주, 최은식, 함희주(2008). 음악교육의 기초. 경기: 교육과학사.

권덕원, 황병훈, 송정희, 박주만(2009). 국악교육론. 경기: 교육과학사.

권덕원, 박지영, 김선정, 박윤미, 임하정(2016). 창의적인 어린이를 위한 국악교육. 경기: 교육과학사.

교육부(2015). 음악과 교육과정. 세종: 교육부.

김성숙, 김희경, 서민희, 성태제(2015). 교수 · 학습과 하나 되는 형성평가. 서울: 학지사.

박숙희, 염명숙(2007). 교수 · 학습과 교육공학(2판). 서울: 학지사.

변영계(2003). 수업설계. 서울: 학지사.

신용주(2017). 평생교육프로그램 개발론. 서울: 학지사.

신재한(2016). 교육프로그램의 이론과 실제. 경기: 교육과학사.

오인경, 최정임(2005). 교육프로그램 개발 방법론. 서울: 학지사.

윤명원, 임미선, 이용식, 신은주, 이진원, 허윤정, 강혜인, 박지영, 정모희, 곽은아, 신응재, 강선하(2018a). 국악교육론. 서울: 학지사.

윤명원, 곽은아, 강혜인, 박소현, 박지영, 정모희, 황부남, 이영주, 배영진(2018b). 국악 교수 · 학습방법. 서울: 학지사.

윤옥한(2013). 평생교육프로그램개발 모형 탐색. 교육논총, 33, 67-85.

이복희, 김종표, 김윤아(2018). 청소년교론. 서울: 학지사.

이성흠, 이준, 구양미, 이경순(2013). 교육방법 및 교육공학. 경기: 교육과학사.

임철일, 연은경(2015). 기업교육프로그램개발과 교수체재설계. 경기: 교육과학사.

임철일, 이지현, 장선영(2007). 교육프로그램 개발을 위한 '간편 교수체제설계' 모형에 관한 개발연구. 기업교육연구, 9(2), 55-76.

제3장
활동영역별 · 교육대상별 국악 교육프로그램의 특성

신영미

1. 활동영역별 국악 교육프로그램의 특성
2. 교육대상별 국악 교육프로그램의 특성

이 장에서는 활동영역별 · 교육대상별 국악 교육프로그램의 특성에 대해 살펴보고자 한다. 국악교육에서 활동영역은 크게 가창, 기악, 창작, 감상으로 구분이 된다. 각 영역에 나타난 제재곡, 활동, 교수 · 학습방법 등을 살펴보되, 연령에 따라 적용되는 양상을 분석하여 제시하고자 한다. 또한 국악교육의 대상은 일반적인 문화예술교육의 측면에서 유아, 아동 · 청소년, 청장년, 노인으로 구분하고, 각 대상별 프로그램의 전반적인 특징에 대해 살펴볼 것이다. 각 영역별 프로그램의 특성과 교육대상별 특성에 대한 이해를 바탕으로 창의적이고 체계적인 프로그램의 개발방법을 탐구하도록 한다.

1. 활동영역별 국악 교육프로그램의 특성

음악교육에서 활동에 따른 영역은 대개 가창, 기악, 창작, 감상의 네 영역으로 구분되는데, 이는 우리나라 제2차 음악과 교육과정(1963. 2.)에서 그 근거를 찾을 수 있다. 제1차 교육과정이 단편적 지식 중심 교육에 치중한 점을 시정하기 위해 제2차 교육과정에서는 경험 중심의 교육 사조를 받아들여 실제 음악의 경험을 통해 실생활에서 음악을 즐길 수 있도록 하였다. 제2차 음악과 교육과정에서는 음악교육의 영역은 가창, 기악, 창작, 감상으로 구분하되, 실제 학습에서는 혼연된 종합체로 운영되어야 할 것을 명시하였다. 이는 현재 국악교육이 추구하는 방향성과 그 맥락이 같으므로 이 장에서는 활동영역에 따른 구분을 가창 중심 · 기악 중심 · 창작 중심 · 감상 중심 프로그램으로 나누어 제시하고자 한다.

1) 가창 중심 프로그램

국악 교육프로그램에서 주로 다루어지는 가창영역의 장르는 전래동요, 민요, 판소리, 시조, 가곡 등인데, 교육대상별로 다루어지는 장르는 상이하다. 유아의 경우에는 주로 간단한 리듬과 선율의 반복으로 따라 부르기 쉽고, 생활주제로 개사가 용이한 창작국악동요 또는 전래동요를 제재곡으로 한다. 반면, 초 · 중 · 고등의 경우에는 전래동요, 민요, 판소리, 시조, 가곡 등 학교급에 상이하긴 하지만 비교적 다양한 장르의 악곡을 학습한다. 가창영역의 프로그램 분석을 토대로 유아에서 고등학교까지 주로 선정되는 가창영역의 장르를 제시하면 〈표 3-1〉과 같다.[1]

민요는 유아부터 고등학교까지 다루어지는 반면, 창작국악동요와 전래동요는 유아와 초등에서, 가곡은 중 · 고등학교에서만 학습되는 특징을 보인다. 특히 판소리의 경우, 유아 및 초등학교 저학년의 경우에는 실제로 따라 부르기가 어려울 수 있으므로 추임새 넣기, 발림하기 등의 활동으로 수준에 맞추어 제시되고 있다. 고등학교의 경우에는 민요, 판소리, 시조, 가곡 외에도 악장 및 회심곡과 범패를 다루기

---

1) 유아의 가창영역은 누리과정 및 모형오 외(2010), 한국문화예술교육진흥원(2009)을, 초 · 중 · 고등학교의 가창영역은 2009 개정, 2015 개정 교육과정 및 한국문화예술교육진흥원(2013)을 참조하였다.

〈표 3-1〉 학교급에 따른 가창영역의 제재곡 장르

학교급 \ 장르	창작국악동요	전래동요	민요	판소리	시조	가곡
유아	○	○	○	○		
초등	○	○	○	○	○	
중등	○	○	○	○	○	○
고등			○	○	○	○

도 하나 학생들이 실제 노래 부르기가 어렵고 전문적인 분야이므로 가창이 아닌 악곡의 이론적 이해 및 감상 중심의 수업이 진행되는 경향이 있다. 한편, 청장년 및 노인의 경우에는 이미 의무 교육기를 지나 여가활동 및 자기계발 등의 개인적 기호에 의해 스스로 선택하는 경우가 많으므로 가창영역의 전 장르에 걸쳐 프로그램 개발이 가능하다. 하지만 전문 음악인의 양성이 아닌 문화예술교육 차원에서 개발되는 성인 대상의 프로그램의 경우, 비교적 대중적이며 인지도가 높은 민요, 판소리 등의 프로그램이 많이 개발되고 있다.

가창영역에서 주로 제시되는 활동은 신체 표현을 하며 노래 부르기, 노랫말 바꿔 부르기, 장단 치며 노래 부르기, 시김새 표현하기, 말붙임새 만들기, 메기고 받으며 노래 부르기, 노래 부르며 놀이하기 등이다. 이러한 각각의 활동은 프로그램에서 기악, 창작, 감상활동과 통합되어 제시되는 경향을 보인다. 신체 표현을 하며 노래 부르기의 경우에는 몸을 사용하기도 하지만 악기를 사용함으로써 기악영역과 통합되며, 노랫말 바꿔 부르기의 경우에는 학습자가 창의적으로 노랫말을 창작하게 됨으로써 창작영역과 통합된다. 또한 가창영역에서 '듣고 따라 부르기'는 교사 및 전문가의 시범을 보고 따라하게 됨으로써 감상활동이 전제된다고 볼 수 있다. 가창 중심 프로그램에서는 '듣고 따라 부르기'의 가창활동에만 머무르지 않고 타 영역과의 통합을 통한 다양한 활동의 제시는 학습자의 적극적이고 흥미로운 수업 참여를 유도한다. 다음은 전래동요 '바람아 불어라'의 수업사례이다. 이 사례는 장단에 맞추어 노래 부르기, 노랫말 바꾸어 부르기, 노랫말에 어울리는 신체 표현하기, 노래 부르며 놀이하기의 다양한 활동을 제시하여 학습자의 흥미로운 참여를 유도하고 있다. 어린이를 대상으로 개발된 수업이나 청소년 및 성인 대상에 따라 다양하게 변형하여 활용할 수 있다.

[지도안 3-1] 전래동요 〈바람아 불어라〉 교수학습 지도안

악곡해설	바람이 불어 나무에 달린 대추가 떨어지기를 바라며 부르던 아이들의 노래이다. 친구들과 '열매줍기' 놀이를 하며 가을 수확의 기쁨을 간접적으로 경험한다.		
학습 목표	1. 자진모리장단에 맞추어 노래를 부른다. 2. 노랫말을 바꾸어 노래 부른다.		
주요활동	• 자진모리장단에 맞추어 노래 부르기 • 노랫말 바꾸어 부르기 • 노랫말에 어울리는 신체 표현하기 • 노래 부르며 '열매줍기' 놀이하기		
중점요소	신체 표현 창작, 노랫말 창작	수업자료	장구, 사진 자료(여름과 가을 모습), 다양한 열매 그림, 바구니

학습 과정	도입	① 이야기 나누기 • 여름과 가을의 모습이 담긴 사진을 보며 이야기를 나눈다. – 여름과 가을의 모습은 어떻게 다른가요? – 가을 산에 가면 많이 볼 수 있는 것들은 무엇인가요?
	전개	② 자진모리장단에 맞추어 노래 부르기 • 제재곡 〈바람아 불어라〉를 감상한다. • 정확한 발음으로 노랫말을 읽어 본다. • 장단에 맞추어 말붙임새를 읽어 본다. • 장구 장단에 맞추어 한 장단씩 듣고 따라 부른다. ③ 노랫말 바꾸어 부르기 • 좋아하는 열매를 넣어 노랫말을 바꾸어 불러 본다. ④ 노랫말에 어울리는 신체 표현하기 • 바구니 또는 옷을 활용하여 노랫말에 어울리는 신체 표현을 한다. • 2모둠으로 나누어 한 모둠은 신체 표현을 하고, 다른 모둠은 노래를 부른다. • 잘된 모둠의 신체 표현을 다 함께 따라하며 노래를 부른다. ⑤ 노래 부르며 '열매줍기' 놀이하기 • 노래를 부르며 놀이한다. • 2모둠으로 나누어 '열매줍기' 놀이를 한다. • 노래를 부르며 바닥에 떨어진 열매를 담는다. • 놀이가 끝난 후 모둠의 열매를 세어 본다.
	정리	⑥ 확인하기 • 노래를 부르며 노랫말에 어울리는 신체 표현을 한다. – 친구들이 만든 신체 표현 중에 가장 재미있는 표현은 무엇이었나요?

출처: 권덕원 외(2016).

2) 기악 중심 프로그램

기악 중심 프로그램은 주로 악기 이해 및 악기 연주 중심으로 구성되며, 지도악기 및 교수·학습방법은 교육 대상의 연령 및 특성과 교육 목적 및 환경을 고려하여 선택하게 된다. 유아에서 성인까지 전 연령에서 공통적으로 사용되는 악기는 장구, 북 등의 타악기이다. 타악기의 경우에는 관현악기에 비해 비교적 저렴하면서도 악기 관리가 용이하므로 학교 또는 기관에서 구비하고 있는 경우가 많다. 또한 섬세한 연주 기술을 요하는 가야금, 피리 등의 선율 악기에 비해 비교적 쉽게 연주할 수 있어 단기간에 합주가 용이하다. 타악기를 사용하는 프로그램은 주로 난타, 사물놀이, 농악 등이 많이 실행되고 있다. 하지만 아직 신체발달이 미숙한 유아의 경우에는 장구 또는 소고 등의 단일 악기를 사용하여 인사장단, 일채가락 등의 간단한 장단을 익히도록 하며, 사물놀이를 소재로 하였을 경우에는 연주에 중점을 두는 수업이 아닌 사물악기의 소리를 듣고 구별하면서 악기 관련 내용을 이해하는 수업으로 진행할 수 있다. 아동·청소년 및 청장년의 경우에는 각 지방의 농악 및 사물놀이를 배우고 연주하는 프로그램으로 구성이 되는데, 활발한 신체활동을 통한 진풀이 수업이 포함되기도 한다. 반면, 노인 대상의 경우에는 신체적 쇠약기인만큼 활발한 신체활동은 지양하는 경향이 있으며, 작고 가벼운 소고를 사용하여 민요를 부르면서 장단을 치거나, 간단한 장단을 연주함으로써 손과 귀의 협응력 향상에 목적을 두기도 한다.

관현악기의 경우에는 주로 집단보다는 개인의 연주 기량 습득 및 향상을 목적에 둔 프로그램이 많은데, 아동·청소년 대상에는 단소, 소금, 가야금 등이, 청장년 대상의 경우에는 이보다 더 다양한 악기(거문고, 피리, 해금, 대금 등)를 소재로 한 프로그램이 실행되고 있다. 관현악기 프로그램의 경우에는 단기간에 합주가 가능한 타악 프로그램과는 달리, 개인의 기량이 일정 수준에 도달하였을 경우에 합주가 가능하므로 프로그램의 마지막 차시 또는 장기 프로그램일 경우에는 분기별 또는 학기별 발표회를 통해 더 높은 수준으로의 기량 향상을 도모한다.

기악 프로그램의 교육내용을 살펴보면, 유아는 주로 전통악기 소리를 탐색·체험하고 간단한 장단을 연주하도록 하며, 초·중등의 경우에는 악곡의 특징을 이해하며 연주함과 동시에 시김새, 장단 등의 음악요소에 대한 이해 학습이 동반된다.

〈표 3-2〉 대상 연령에 따른 사용 악기 및 프로그램(수업)명 예시

대상	악기 종류	악기	프로그램명(수업명) 예시
유아	타악기	장구, 소고	• 인사장단을 배워요 • 일채 기차놀이 • 사물악기 소리여행
초 · 중등	관악기	단소, 소금	• 맑고 깨끗한 소리, 단소 • 소금 연주하기 • 사물놀이반
	현악기	가야금	• 가야금 배우기
	타악기	사물악기 (징, 꽹과리, 장구, 북)	• 사물악기가 된 도깨비 • 사물놀이반 • 난타 • 별달거리
청장년	관악기	대금, 피리, 태평소, 소금	• 대금(초급 · 중급)
	현악기	가야금, 거문고, 아쟁, 해금	• 가야금(초급 · 중급)
	타악기	난타북, 사물악기	• 다사농악 • 사물놀이로 만들어 보는 신명 난 세상 '얼~쑤 한판 노세'
노인	타악기	난타북, 소고, 사물악기(징, 꽹 과리, 장구, 북)	• 영남능악 • 가락장구 • 난타

출처: 윤명원 외(2018a).

청장년 대상의 경우에는 악기와 연주 자세에 대해 알고, 악보를 보고 연주하는 내용으로 구성된다(윤명원 외, 2018a). 악기별 연주 기능을 익힌 후에는 합주를 하고, 합주를 통한 기량의 향상은 발표회 준비 및 실행의 단계별 수업으로 구성된다. 특히, 각 지역별 특징이 반영되는 대표적인 장르인 사물놀이와 농악 등의 그룹수업은 타인과의 긍정적 상호작용, 스트레스 해소의 기대효과가 있다. 악기를 매체로 하는 기악수업에서 가장 중요한 것은 '연주 능력'을 향상시키는 것이다. 이를 위해서는 악기의 특성 이해하기, 기본 주법 익히기, 기초 기능 습득하기, 다양한 형태의 악곡 연주하기뿐만 아니라 음악 개념을 익히고 음악적, 창의적으로 표현하기 등의 내용

과 활동, 단계를 거쳐야 한다(정진원, 승윤희, 2016). 이처럼 기악영역의 프로그램은 단지 악기 연주의 기술적인 면에만 치중할 것이 아니라 악기 및 연주와 관련된 기초적인 개념과 창의적 표현법 등과 관련된 교수·학습방법이 동반되어야 한다. 이를 위해 먼저 학습 대상의 분석 및 이해를 선행하고 대상에 알맞은 교육내용과 교수·학습방법을 선정함으로써 교육목적을 충분히 실현할 수 있는 프로그램을 개발할 수 있어야 할 것이다.

3) 창작 중심 프로그램

창작 중심 프로그램은 음악의 개념과 원리의 학습을 바탕으로 음악의 창작 및 표현으로 구성된다. 창작 활동을 통하여 개인의 음악적 사고와 창의성을 더욱 발달시킬 수 있게 되며, 창작한 작품의 표현 활동은 음악을 창의적으로 표현하는 능력의 향상으로 이어진다. 아동·청소년 대상의 경우에는 창작을 통한 창의성 증진 및 미래 역량 함양의 목적으로 창작 중심의 프로그램이 많이 개발되고 있지만, 유아 및 성인의 경우에는 창작이 가창 또는 기악 중심의 프로그램에 하나의 활동으로 포함되는 경우가 많다.

유아의 창작활동은 하나의 완성된 작품과 같은 결과물을 도출하는 것이 아니라 가창 또는 기악 중심의 학습에서 창의적 표현으로의 활동으로 제시되고 있다. 따라서 유아는 창작활동만을 집중적으로 학습하는 것이 아니라 노래 부르기, 감상하기 등의 활동과 연계 및 확장된 차원에서 창작 활동을 하게 된다. 유아의 창작활동은 주로 노랫말 바꾸기, 신체 표현하기, 소리 만들기 등으로 제시된다. 이 중 노랫말 바꾸기는 역할을 나누어 문답형식으로 노래 부르기, 여러 가지 동물의 특징을 노랫말에 넣어 바꿔 부르기, 옛 노랫말을 현재 노랫말로 바꿔 부르기 등의 다양한 활동이 가능하다. 강혜인(2002)에 의하면 노랫말 바꾸어 부르기는 유아들의 자발적 표현으로 창의력을 기르며, 자신의 이야기를 노래(민요)로 부르게 함으로써 현재의 살아 있는 아이들의 노래로 바꿀 수 있다고 하였다. 다음은 유아의 창작활동이 포함된 프로그램에서의 활동 예시이다(윤명원 외, 2018b; 고정미 외, 2014).

〈표 3-3〉 창작활동이 포함된 국악교육 활동 예시

생활주제	활동명	장르	주요활동
유치원/ 어린이집과 친구	꾀꼬리 노래	창작국악 동요	• 창작국악동요를 부르며 친구와 친밀감 형성하기 • 노랫말 바꾸어 부르며 창의적 표현하기
	어깨동무	전래동요	• 전래동요를 부르며 어깨동무 놀이하기 • 친구와의 생활을 노래로 만들어서 불러 보기
	너영나영	민요	• 세마치장단에 맞추어 '너영나영' 노래 부르기 • 친구를 자랑하는 노랫말로 바꾸어 메기는 부분 부르기
세계 여러 나라	국수여행	전래동요	• 면 요리 소리 흉내 내보기 • 노래 부르기 • 노랫말에 따라 신체 표현하기
	대취타	의식음악	• 대취타 음악 감상하기 • 대취타 연주 모습을 움직임으로 표현해 보기
환경과 생활	돈돌나리	민요	• 민요 '돈돌나리' 부르기 • 노래를 부르며 창의적으로 신체 표현하기

출처: 윤명원 외(2018b).

초·중학교의 창작활동은 신체 표현하기, 노랫말 바꾸기, 말붙임새 만들기, 장단 꼴 바꾸기, 일부 가락 바꾸기, 묘사음악 만들기, 조건에 따른 음악작품 만들기, 음악극 만들기 등으로 제시된다. 한국문화예술교육진흥원(2013)에 제시된 창작활동에 따르면 주로 민요를 제재곡으로 하여 가사 및 말붙임새 바꾸기, 변형 장단 만들기, 가락 짓기 등이 있다. 가락 짓기의 경우, 연령에 따라 '2음 가락 짓기'를 하고 '3음 가락 짓기' '지역별 토리 활용하여 가락 짓기' 등의 활동을 할 수 있다. 시조를 제재곡으로 한 창작 중심 프로그램에서는 선율 그림으로 이야기 만들기, 말장단 만들기, 나만의 시조창 악보 만들기, 시조창 음악회 준비·발표·평가하기 등 다양한 창작활동을 단계적으로 제시하고 있다.

〈표 3-4〉 '개구쟁이 내 친구 선비 만들기 대작전' 개요

구분	학습 목표	주요 활동내용
1차시	• 선비문화 체험을 통해 시조창의 배경을 알 수 있다. • 시조창의 가락을 선율선으로 이야기를 만들어 발표할 수 있다.	- 산수화에 어울리는 음악 찾기 - 독서성 부르며 선비문화 체험하기 - 시조창 감상하며 선율선 표현하기 - 선율 그림으로 스토리텔링 만들기

2차시	• 시조창의 장단 구조를 알고 말장단을 만들 수 있다. • 시조창을 빠르게 부를 수 있다.	− 말장단으로 시조장단 구조 익히기 − 말장단 만들어 게임하기 − 시조창 빠르게 부르기 − 5박 · 8박 장단 치며 노래 부르기
3차시	• 시김새를 표현하며 시조창의 초장을 부를 수 있다. • 나만의 시조창 악보를 만들 수 있다.	− 게임으로 복식호흡 익히기 − 시김새 표현하며 시조창 부르기 − 나만의 시조창 악보 만들기 − 자연 속에서 시조창 불러 보기
4차시	• 시조를 만들어 나의 노래로 표현할 수 있다. • 친구들과 음악회를 준비하고 발표할 수 있다.	− 나의 이야기로 시조창 만들기 − 악보 · 선율 그림 · 사진 진열하기 − 시조창 음악회 준비하기 − 시조창 발표하고 평가하기

출처: 한국문화예술교육진흥원(2015).

앞의 프로그램은 시조 창작에 앞서 시조창의 음악적 배경 알기, 시조창의 장단 구조, 시조창 부르기, 시김새 표현 등을 통해 제재곡의 가락과 장단 등의 특징을 이해하고 파악하는 활동을 선행하고 있다. 또한 '나만의 시조창 악보 만들기'의 활동 이후 발표와 평가까지 진행하게 함으로써 창작활동을 통한 성취감 및 피드백까지 제공하고 있다. 시조는 가창영역에서 주로 다뤄지지만, 이를 확장하여 창작 중심 프로그램의 제재곡으로 사용한 점, 또한 선율, 장단 등의 복합적인 창작활동을 제시한 점에서 의미 있는 프로그램이라 할 수 있다.

노인 대상의 경우, 가창이나 기악 중심의 실기 프로그램에서 창의적 표현활동 차원으로 제시되는 경우가 많은데, 주로 노랫말 바꾸기, 신체 표현하기 등의 제한된 활동으로 나타난다. 다음의 〈표 3-5〉는 노인 대상 민요 프로그램에 제시된 창작활동 예시이다.[2]

유아, 아동 · 청소년의 경우에는 교육과정을 바탕으로 창작활동이 다양하게 제시되지만, 주로 민요에 치중되고 있으므로 다양한 장르의 창작 프로그램이 개발되어야 할 것으로 보인다. 노인의 경우, 노랫말 바꾸기와 신체 표현하기의 제한적 형태로 창작활동이 제시되고 있으므로 좀더 다양한 활동을 제시할 필요가 있다. 창작영역의 프로그램은 개발자의 독창적이고 창의적인 수업 개발을 통해 다양한 창작활

---

2) 윤명원 외(2018b)의 노년 국악 교수 · 학습 지도안 예시를 창작활동과 관련된 내용으로 편집하여 제시함.

〈표 3-5〉 노인 대상 민요수업 지도안의 학습 목표와 창작활동 예시

제재곡	학습 목표	창작활동내용
진도 아리랑	• 〈진도아리랑〉을 통해 남도 민요의 시김새를 익힌다. • 메기는 소리의 노랫말을 바꾸어 부를 수 있다. • 세마치장단을 무릎장단으로 치며 노래 부를 수 있다.	- 메기는 소리의 노랫말을 개사하여 노래 부른다. - 노랫말을 바꾼 이유와 배경을 설명한다. - 바꾼 노랫말을 공유하고 함께 불러 본다. - 다른 사람의 노랫말을 듣고 느낀 점을 이야기 나눈다.
너영 나영	• 노래에 어울리는 신체 표현을 할 수 있다. • 노랫말을 바꾸어 부를 수 있다. • 제주민요 〈너영나영〉을 노래 부를 수 있다. • 역할을 나누어 세마치 장단을 다양한 악기로 연주한다.	- 노랫말의 일부를 바꾸어 노래 부른다. "호박은 늙으면 맛이나 좋고요. 　사람은 늙으면 _____" - 각자가 생각하는 노인의 특징을 표현하도록 한다. - 가장 좋은 노랫말을 선정하여 다 함께 부른다. "호박은 늙으면 맛이나 좋고요. 사람은 늙으면 도량이 넓어진다." - 바꾼 노랫말을 노래에 적용하여 부르며 신체 표현을 한다.

출처: 윤명원 외(2018b).

동이 가능하므로, 기존의 창작활동과 장르의 한계를 벗어난 참신한 아이디어로 보다 새로운 형태의 창작수업이 개발될 필요가 있다.

4) 감상 중심 프로그램

감상 중심 프로그램은 감상을 기본으로 다양한 활동을 통해 악곡을 체험하고 이해하는 형태로 제시된다. 이와 관련하여 윤명원 등(2018b)은 유아의 국악 감상교육내용에 대해 '다양한 종류의 국악곡 즐기기' '국악곡 듣고 표현방식, 악기의 명칭, 음색 등을 이해하기' '국악곡을 듣고 국악기의 역사를 이해하고 전통문화에 관심 갖기' '국악곡을 듣고 느낌을 언어, 신체, 미술 등으로 표현하기'의 네 가지 활동으로 제시하였다(윤명원 외, 2018a). 이러한 다양한 활동은 감상교육이 단지 감상에만 치

우지지 않고, 놀이와 표현활동을 동반함으로써 우리 전통예술에 대한 관심을 갖게 하고 또 즐길 수 있게 해 준다. 다음은 만 5세를 대상으로 한 〈수제천〉의 감상프로그램의 개요이다.

〈표 3-6〉 만 5세 대상 〈수제천〉 감상수업 개요

장르 · 영역	우리 소리 〉 궁중음악 〉 감상하기 · 놀이	생활주제	환경과 생활 · 우리나라
활동목표	1. 〈수제천〉을 감상한다. 2. 〈수제천〉을 통해 연음 형식을 경험한다.		
교육과정 관련요소	• 표현생활 〉 감상하기 〉 우리 전통예술 감상하기 • 표현생활 〉 예술적 표현 즐기기 〉 음악으로 표현하기		
활동내용	1. 〈수제천〉을 동영상 자료로 감상한다. 2. 〈수제천〉을 듣고 난 느낌에 대해 이야기한다. 3. 이 연주에 어떤 노랫말이 어울리는지 추측해 본다. 4. 유아들이 만든 노랫말을 길게 늘여서 발음해 본다. 5. '연음 형식'을 놀이로 즐겨 본다. 6. 궁중음악인 〈수제천〉을 감상하고, '연음 형식'을 놀이로 해 본 느낌과 기분을 이야기 나눈다.		
참고	• 유아들이 친구의 이름을 길게 늘여 부르며 우리나라 곡의 특징인 '연음 형식'을 재미있게 경험한다. • '연음 형식'으로 자기 이름 부르기 릴레이를 해도 재미있는 놀이가 된다. • 유아들이 교사가 길게 늘여서 발음하는 소리를 듣고, 무슨 말인지 알아맞히는 놀이를 할 수도 있다.		

출처: 유아 전통예술교육프로그램(2009)의 지도안을 재구성함.

앞의 프로그램의 경우, 음악을 감상한 후 느낌 말하기, 창작한 노랫말을 연음 형식의 놀이로 즐길 수 있게 함으로써 아악 체험을 통해 배울 수 있도록 하고 있다. 감상에서 시작된 학습은 다양한 활동으로 확장됨으로써 유아들은 즐겁게 아악을 경험할 수 있다. 초 · 중등의 경우, 사회 · 문화적 맥락에서 악곡을 해석하고 정간보와 구음보 등의 좀더 전문적인 학습 자료를 사용하며, 음악사에 대한 학습 등으로 좀더 심화된 형태의 프로그램이 실행된다. 다음은 '종묘제례악'을 제재곡으로 한 '종묘로 떠나는 5월의 국악여행' 프로그램[3] 이다. 이 프로그램은 우리나라 무형 문

---

3) 2015 학교문화예술교육프로그램 공모전 국악부문 '입선'작 (박은수, 이미하)

화재 제1호로 지정된 종묘제례악의 감상을 통해 특징을 이해하고 문화적 가치를 인식할 수 있도록 제작되었다.

〈표 3-7〉 '종묘로 떠나는 5월의 국악여행' 프로그램 개요

구분	학습 목표	주요 활동내용
1차시	• '종묘제례악'의 음악적 특징을 알 수 있다.	– '종묘'와 '종묘제례악'에 대해 알기 – '종묘제례악'의 특징에 대해 알기
2차시	• '종묘제례악' 연주에 사용되는 악기를 알 수 있다. • '종묘제례악' 연주에 사용되는 악기의 음색을 구별할 수 있다.	– '종묘제례악'에 사용되는 악기 알아보기 – 등가와 헌가로 나누어 악기 구별하기 – '종묘제례악'의 음악을 듣고 악기 음색 구별하기 – 악기카드 놀이하기
3차시	• '종묘제례악'의 일무에 대해 알 수 있다.	– 일무 감상하기 – 문무와 무무에 대해 알아보기 – '종묘제례악'에 맞추어 일무 해 보기
4차시	• '종묘제례악'을 재현하고 문화적 가치에 대해 알 수 있다.	– 작은 종묘 만들기 – 등가, 헌가, 일무, 악장 배치하기 – '종묘제례악'의 문화적 가치 알기

출처: 한국문화예술교육진흥원(2015).

종묘제례악 중 '희문'의 감상에서 시작되는 수업은 놀이와 춤, 만들기 등의 활동으로 확장된다. 종묘제례악에 쓰이는 악기를 카드로 만들고 '카드 뒤집기 놀이'를 통해 흥미롭게 악기를 이해할 수 있게 한다. 또한 일무를 감상한 후, 실제로 춤을 추고, 마지막으로 '작은 종묘 만들기'를 통하여 등가, 헌가, 일무, 악장에 대해 총체적으로 이해할 수 있도록 하였다. 학생들에게 종묘제례악이나 〈수제천〉과 같은 궁중음악을 감상하고 그 특징을 알려 주는 강의식 수업을 할 경우, 지루하고 외울 것이 많은 재미없는 국악곡으로 인식될 가능성이 크다. 국악 감상을 감상 위주의 활동에만 머무르지 않고 다양한 활동으로 직접 체험할 수 있게 함으로써 자연스럽게 우리문화에 대해 관심을 갖고 그 가치를 인식할 수 있게 될 것이다.

국악감상교육은 다른 영역과는 달리 민속악, 정악, 의식음악, 아악 등 다양한 장르의 음악을 경험할 수 있게 한다. 현재 학생들은 국가교육과정 아래 체계적인 국악교육을 받고 있지만, 노인의 경우 과거 사회적·경제적 여건으로 실제 국악교육

을 제대로 받지 못한 경우가 많다. 따라서 노인 대상의 감상교육은 다양한 음악을 접하게 함으로써 국악에 대한 배움의 욕구 생성 및 지식 습득에 의한 지적 만족감과 행복감을 느끼게 해 줄 것이다. 다음은 노인 대상의 민요 감상 수업에 따른 주요활동 예시이다(윤명원 외, 2018a).

〈표 3-8〉 노인 대상 민요 감상 수업의 학습 목표와 주요활동 예시

학습 주제	학습 목표	주요활동
민요 감상	• 〈창부타령〉〈육자배기〉〈수심가〉를 감상하며 경기민요, 남도민요, 서도민요의 미적 가치를 이야기할 수 있다.	• 〈창부타령〉〈육자배기〉〈수심가〉 감상하기 • 각 민요의 미적 가치 이야기하기(지역별 대표 민요나, 학습하기 어려웠던 민요들을 감상으로 학습하고 그 음악적 가치를 알아본다.
	• 〈베틀가〉〈농부가〉〈보리타작노래〉 등 노동요를 감상하고 특징을 이야기할 수 있다.	• 〈베틀가〉〈농부가〉〈보리타작노래〉 감상하기 • 노동요의 종류 및 특징에 관한 동영상 감상하기 • 우리 문화 재조명하기

출처: 윤명원 외(2018a).

〈표 3-8〉에 제시된 바와 같이, 노인 대상의 감상수업은 체험을 동반한 다양한 활동보다는 실제 음악 감상에 비중을 두고 미적 체험을 하는 수업 형태가 특징이다. 노인 감상수업은 학생들과 달리 필요에 의해 스스로 선택하는 경우가 많으므로 필요 이상의 흥미 유발 및 신체활동은 오히려 학습 효과를 떨어뜨릴 수 있다. 과거 강의식 수업에 익숙한 노인 대상이라면, 오히려 감상곡과 관련된 다양한 정보 및 음악사적 지식의 제공이 노인들의 지적 욕구를 충족시키는 데 효과적일 수 있다.

국악감상 프로그램은 악곡과 관련된 시대적·문화적 맥락 및 악곡의 내용과 특징을 이해하며 감상할 수 있도록 다양한 교수·학습방법을 반영하여 학습자가 적극적으로 감상에 참여할 수 있도록 개발되어야 한다. 학습자를 고려한 양질의 프로그램을 통한 효과적인 국악감상교육이 실행될 때 우리 문화의 이해 및 가치 인식에 기여할 수 있을 것이다.

2. 교육대상별 국악 교육프로그램의 특성

1) 유아 대상 국악 교육프로그램

유아 국악 교육프로그램은 '누리과정'[4] 의 '예술경험영역'의 내용 범주에 따라 국악의 탐색·표현·감상 활동이 이루어지도록 개발되고 있다. 각각의 영역을 분리해서 운영하기보다는 수업목표에 따라 각 영역에 따른 내용을 유기적으로 통합하여 활동을 진행할 수 있다(윤명원 외, 2018a). 이러한 유아국악교육영역에 기반하여 개발되는 유아 대상 국악 교육프로그램의 특징을 살펴보면 다음과 같다.

첫째, 유아 국악 교육프로그램은 유아들의 발달 단계를 고려하여 개발된다. 유아의 각 연령에 따른 신체발달, 인지적·사회적·정서적 발달 양상이 다르듯이 유아의 음악적 능력 발달 또한 연령에 따라 차이를 보인다.[5] 유아의 음악적 발달 특성

〈표 3-9〉 만 3~5세 유아의 국악 활동

만 3세	만 4세	만 5세
• 전래동요, 민요 듣고 따라 부르기 • 장단에 맞춰서 노래 부르기 • 간단한 리듬의 손장단 배우기 • 장단에 맞추어 걸음 걷기	• 춤놀이(소고춤, 한삼춤, 가사에 어울리는 춤동작 만들기 등) • 악기 탐색(타악기, 현악기, 관악기 등의 국악기의 모습과 소리를 탐색하고 타악기의 연주법을 배워 본다) • 가사 바꾸어 국악동요 및 민요 부르기	• 국악기 탐색 및 기악교육(관악기를 제외한 사물악기, 현악기) • 집단놀이 음악하기 • 자연체험 활동이나 바깥놀이 시간에 자연물을 이용한 즉흥연주하기 • 그림 또는 미디어를 통한 전통음악 감상하기

출처: 윤명원 외(2018b). p. 121. 재구성.

---

4) '누리과정'은 「유아교육법」 제13조 제2항에 의거하여 만들어진 유치원 교육과정(교육부 고시 제2015-61호)으로 신체운동·건강, 의사소통, 사회관계, 예술경험, 자연탐구의 5개 영역을 중심으로 구성되어 있다. 이 중 국악교육이 해당되는 '예술경험영역'은 '아름다움에 관심을 가지고 예술경험을 즐기며 창의적으로 표현하는 능력을 기른다'의 목표 아래 '아름다움 찾아보기' '예술적 표현하기' '예술 감상하기'의 하위 내용으로 구성되어 있다.

5) 유아의 연령에 따른 음악적 발달은 윤명원 외(2018a). pp. 161-162에 자세히 서술되어 있다.

을 고려하여 국악교육은 노래 부르기에서 전래동요 부르며 놀이하기 활동과 악기 연주하기는 소고와 사물악기를 중심으로 하는 악기 탐색과 소리 내기, 자진모리와 굿거리장단 등을 합주해 볼 수 있다(윤명원 외, 2018b).

다음은 만 5세 대상의 기악교육으로 굿거리장단을 배우고 리듬악기(탬버린)로 연주하는 프로그램이다. 굿거리장단을 학습하되, 만 5세가 장구로 굿거리장단을 치기에는 어렵기 때문에 탬버린으로 연주하게 한다. 또한 굿거리장단의 음악을 평소에 부르게 하고 그 노래를 즐겨 부를 수 있을 때 탬버린 장단을 칠 수 있게 함으로써 유아의 음악적 발달 단계를 고려한 수업으로 볼 수 있다.

〈표 3-10〉 만 5세 대상 기악수업 '굿거리 탬버린 장단'

활동목표	1. 창작국악동요로 '굿거리장단'을 익힌다. 2. 굿거리장단을 리듬악기로 연주한다.	생활주제	우리나라· 세계 여러 나라
활동자료	CD, CD 플레이어, 탬버린, 바구니, 굿거리장단 탬버린 그림		
활동내용 및 방법	1. 〈굿거리〉 노래를 등·하원 할 때, 실내외 자유선택활동, 간식, 식사, 휴식 등의 유치원 일과 중에 배경음악으로 듣는다. 2. 사전활동으로 〈굿거리〉 노래를 즐겨 부른다. 3. 〈굿거리〉 노래로 '굿거리장단'을 익힌다. 4. 입장단으로 '굿거리장단'을 하면서 손뼉을 쳐 본다. 5. 탬버린으로 '굿거리장단'을 쳐 본다. 6. 유아들의 탬버린 '굿거리장단'에 맞춰 알고 있는 '굿거리장단'의 노래를 교사가 부른다. 7. 우리 장단 중에 '굿거리장단'을 쳐 본 느낌에 대해 이야기한다.		
참고	• 굿거리장단의 노래 〈굿거리〉 〈유치원에서〉 〈풍년가〉도 노래를 익숙하게 즐겨 부를 수 있을 때 탬버린 장단을 치면서 흥겹게 부르도록 한다.		

출처: 한국문화예술교육진흥원(2009) 재구성.

유아의 발달적 특징을 고려한 프로그램은 유아들의 자연스럽고 즐거운 국악 경험을 유도하게 된다. 또한 유아의 연령에 따른 국악 교육프로그램 개발과 함께 교수자는 교육내용을 유아의 개별 수준에 맞게 수업 내용과 방법을 재구성할 수 있어야 할 것이다.

둘째, 생활주제 중심 프로그램으로 생활지향적 국악교육을 표방한다. 우리나라 유아교육기관은 유치원과 친구, 나와 가족, 우리 동네, 동식물과 자연, 건강과 안전, 생활 도구, 교통 기관, 우리나라, 세계 여러 나라, 환경과 생활, 봄·여름·가을·겨울의 11개 생활주제별로 교육활동을 전개하고 있다. 생활주제 중심 국악교육은 유아들의 생활과 친숙한 주제를 국악 활동으로 이어지게 함으로써 국악을 친숙하고 즐겁게 경험할 수 있게 한다. 강혜인(2018)은 생활주제 '유치원과 친구'에서 노래와 놀이를 중심으로 수업을 구성하고, 국악기 연주활동 없이 '학무 탐색하고 다양한 동작 표현해 보기' '민요를 부르며 친구와 공동체의 의미 알기' 등 전통예술 탐색하기 활동을 첨가하였다. 이처럼 생활주제에 따른 교육활동 시 활동목표에 따라 교수자는 다양한 활동을 개발하여 창의적으로 제시할 수 있다.

셋째, 활동영역, 예술영역, 전통문화 등 다양한 영역과의 통합을 추구한다. 통합 프로그램은 유아의 생각과 느낌을 다양한 예술로 표현할 수 있게 한다. 유아교육에서 다양한 방식의 통합교육이 강조되면서 국악교육에서도 음악활동영역 간의 통합, 예술영역 간의 통합 등 다양한 통합 형태의 프로그램이 개발되고 있다. 강혜인(2018)은 전통문화와 통합된 국악교육은 예술경험의 교육적 효과를 더욱 높일 수 있을 것이므로, 탐색·표현·감상 활동을 통하여 국악을 전통문화와 연계하고 통합하여 교육활동을 전개할 것을 제안하였다. 특히, 전통문화와 관련된 전래동요 및

〈표 3-11〉 전통문화와 관련된 제재곡과 활동방법

악곡명	국수여행	둥그래당실	밭갈이 가세
장르	전래동요	제주민요	전래동요
활동방법	• 음식에 대해 이야기 나누기 • 호흡을 하며 면 요리 소리 흉내 내기 • 노래 불러 보기 • 신체 표현하기	• 제주도 풍속 알아보기 • 허벅 탐색하기 • 둥그래당실 불러 보기	• 밭갈이에 대해 이야기 나누기 • 농기구에 대해 알아보기 • 장단에 맞추어 불러 보기

출처: 고정미 외(2014)를 참조하여 재구성함.

민요를 제재곡으로 한 수업은 유아들이 전통문화를 이해하며 국악을 경험하는 데 도움이 된다. 모형오 등(2010)에 의하면 한국 고유의 음악문화는 '악, 가, 무'일체를 중시하였기 때문에 한국적 음악문화의 특징에 기반을 둔 국악교육이 음악영역 내에서 자연스럽게 통합될 수 있으며, 통합예술 교육활동은 유아의 삶 속에서 예술의 제반 요소를 경험하고 그 속에서 창의적 표현을 기를 수 있게 한다.

넷째, 놀이를 통한 집단활동을 통하여 유아의 신체적 · 정서적 · 인지적 발달을 도모한다. 유아들은 놀이를 통하여 외부는 물론 가상 세계와 상호작용하면서 인지적, 정서적, 신체적으로 발달하며, 놀이 과정에서 창의적으로 사고할 뿐 아니라 상호 간에 협력하고 타협하는 과정에서 정서지능을 발달시킨다(김미자, 최병연, 2011; 진영미, 박향아, 2016 재인용). 강혜인(2018)은 유아국악 교육방법에서 유아의 수준과 흥미에 따라 국악활동을 선택하고, 놀이 중심으로 수업을 진행할 것을 제시하였다. 유아의 놀이활동은 일정한 규칙과 약속이 있으며, 대 · 소 집단의 형태로 이루어지는데, 국악 교육프로그램에서는 주로 전래동요, 국악동요, 민요 등의 노래를 부르거나 들으며 진행된다. 모형오 등(2010)에 의하면 전래동요 중에는 고유한 놀이가 함께 전승되어 온 형태가 있는데, 이 경우 노래는 놀이 속에서 형성되어 불린 것들이므로, 노래로서만 접근될 때에는 그 의미가 크게 반감되므로 반드시 놀이와 함께

[지도안 3-2] '남생아 놀아라' 놀이 방법

① 유아들을 둥그렇게 세워 원을 만든다.
② 교사가 '남생아 놀아라'를 선창하면 유아는 제자리에서 '촐래촐래가 잘 논다'로 받으며 어깨춤을 춘다.
③ 교사가 동물카드를 보여 주고 장구를 한 장단 치는 동안 약속한 순서의 유아가 원 안으로 들어간다.
④ 원 밖에 있는 유아들은 노래를 부르고, 원 안에 유아는 동물 흉내를 내며 춤을 춘다.

출처: 모형오 외(2010).

진행할 것을 제안하였다.

다섯째, 유아국악 교육프로그램은 초등교육과정과의 연계성을 고려한다. 누리과정 해설서(교육부, 보건복지부, 2014)에 의하면 만 5세 연령에 해당하는 내용은 초등학교 저학년 교육과정과 긴밀하게 연계되도록 하고 있다. 고정미 등(2014)은 유아국악 교육프로그램에서 초등교육과정의 바른생활, 즐거운 생활, 슬기로운 생활 등의 영역과 관련된 내용을 관련지음으로써 유아국악교육과 초등교육과정의 연계성을 체계화하여 제시하였다.

〈표 3-12〉 〈누구손가락〉 학습 목표 및 초등교육과정 관련 활동

목표	• 창작국악동요 〈누구 손가락〉을 부르고 놀이를 해 본다. • 손가락의 기능과 소중함을 알 수 있다. • 놀이를 통해 또래와 친밀감을 형성한다.
초등 교육 과정 관련	• 바른생활: 학교에서 친구와 서로 도우며 공부할 수 있는 방법을 익힌다. • 즐거운 생활: 여러 가지 방법으로 몸을 표현하면서 자신의 신체를 느껴 본다. • 슬기로운 생활: 우리의 몸을 살펴보고, 몸의 여러 가지 특징을 이해한다.

출처: 고정미 외(2014)를 참조하여 재구성.

우리의 정서와 삶이 담긴 국악이 유아들의 생활 속에 자리 잡기 위해서는 유아들이 일상에서 국악을 다양하게 경험하고 느끼며 즐길 수 있도록 해야 한다. 생활주제에 맞춰 국악활동을 계획하고 유아의 수준과 발달에 적합한 놀이를 통한 학습은 유아들의 정상적인 발달 도모와 함께 우리 문화에 관심과 흥미를 가지고 국악을 즐길 수 있게 할 것이다.

2) 아동 · 청소년 대상 국악 교육프로그램

한국문화예술교육진흥원(2009)에 따르면 문화예술교육은 타인과 문화에 대한 이해와 소통 능력을 신장시키고, 창의성을 향상시킬 수 있는 다양한 활동을 통해 아동의 전인적 인격 성장을 목표로 한다. 또한 문화예술교육은 사용되는 재료나 방법 위주가 아닌 활동을 통해 기르고자 하는 주제를 중심으로 통합되어야 하며, 프로그램의 효율성을 높이기 위해 학교교육과정 속의 관련 교과 및 예술 분야의 통합

적 운영이 반드시 필요하다고 하였다. 이러한 문화예술교육의 목표 및 방향을 토대로 아동·청소년 대상의 국악 교육프로그램에 나타나는 특징을 제시하면 다음과 같다.

첫째, 교과 및 타 예술과의 연계·통합을 추구한다. 국악 안에는 소리도 있고, 언어도 있고, 움직임도 있듯이, 국악을 포함하고 있는 문화예술 속에는 미술, 무용, 음악, 연극, 미디어, 언어가 공존한다. 이러한 문화예술을 바르게 이해하기 위해서는 반드시 이 모두를 함께하는 통합형 예술교육이 요구된다(한국문화예술교육진흥원, 2007). 학교 및 사회에서 실시되고 있는 아동·청소년 대상의 국악 교육프로그램은 타 예술 및 교과 간의 통합, 우리 문화와의 통합 형태로 개발되고 있다. 국악기의 연주 기능이나 민요 가창 능력 습득에만 치우친 국악교육의 단점을 극복하고, 다양한 예술적 요소를 적극 활용하여 예술과 생활 및 삶과의 관계를 이해하고 소통 수단으로서의 예술의 사회적 기능을 이해하도록 하는 데 통합형 문화예술교육으로서의 국악교육은 커다란 가치를 지닌다. 다음은 초등학교 국악 중심 통합예술교육 프로그램으로 개발된 '문화예술을 통해 교과서 속 우리 조상과 대화하기' 프로그램 사례이다.

〈표 3-13〉 '문화예술을 통해 교과서 속 우리 조상과 대화하기' 프로그램 내용 구성도

출처: 한국문화예술교육진흥원(2009).

　이 프로그램은 초등 3·4학년 전통문화 학습요소를 도출하고 일반교과 및 예술교과와 연계하여 주제 중심, 경험 중심의 통합 프로그램으로 개발되었다. 한국 전통문화예술의 다양한 학습 요소를 학생들의 생활과 밀접한 놀이, 생활용품, 일, 주거문화, 생각의 5가지 주제로 분류하고 통합하여 학습에 대한 관심을 높이고, 전통문화예술과 실생활을 연계하여 사고할 수 있도록 하였다. 프로그램 내용의 구성과 각 주제별 세부적인 특성은 〈표 3-14〉와 같다.

〈표 3-14〉 '문화예술을 통해 교과서 속 우리 조상과 대화하기' 프로그램 사례

	주제	차시	활동내용	활동 목표
1	무엇을 하고 놀았을까?	6차시	민속놀이, 탈놀이, 풍물놀이	전통문화예술에 접근
2	어떤 물건을 사용했을까?	6차시	생활도구, 옷과 장신구, 가마 만들기	미적 조형 능력을 신장
3	어떤 일을 했을까?	6차시	옛날 사람들의 생활 모습, 민요와 판소리, 계절에 따라 달라지는 생활 모습	조상들의 일과 여가생활에 대해 알아보기
4	어디에서 살았을까?	4차시	궁궐과 한옥 모형 만들기	한국 건축물의 우수성을 알고 아름다움 느끼기
5	어떤 생각을 했을까?	8차시	음악으로 꾸미기, 문자 디자인하기, 그림자극 만들기, 다큐멘터리 촬영 및 편집하기	협동심 배양, 연극 및 영화의 제작 과정 이해

출처: 한국문화예술교육진흥원(2009).

　국악은 언어, 무용, 역사, 생활 등이 담긴 우리의 삶과 얼이자 정체성이며, 가(歌), 무(舞), 악(樂)의 일체라는 특성을 갖고 있기 때문에 국어, 음악, 연극, 미술, 체육, 사회, 도덕 등 여러 교과와 관련이 있어 통합교육에 매우 적합한 분야이다. 따라서 국악을 중심으로 문화예술 통합교육과정을 구성하는 것은 바람직한 통합교육방법이며, 우리나라에서 가장 쉽게 그리고 가장 효과적으로 운영할 수 있는 통합교육이 될 것이다(한윤이, 2014).

　둘째, 체험 및 활동 중심으로 국악의 직접적 경험을 강조한다. 2015 개정 교육과정에 의하면 기존 교육과정이 가진 단편 지식의 암기 위주 교육, 문제 풀이 중심 교

육 등의 문제점을 개선하고자 '많이 아는 교육'에서 '배움을 즐기는 행복교육'으로 패러다임 전환을 추구하고 있다. 이에 교과 특성에 맞는 다양한 학생 참여형 수업을 활성화하여 자기 주도적 학습 능력을 기르고 학습의 즐거움을 경험하도록 하고 있다. 음악교과와 연계된 체험학습은 음악과 관련된 학습 활동이 연장될 수 있도록 교실 안과 밖의 다양한 활동이 요구된다.

〈표 3-15〉 음악과 관련된 체험학습의 예

	교실 안(교과활동)	교실 밖(체험학습)
음악회	관람 예절 학습	음악회 관람
지역축제	음악 관련 지역축제	지역축제 참여
한국음악의 역사	시대별 한국음악의 역사	문화유산 감상
판소리	추임새 학습	판소리 관람하며 추임새 넣기
소리의 특징	진동과 소리의 관계	음의 높낮이 표현이 가능한 악기 제작

출처: 인천광역시 교육연수원 '문화예술교육으로 만드는 행복교실' 교사연수(2018-5기).

한국문화예술교육진흥원(2007)은 '마당놀이'를 주제로 한 체험 프로그램을 개발하였다. 체험의 과정을 '반응 형성 – 반응 명료화 – 반응 심화'의 세 단계로 나누고, 감각놀이를 통하여 국악적 감수성을 기르는 데 중점을 두었다.[6] '마당놀이' 프로그램은 마당놀이라는 작품 체험을 통해 음악의 감수성과 민감성을 기르면서 마당놀이에 대한 이해까지 할 수 있게 한다. 또한 놀이 및 협력 학습을 통해 서로 존중하고 소통하는 능력을 함양함으로써 전인적인 인격 형성에도 기여하게 된다. 이처럼 교사와 학생, 학생과 학생 간의 신뢰와 소통을 바탕으로 진행되는 체험 및 참여 중심의 수업은 음악적 소통 역량 및 음악적 감성 역량 등을 함양하게 함과 동시에 즐겁게 음악을 이해하고 배우게 함으로써 학생들은 음악을 생활 속에서 즐길 수 있게 된다.

셋째, 국악을 생활화할 수 있도록 한다. 음악교과는 단순한 음악적 지식의 이해가 아닌 음악활동을 통해 음악을 배우고, 궁극적으로는 음악의 생활화를 추구한다. 즉, 국악교육은 우리 음악에 대한 가치를 인식하고 생활 속에서 국악을 활용 및 향

---

6) 이 장의 참고문헌 참조.

유할 수 있도록 나아가야 한다. 〈표 3-16〉은 포구락을 주제로 한 수업으로, 재활용품으로 포구락 소품을 만들어 학생들이 협력하여 발표회를 계획하고 준비함으로써 생활화를 표방하고 있다. 또, 포구락 발표회를 준비하고 덕담으로 서로의 복을 빌어 주는 활동은 타인에 대해 이해하고 공감할 수 있는 능력을 키워 줌으로써 '음악적 소통 역량'을 함양할 수 있다. 학생들은 포구락을 학습하며 우리 전통문화에 대해 이해하고 그 가치를 인식하는 것은 물론, 발표회를 계획하고 준비하면서 자연스럽게 생활화하게 된다.

〈표 3-16〉 국악의 생활화의 예 '포구락 놀이하기'

구분	학습 목표	주요활동
1차시	• 감상을 통해 포구락을 이해하고 음악적 특징을 알 수 있다. • 무용 반주에 사용되는 악기를 탐색하고 삼현육각의 악기 편성을 알 수 있다.	– 감상하며 포구락 특징 이해하기 – 신체 표현하며 감상하기 – 음악적 특징 찾고 악기 탐색하기 – 삼현육각 악기 이름 말하기 게임
2차시	• '포구락' 음악에 사용된 장단을 구음과 악기로 연주할 수 있다. • 장단을 치며 한배(빠르기)의 변화를 느끼고 표현할 수 있다.	– 그림과 구음으로 타령장단 익히기 – 장구로 '자진타령장단' 연주하기 – 음악에 맞춰 구음과 장구로 표현하기 – 한배(빠르기)의 변화를 악기로 표현하기
3차시	• 감상하며 포구락의 주요동작을 따라 할 수 있다. • 한배(빠르기)의 변화를 느끼고 신체로 표현할 수 있다.	– 기본 동작 익히기 – 장단에 맞춰 주요 동작 표현하기 – 음악에 맞춰 동작 연결하기 – 한배(빠르기)의 변화를 신체로 표현하기
4차시	• 장단에 맞춰 '함께하는 포구락' 노래를 부를 수 있다. • 주제에 어울리게 노랫말을 만들어 발표할 수 있다.	– '타령' 감상하기 – 장단에 맞춰 노래 익히기 – 노랫말 창작하기 – 완성된 노랫말로 노래 부르기
5차시	• 놀이 규칙을 만들고 활동에 적합한 음악을 선택해서 표현할 수 있다. • 음악에 어울리는 동작을 만들어 발표할 수 있다.	– 경험 이야기 나누기 – 놀이 규칙 정하기 – 활동에 적합한 음악 정하기 – 음악에 어울리는 무용 동작 만들기
6차시	• 재활용품을 활용해서 포구락 소품을 만들 수 있다. • 주제에 적합한 소품 만들기에 협력하며 적극적으로 참여할 수 있다.	– 모둠 이름과 역할 정하기 – 보자기로 '포구문' 만들기 – 양말과 통으로 '채구' 만들기 – 종이상자와 리본으로 '죽간자' 만들기

7차시	• 포구락 발표회를 계획하고 준비할 수 있다. • 발표회에 필요한 역할을 정하고 순서에 맞게 연습할 수 있다.	- 친구에게 응원 메시지 쓰기 - 발표회 역할 정하고 계획하기 - 놀이 순서에 따른 동작 연습하기 - 무대 준비와 준비물 점검하기
8차시	• 발표회에서 맡은 역할과 순서를 기억하고 적극적으로 참여할 수 있다. • 예술행사에 참여하는 바른 태도를 알 수 있다.	- 무대 준비하기 - 발표회에 참여하는 태도 알기 - 우리가 만든 포구락 발표하기 - 느낀 점 발표하기 - 평가하고 정리하기

출처: 한국문화예술교육진흥원(2016).

3) 청장년 대상 국악 교육프로그램

한국문화예술교육진흥원(2015)은 청장년을 '청년'과 '중장년'으로 각각 나누어 문화예술교육 내용을 제시하였는데, '청년기'에는 생활문화예술 참여를 통한 자기개발과 사회적 자본 형성을 위한 내용을, '중장년기'에는 일상의 고단함으로부터 해방될 수 있는 돌파구로서, 또한 잊고 있던 자아를 재발견할 수 있는 내용 등을 중심으로 구성할 수 있다고 하였다. 문화예술교육으로서의 청장년 국악교육은 청장년 학습자들이 국악교육을 통해 삶의 질이 향상되고 건강하게 여가시간을 즐기며 행복하고 풍요로운 삶을 영위할 수 있도록 하는 데 그 목적이 있다. 청장년 대상의 국악교육프로그램에서 나타나는 전반적인 특징을 제시하면 다음과 같다.

첫째, 체험 위주의 교육으로 자기표현이 가능하게 한다. 청장년 국악교육에 있어서 가창이나 기악 중심으로 수업이 이루어지는 가운데 창작과 감상은 수업 내의 하나의 활동으로 포함되어 종합적으로 이루어지는 경우가 많다(윤명원 외, 2018b). 이는 청장년의 경우 이론 위주의 수업보다는 실제적 체험을 통한 학습을 선호함을 보여 준다. 국악의 직접적인 체험은 자기 표현으로 이어지게 되고, 이를 통해 성취감을 맛봄으로써 더욱 높은 수준의 기량 향상 및 발표 기회 등을 기대하게 된다. 특히, 발표회와 같은 공연의 경험은 학습자의 기대와 욕구에 부응함과 동시에 자아실현을 경험하게 함으로써 삶에 대한 행복감을 맛볼 수 있다.

둘째, 사회적 소통을 통하여 공동체적 역량을 함양한다. 가창 및 기악의 실기 교육과 더불어 집단 형태 프로그램은 사회적 소통을 가능하게 한다. 사회활동을 활발히 하는 청장년은 학교, 군, 회사, 지역사회 등 다양한 형태로 특정 집단에 소속되어 있다. 집단 내에 활용되는 문화예술 프로그램은 스트레스 해소를 비롯하여 집단의 소속감과 협동심을 고취시킨다. 특히, 집단 대상의 프로그램의 경우에는 전문가의 공연을 통한 감상 기회를 제공함으로써 문화적 공감대를 형성하게 한다. 예를 들어, 문화예술교육사를 위한 국악교육은 동종 직업군 종사자 간의 동질감을 통해 원활한 소통이 이루어지게 하고, 더욱 수준 높은 국악교육을 할 수 있도록 하는 계기를 마련해 준다. 한국문화예술교육진흥원은 문화예술교육자(학교 및 사회 문화예술교육강사, 문화예술 교육 사업 참여 강사)를 대상으로 '2017 하반기 아르떼 아카데미 연수프로그램'을 실시하였다.[7] 이 프로그램은 강강술래를 주제로 동일 집단 구성원간의 소통을 바탕으로 한 통합예술교육 형태로, 우리 문화의 신명에 대한 경험을 유도하였다. 이러한 프로그램은 구성원 간의 동질감 및 소속감을 통해 협동을 유도하고 대상에 따라 또 다른 형태의 재교육이 가능함으로써 타 대상 간의 소통 가능성을 보여 준다.

셋째, 생활 속 국악의 향유는 삶의 활력을 제공한다. 음악은 사람의 마음을 가장 빠르게 감정을 이입시킬 수 있는 예술로서 정서 훈화를 목적으로 하는 교육도구로도 가정 널리 사용되는 예술장르이다(하계훈 외, 2006). 국악은 우리 민족의 고유한 전통과 정서가 포함되어 있기 때문에 원초적 감각 및 정서 상태를 가져오며, 이를 통해 무의식적인 편안함을 가져온다(윤명원, 2007). 이러한 국악의 향유를 목적으로 국악을 찾는 성인들을 위해 공공기관에서는 양질의 체계적인 프로그램을 제공하고 있다. 국립국악원은 일반인을 대상으로 국악에 대한 효율적 학습을 위해 〈표 3-17〉과 같은 프로그램을 개발하였다.

〈표 3-17〉 2018 국악아카데미 일반인 과정 세부교육내용

회차	일자	장르	강연명	내용
1	4.3.(화)	총론	우리가 알아야 할 국악	국악의 역사와 감상법
2	4.10.(화)	풍류음악	예능 종결자 노름마치를 찾아서	국악 명인, 명무의 삶과 예술세계

---

7) 이 장의 참고문헌 참조.

3	4.17.(화)	평론	국악 애호가를 위한 감상법	전통음악의 구성과 감상포인트
4	4.24.(화)	민요	생활의 감성을 읊은 소리, 민요	민요의 느낌과 멋
5	5.1.(화)	창작음악	창작국악의 이해	전통음악을 이어 가는 창작활동
6	5.8.(화)	전통무용	우리 춤 들여다보기	정재 및 민속무용에 대한 이해
7	5.15.(화)	공연	연출가와 함께하는 작품이야기 '세종조 회례연'	국립국악원 대표브랜드 '세종조 회례연'
8	5.29.(화)	판소리	판소리와 고음반	음반에 담긴 판소리 문화사
9	6.5.(화)	전통극	전통극에 깃들인 정신과 의미	지역별로 전해지는 전통극 소개
10	6.12.(화)	장단	한국음악 장단의 이해	장단과 리듬, 추임새의 이해
11	6.19.(화)	궁중음악	궁중연향, 그 내명의 음악이야기	궁중잔치 연향에 쓰인 정재와 반주 음악의 이해
12	6.26.(화)	궁중음악	한이 서려 있는 소리, 아쟁	아쟁 명인의 예술세계

출처: 국립국악원 홈페이지 www.gugak.go.kr 참조.

앞의 프로그램은 일반인의 문화감수성 함양 및 국악에 대한 친근한 이미지 제고와 교육과 공연을 연계한 전통문화의 이해와 감상의 효율적 학습에 목표를 두고 개발되었다. 이와 같은 프로그램을 통해 국악을 이해하고 감상하며 향유하는 삶은 정서적 안정감과 생활의 활력을 제공해 줄 것이다.

4) 노인 대상 국악프로그램

김은주(2017)에 의하면 노인은 급격히 변화하는 사회와 저하되는 신체 기능, 질병 및 가정, 이웃, 지역사회에서의 변화된 관계 패턴에 새롭게 적응해야 하는 등 총제적인 위기를 맞는다. 이로 인해 우울증 및 상실감과 새로운 상황에 대처하지 못하는 스트레스와 무력감을 경험하게 된다. 반대로 의료기술의 발달로 신체적·정신적으로 건강하고 경제적으로도 안정되어 여유가 있으며 학문적 수준이 높고 지적 욕구가 강한 노인도 있다(윤명원 외, 2018a). 이러한 노인의 특성을 고려할 때 정신건강 문제의 완화 및 노인의 지적 욕구 충족, 그리고 적극적인 사회활동 참여의 일환으로서의 문화예술교육프로그램은 노인기의 활기찬 삶을 제공하는 한 방편으로 매우 중요한 역할을 한다.

노인 대상의 국악교육은 심도 있고 고도의 집중력을 요하는 것보다는 쉽게 배우고 즐길 수 있는 내용으로 구성되어야 한다. 한국문화예술교육진흥원(2015)은 노년기 문화예술교육은 새로운 제2의 인생을 시작할 수 있는 활력을 제공하고, 자신의 이야기를 풀어놓을 수 있는 내용 등을 중심으로 구성해야 한다고 제안하였다. 노인 대상의 국악교육의 목표와 역할을 토대로 국악 교육프로그램에서 나타나는 특징을 살펴보면 다음과 같다.

첫째, 가창영역에는 민요를 소재로 한 프로그램이 많이 운영된다. 오진경(2009)의 서울시 노인교실 음악교육 실태 조사[8]에 따르면 음악 프로그램에서 학습자의 수요에 따라 가장 많이 개설된 프로그램은 경기 민요로 나타났다. 노인 대상의 민요수업은 강사의 지도에 의해 따라 부르기 또는 메기고 받는 형식으로 부르기 등의 활동을 주로 한다. 하지만 이와 같은 방법이 매 차시마다 반복될 경우 학습은 자칫 지루해질 여지가 있으므로 프로그램 개발 시 다양한 교수법을 적용할 수 있어야 한다. 또한 인지력과 시각과 청각과 같은 감각이 저하되는 시기이니 만큼 교재·교구의 제작 및 선택에 있어서도 신체적 기능이 충분히 고려되어야 한다.

둘째, 기악영역에서는 주로 타악 프로그램이 많다. 국악기에는 단소, 가야금, 해금 등의 다양한 가락 악기가 있지만 호흡 등의 신체 조건이나 음악적 역량 차이 등의 조건을 고려할 때 노인을 대상으로 교육하기에는 어려운 악기들이다. 이러한 배경에서 장구, 징, 북, 꽹과리 등의 타악기는 노인 교육에 적합한 악기이며, 사물놀이까지 확대해 교육할 수 있다는 장점이 있다(윤명원 외, 2018a). 국악 전공자가 아닌 일반 노인들이 악기를 배움에 있어 숙달의 속도는 청장년기의 성인보다 늦고 장시간의 연습을 필요로 하므로 힘들어 하는 경향이 있다. 노인 대상의 국악교육의 목표가 활기찬 노년의 삶을 영위하는 것에 있다고 볼 때 쉽게 접하고 성취감을 맛

---

8) 오진경은 '노인국악교육 지도방안 연구'(국민대학교 석사학위 논문, 2009)에서 서울 소재 26개의 노인 복지관 음악교육 실태를 조사하여 제시하였다. 학습자의 수요가 가장 많은 영역은 가창영역이었으며, 가창영역 중에서도 경기 민요 수업이 가장 많이 진행되었고, 정가, 판소리, 남도 민요 등은 개설되어 있지 않은 것으로 조사되었다. 필자가 연구한 결과, 서울 시내에서 민요 소재 수업은 '경기민요' '민요' '민요·장구' 등으로 명시되는 가운데, 실제 수업에서는 서도민요, 남도민요 등도 다루고 있는 것을 확인할 수 있었다.

보기 용이한 타악 프로그램의 선호는 당연하다. 특히, 사물놀이와 풍물은 합주를 전제로 하고 있어 개인의 기량 향상보다는 타인과의 배려와 협동을 통한 상호작용이 동반된다. 즉, 합주 형태의 학습은 퇴임 후 사회적 위치에 대한 상실감에 공허함과 우울감을 느끼는 노인들의 사회적 소통 능력의 향상에 기여하게 된다. 윤명원 등(2018a)은 사물놀이 등의 악기 연주의 기대효과로 기억력의 회복 및 유지, 타인과의 긍정적 상호작용, 근력의 회복 및 유지, 스트레스 해소를 제시하였다(윤명원 외, 2018a). 사물놀이 등의 프로그램은 단계별 학습을 지향하되 노인의 신체적 특성과 개인의 환경 및 수준을 고려하여 효과적으로 진행되어야 한다.

셋째, 신체 표현 및 자극 프로그램은 노인의 인지적·감각적 기능을 향상시킨다. 노년기에는 신체적 기능과 심리적 기능의 저하로 신체활동의 불편함을 느낀다. 이로 인한 운동 부족과 사회 활동의 감소는 신체를 더욱 위축되게 만든다. 하지만 신체 표현 프로그램은 음악의 감각적 인지와 함께 자연스럽게 신체운동을 할 수 있게 함으로써 즐겁고 쉽게 신체적 기능을 증진시킬 수 있다. 이때 사용되는 음악은 쉽게 인지할 수 있고 신체 표현과 병행이 용이한 악곡이 유용한데, 반복적 선율이 많고 메기고 받는 형식인 민요나 전래동요가 효과적이다. 우리의 언어와 문화 등이 함께 어우러진 국악은 노인들에게 친근하게 작용하기에 신체 표현을 병행할 경우, 노인의 신체 기능 향상에 더욱 효과적인 수단이 될 수 있다.

〈표 3-18〉 전래동요 〈실겅 달겅〉을 소재로 한 신체 표현 프로그램

활동명	고무줄을 이용한 신체 표현		
활동주제	고무줄의 탄력을 이용한 스트레칭과 흥미로운 신체 표현을 해 본다.		
활동목표 및 기대효과	1. 스트레칭을 통해 근육의 유연함을 유지한다. 2. 고무줄의 탄력을 이용하여 근육의 무리함을 줄인다. 3. 노래와 함께 흥미롭게 활동하며 청각 기능을 향상시킨다. 4. 여러 가지 신체 표현으로 인지적 기능을 향상시킨다. 5. 협동심을 이용한 놀이를 함으로써 문제 해결 능력을 갖는다.		
활동자료	고무줄, CD플레이어, 음악 CD(실겅 달겅).		
적정 인원	10~15명 정도	소요시간	30분

단계	교수 · 학습 활동	지도상 주의 사항
도입	- 가벼운 신체 놀이로 몸을 풀어 준다. - 전래노래에 대해 이야기한다. - CD를 이용하여 실경 달경을 들어 본다. ※ 가사 실경 달경 실경 달경 할아버지 마당 쓸다 밤 두 톨 주워서 한 톨은 니가 먹고 한 톨은 내가 먹고 실경 달경 실경 달경	
전개	• 노래 배우기 - 전래노래를 배운다. - 선생님의 선창으로 따라 부르고 어르신들과 함께 노래를 익힌다. - 무릎 장단을 이용하여 노래를 반복하여 익힌다. - 노래 감상 후 〈실경 달경〉 노래에 대해 느낌을 이야기 나눈다. • 신체활동 - 전래노래를 이용한 스트레칭 　(노래를 부르며 두 사람씩 짝을 지어 스트레칭을 한다.) - 고무줄을 이용한 스트레칭 　(고무줄을 이용하여 여러 가지 스트레칭을 해 본다.) - 고무줄 모양 만들기 　(주어지는 문제를 고무줄로 표현해 본다.)	고무줄을 잘못 다루어 다칠 우려가 있으므로 천으로 싸여진 고무줄을 이용한다.
정리	- 실경 달경 노래를 부르며 수업 도구(고무줄)를 정리한다. - 수업에 대한 이야기를 해 본다.	

출처: 홍수진(2007).

넷째, 감상학습을 통하여 정서적 안정을 도모한다. 김현정(2014)은 실제 국악을 들으며 얼굴 마사지를 하고 신체 표현을 할 경우, 친밀감 형성과 신체의 점진적 이완이 가능하며, 이는 우울감의 감소에 효과적이다는 결과를 도출했다. 홍수진(2007)은 '노년기 여가활용을 위한 국악프로그램 연구'에서 산조 감상을 통한 회상 요법을 통해 감정을 표현하는 프로그램을 개발하였다. 국악감상을 단순히 악곡의 감상에만 한정짓지 않고 노년기의 특성에 맞게 회상(reminiscence)과 결합함으로써 인생을 되돌아보는 내적 경험을 유도해 냈다. 즉, 산조를 감상하며 과거를 회상하고, 자기감정을 개방하며, 신체 표현까지 해 봄으로써 정서적 정화에 이르도록 하였다. 노년기 심리적 안정에 긍정적 영향을 미치는 회상요법을 국악감상과 결합함으로써 정서 안정을 도모함은 활용 가치가 있는 의미 있는 프로그램이라 할 수 있다.

〈표 3-19〉 신체 표현을 통한 회상요법

활동명	감정 표현을 이용한 즉흥 표현(집단 상담 기법을 이용하여)		
활동주제	색깔 천을 이용하여 자유로운 신체 표현을 해 본다.		
활동목표 및 기대효과	1. 감정을 몸으로 표현해 봄으로 정서적 정화를 시킨다. 2. 자신을 개방함으로써 공감대를 형성하고 서로 신뢰감을 갖게 한다.		
활동자료	CD 플레이어, 가야금 CD(김죽파류 짧은 산조), 여러 가지 색깔의 천		
적정 인원	10명 내외	소요시간	30~40분
단계	교수·학습 활동		지도 항
도입	• 가야금 산조를 편안한 자세와 마음으로 듣는다. • 자신의 현재 감정을 이야기하도록 한다. • 다양한 감정 표현에 대해 설명한다.		
전개	• 선호하는 색의 색깔 천을 고르게 한다. • 천을 나누어 주고 다양한 감정을 천으로 표현해 보게 한다. (슬픔, 괴로움, 즐거움, 기쁨, 우울함, 화남, 심심함, 긴장, 두려움) • 적극적으로 참여할 수 있도록 유도한다. • 감정의 표현을 정리할 수 있도록 시간을 준다.		활동을 하지 않는 노인들에게 강요하지 않는다.
정리	• 천을 정리한다. • 천을 표현해 본 감정에 대해 이야기하며 마무리 한다. • 분위기 전환을 위한 민요나 간단한 놀이로 프로그램을 정리한다.		
활동 사진			

출처: 홍수진(2007).

고령화 시대로 접어들면서 노인의 여가시간 활용 및 문화예술교육을 위한 프로그램이 개발되고 있다. 노인의 사회적·심리적·신체적 특성을 고려한 프로그램의 실행은 국악교육의 목적에 부합하는 긍정적인 효과가 나타날 것이다. 따라서 노인에게 친근한 민요와 사물놀이를 통한 실기 수업 외에도, 노년기의 신체 기능 향상 및 심리적 치유의 목적을 가진 통합 형태의 다양한 프로그램이 개발될 필요가 있다. 국악 교육프로그램이 노인의 신체적 기능 향상과 정신건강의 회복에 기여할 때 노년의 삶은 더욱 행복하고 윤택해질 수 있다.

토의 주제

1. 국악교육에서 감상 프로그램의 개발 방향에 대해 토론해 보자.

2. 아동·청소년 대상의 국악 교육프로그램의 대표적 특징에 대해 발표해 보자.

3. 노인 대상의 국악 창작프로그램 개발 시 제시할 수 있는 교육활동을 제안해 보자.

참고문헌

강혜인(2002). 유아교육, 우리음악으로 가르쳐요. 서울: 민속원.

고정미, 권은희, 이경민, 이정현(2014). 유악국악교육 이렇게 해봐요. 경기: 공동체.

교육과학기술부(2009). 유아 전통예술교육프로그램. 서울: 교육과학기술부.

교육과학기술부, 보건복지부(2012). 3-5세 연령별 누리과정 해설서. 서울: 교육과학기술부, 보건복지부.

교육부(2015). 음악과 교육과정. 세종: 교육부.

권덕원, 박지영, 김선정, 박윤미, 임하정(2016). 창의적인 어린이를 위한 국악교육. 경기: 교육과학사.

김미자, 최병연(2011). 전통놀이 프로그램이 초등학생의 창의성 및 정서지능에 미치는 영향. 창의력교육연구. 11(2), 9-65.

김은주, 육성필(2017). 노인자살예방을 위한 통합적 위기개입모델 다층효과 연구: 자살생각·우울증을 중심으로. 한국노년학, 37(1), 173-200.

김현정(2013). PBL을 적용한 국악감상부 지도안 개발 및 효과 분석. 경인교육대학교 석사학위논문.

김현정(2014). 노인우울중재를 위한 국악치료프로그램 개발. 인문과학연구, 41, 441-463.

모형오, 한계숙, 남미연, 남정화, 서지희(2010). 생활주제 중심 유아국악교육. 경기: 양서원.

신진영(2011). 노인 대상 국악프로그램 현황 및 실태 연구-서울시 서초구를 중심으로. 중앙대학교 석사학위논문.

서울특별시교육청(2017). 서울형 자유학기제 운영매뉴얼. 서울: 서울특별시교육청.

오진경(2009). 노인국악 교육 지도방안 연구-민요 · 장구교실 중심으로. 국민대학교 석
　　사학위 논문.

윤명원(2007). 교대 · 사대생을 위한 국악교육지도법. 서울: 국악춘추사.

윤명원, 임미선, 이용식, 신은주, 이진원, 허윤정, 강혜인, 박지영, 정모희, 곽은아, 신응
　　재, 강선하(2018a). 국악교육론. 서울: 학지사

윤명원, 곽은아, 강혜인, 박소현, 박지영, 정모희, 황부남, 이영주, 배영진(2018b). 국악 교
　　수 · 학습방법. 서울: 학지사

정진원, 승윤희(2016). 음악과의 좋은 수업에 대한 등교사의 인식 연구. 음악교육공학, 28,
　　129-158.

정희정, 김혜순(2012). 전래동요를 활용한 통합적 국악활동이 유아의 자기조절력과 자기
　　표현력에 미치는 효과. 미래유아교육학회, 19(4), 413-434

진영미, 박향아(2016). 집단전통놀이 활동이 유아의 사회성 발달과 정서지능에 미치는 영
　　향. 생태유아교육연구, 15(1), 215-242.

하계훈, 문화관광부 문화예술교육과, 한국문화예술교육진흥원. 군 장병을 위한 문화예술
　　교육프로그램 운영방안 연구. 서울: 문화관과부 문화예술교육과.

한국문화예술교육진흥원(2007). 방과 후 교육을 위한 통합형 문화예술교육 모형 개발연
　　구. 서울: 한국문화예술교육진흥원.

한국문화예술교육진흥원(2009). 교과연계 문화예술교육 통합 프로그램 개발 연구. 서울:
　　한국문화예술교육진흥원.

한국문화예술교육진흥원(2013). 학교 문화예술교육 우수 교수학습지도안 개발 연구(국
　　악). 서울: 한국문화예술교육진흥원.

한국문화예술교육진흥원(2015). 사회문화예술교육 중장기 사업전략 연구. 서울: 한국문
　　화예술교육진흥원.

한국문화예술교육진흥원(2016). 2016 학교문화예술교육프로그램 당선작 모음집. 서울:
　　한국문화예술교육진흥원.

한국문화예술교육진흥원(2017). 신규 복지기관 교육자를 위한 문화예술교육의 이해(국
　　악, 음악). 서울: 한국문화예술교육진흥원.

한윤이(2014). 우리 문화 예술 중심의 통합교육과정 개발 -초등학교 3~6학년을 중심으
　　로-. 교원교육, 30(1), 167-195.

홍수진(2007). 노년기 여가활용을 위한 국악프로그램 개발방안 연구. 중앙대학교 국악교
　　육대학원 석사학위 논문.

교육부 자유학기제 홈페이지 http://www.ggoomggi.go.kr (2017.4.12. 인출).

교육부, 시·도 교육청, 한국교육개발원이 함께하는 방과후학교 포털시스템
　　　https://www.afterschool.go.kr/ (2017.4.12. 인출).

국립국악원 홈페이지 http://www.gugak.go.kr

인천광역시 교육연수원 '문화예술교육으로 만드는 행복교실' 교사연수(2018-5기)
　　　http://www.ieti.or.kr (2018. 08. 04. 인출).

☞ 참고자료

[지도안] 마당놀이를 주제로 한 체험 중심 교육과정 예시

차시	과정	활동주제	활동내용
1	반응 형성	장단놀이1	장단에 맞추어 걷거나 뛰기 - 자진모리 장단, 굿거리장단, 휘모리장단 등 장단에 맞추어 신체 표현하기 - 어깨춤 추기, 양팔 흔들기, 고개 흔들기 등 즉흥적으로 가사말 지어 보기 - 장단에 맞게 가사 만들어 불러 보기
2		소리놀이	소리를 이미지로 나타내기 - 리본막대, 부채, 한삼, 지점토 등으로 소리의 흐름 표현하기
3		작품 교감	작품 감상 후 교감 사기 - 어린이 창극 〈흥부놀부〉 감상하기
4	반응 명료화	마당놀이의 형식 이해	마당놀이의 구성요소 알기
5		마당놀이의 내용 구성	성악·기악영역에서의 대표적인 우리 소리 찾기 - 발성, 시김새, 메기고 받는 형식 등
6			작품 감상을 통한 마당놀이 이해하기
7	반응 심화	성악의 이해	발성, 시김새, 메기고 받는 형식 알기
8		가사 바꾸기 놀이	메기는 부분의 가사 바꾸어 부르기
9		기악의 이해	장구의 기본 연주 자세와 타법 익히기
10			여러 종류의 장단 익히기 - 자진모리장단, 세마치장단, 굿거리장단, 휘모리장단 등 - 손장단, 발장단, 몸장단 만들기
11		장단놀이	장단에 맞추어 대형 꾸미기
12		캐릭터 놀이	설정된 인물 표현하기 - 인물의 성격에 맞는 걸음걸이, 동작, 얼굴 표정 놀이
13		국악과 무용	장단에 맞는 춤사위 익히기
14		국악과 독서	이야기 대본을 살펴보고 각색방법 알기 - 이야기 패러디하기
15		주제 경매놀이	작품의 주제 선정하기
16		작품 설계	이야기 대본, 가사 바꾸기
17			공연 음악, 의상, 소품 정하기
18			역할 나누어 연습하기 - 연출자, 배우, 음악 연주자, 제작진 등
19		작품 발표	작품 공연 감상하기
20		시대와의 관계	국악과 시대와의 관계 알기 - 이야기 설정, 가사 내용, 인물의 성격, 삶의 가치관 등

출처: 한국문화예술교육진흥원(2007).

제4장
학교문화예술교육으로서
국악 교육프로그램 사례

신영미

1. 학교 국악 교육프로그램 개발의 중요성
2. 학교문화예술교육 중 국악 교육프로그램 사례

21세기의 급변하는 지식 기반 사회에서는 정보의 양적 획득이 아닌 새롭고 다양한 상황에서 획득한 지식을 적용 및 응용할 수 있는 창의 융합형 인재를 필요로 한다. 이에 따라 국가교육과정 또한 지식의 획득보다는 지식을 창의 적으로 운용하여 문제를 해결할 수 있는 다양한 역량 함양에 목표를 두고 있다. 따라서 학교에서의 국악교육은 현 상황의 교육 기조에 맞는 프로그램 개 발을 통해 미래 사회에서 필요로 하는 인재 양성에 기여할 수 있어야 한다. 이 장에서는 2015 개정 교육과정에 의거하여 학교 국악 교육프로그램 개 발에 대한 중요성 및 다양한 프로그램 사례를 살펴볼 것이다. 이를 통해 학교 국악 교육프로그램이 나아가야 할 방향을 알고, 실제 적용할 수 있는 방법을 탐구하도록 한다.

1. 학교 국악 교육프로그램 개발의 중요성

국악은 오랜 세월 동안 우리 민족의 정서와 문화를 담아 형성되고 전승되어 온 음악으로서 소중한 가치를 지니고 있는 무형의 문화유산이며, 우리 민족 고유의 정서와 사고를 반영하고 있다는 점에서 다른 문화예술영역과 구별된다. 국악을 향유하고 전승하도록 하는 것은 음악을 통한 세대 간의 문화적 소통과 민족적 정서의 공유를 가능하게 한다(윤명원, 2018a). 2000년대 이후 전통문화 계승의 중요성 인식이나 민족문화 정립이라고 하는 사회적 분위기에 힘입어 국악교육의 확대와 활성화가 이루어지고 있다. 학교 현장에서 국악의 비중이 늘어났을 뿐 아니라 교사 양성기관에서의 국악 수업, 교육과정에서 국악 교수학습, 임용고사에서의 국악 내용의 변화가 요구되고 있다. 이에 국악교육의 양적 팽창에 못지않게 질적 수준을 제고해야 하는 시대적 과제를 안고 있다(윤명원, 2018b). 이러한 국악교육의 흐름은 학교 국악교육에도 반영이 되고 있으며, 학생들이 국악의 가치를 인식하고 국악을 향유할 수 있도록 하는 양질의 프로그램 개발이 필요한 현실이다. 특히 학교는 국가교육과정을 토대로 학교급별에 따라 면밀하게 체계화된 교육이 실행되고 있다.

현재 단계적으로 실행되고 있는 2015 개정 교육과정은 국가 경쟁력 강화의 궁극적 목표 아래 창의 융합형 인재 양성을 위해 교과의 핵심 개념과 핵심 원리를 중심으로 한 학습량의 적정화, 자신의 꿈과 끼를 살린 다양한 교육활동의 기틀 마련, 진로와 적성에 따라 과목의 선택권 부여 등으로 학교 현장의 변화를 추구하고 있다. 이러한 학교 현장의 변화에 따라 국악교육 또한 기능 중심의 예술교육에서 탈피하여, 예술적 경험과 창작활동을 통한 미적 정서 함양 및 문화적 창의성 개발을 통해 창의적 인재 양성에 기여해야 할 필요가 있다. 이를 위해 국악교육에서 절대적으로 요구되는 것이 창의적이고 혁신적인 국악 교육프로그램의 개발이라고 할 수 있다. 현재의 교육과정 및 학교 현장의 상황을 바탕으로 국악 교육프로그램 개발의 중요성을 제시하면 다음과 같다.

첫째, 음악교과 역량 증진을 위한 국악 교육프로그램 개발이 필요하다. 2015 개정 교육과정은 창의 융합형 인재 양성의 목표 아래 핵심 역량[1]을 반영함에 따라 음악교과 또한 교과의 특수성과 고유성을 반영한 음악교과 역량이 생성되었다. 이에 따라 음악교과 역량은 음악적 창의·융합사고 역량, 음악적 소통 역량, 음악정보 처리 역량, 자기관리 역량, 음악적 감성 역량, 문화적 공동체 역량으로 제시되었다. 이경언(2015)은 음악과 핵심 역량 증진을 위한 음악과 수업 지원 방안과 관련하여 교과 역량 중심의 교수학습 과정안 제시, 교과 역량별 교수 학습 자료 보급, 교과 역량 교수·학습방법 보급, 교과 역량 평가방법 및 도구 보급, 교과 역량 수업 사례 발굴 및 확산 등을 제안하였다. 즉, 국악교육에서 역량 중심 교육과정의 실현을 위해서는 국악 교육프로그램의 개발은 필수적이며, 개발된 프로그램이 학교 현장에 보급됨으로써 학생들은 음악교과 역량을 증진시킬 수 있다. 이와 관련하여 권덕원과 박주만(2016)은 음악교과 역량을 반영한 국악교육 방안을 탐색하고, 이에 따른 국악수업 유형의 사례를 〈표 4-1〉과 같이 제시하였다.

〈표 4-1〉 음악교과 역량을 반영한 국악수업요소

역량	수업요소
음악적 감성 역량	• 국악의 아름다움을 느끼고 인식한다. • 국악의 특징을 이해한다. • 국악의 가치를 인식한다. • 성찰을 통하여 음악적 삶을 활성화한다. • 상상력을 발휘하여 국악을 체험한다.
음악적 창의·융합 사고 역량	• 국악 지식과 소양을 습득한다. • 창의적인 표현 능력과 감상 능력을 향상시킨다. • 여러 분야와의 통합적인 맥락(상황)에서 국악을 기반으로 하는 창의적인 사고력을 발휘한다. • 여러 분야와의 통합적인 맥락(상황)에서 국악을 기반으로 하는 융합적인 사고력을 발휘한다.
음악적 소통 역량	• 소리, 음악적 상징, 신체 등을 활용하여 생각과 느낌을 음악적으로 표현한다. • 다른 사람의 국악 표현을 이해하고 공감한다. • 국악의 표현과 감상을 통하여 다른 사람들과 소통한다. • 다른 사람들과 함께하는 국악 표현과 감상의 과정에서 의견을 나누며 조정한다.

---

1) OECD 보고서에 의하면 핵심 역량이란 "개인의 성공적인 생활과 행복한 사회를 유지하기 위하여 삶의 여러 영역에 공통적으로 적용될 뿐 아니라 모든 개인 누구에게나 중요한 역량"이다(이광우 외 , 2009).

문화적 공동체 역량	• 국악의 전통을 이해한다. • 다른 나라의 음악과 전통을 이해한다. • 지역, 국가, 세계의 구성원으로서 여러 문화를 수용하고 그 가치를 인식한다. • 공동체의 음악적·문화적 과제를 파악하고, 그 해결과 발전을 위하여 노력한다. • 국악, 음악, 문화의 발전을 위하여 지역, 국가, 세계의 구성원으로서의 역할과 책임을 인식하고 실천한다.
음악정보 처리 역량	• 국악에 관한 정보와 자료를 수집, 분류, 분석, 평가, 조작하는 능력을 기른다. • 국악의 정보와 자료에 대한 해석을 통해 그 의미를 파악한다. • 적절한 매체를 활용하여 국악의 정보와 자료를 처리한다. • 국악의 정보와 자료의 활용을 통하여 국악, 음악 또는 일상생활의 다양한 문제를 해결한다.
자기관리 역량	• 국악의 표현, 감상, 생활화를 통하여 표현력과 감수성을 기르고, 자아정체성을 형성한다. • 적극적인 국악 표현, 감상, 생활화를 통하여 풍요로운 음악적 삶을 유지한다. • 자기주도적인 국악 생활을 통하여 자신의 삶을 풍요롭게 하는 능력을 인격화한다.

출처: 권덕원, 박주만(2016) 재구성.

　음악교과 역량이 도입된 이 시점에서 단순히 음악의 기능과 기본 지식을 가르치는 교수·학습 방법은 현 시대의 음악교육 흐름에 부응할 수 없다. 〈표 4-1〉에 제시된 바와 같이, 음악교과 역량 증진에 초점을 맞춘 적절한 교수·학습방법을 적용한 국악 교육프로그램의 개발 및 사례의 보급은 핵심 역량 증진을 위한 교육과정 운영에 긴밀한 지원방안이 될 것이다.

　둘째, 자유학기(학년)제[2]의 특성에 맞는 국악 교육프로그램은 학생들의 꿈과 끼를 찾을 수 있게 한다. 자유학기제는 학생들의 진로와 흥미를 우선적으로 고려함으로써 적성과 소질을 계발할 수 있도록 하고 있다. 자유학기(학년)제는 진로탐색활동, 주제선택활동, 예술·체육 활동, 동아리활동 등의 자유학기 활동을 편성하여 운영함에 따라 각각의 활동영역에 적합한 국악 교육프로그램 개발이 절대적으로

---

2) 자유학기제는 전면 시행계획(2015.11.25.)에 따라 1학년 1학기, 1학년 2학기, 2학년 1학기 중 선택적으로 운영되며, 희망하는 학교에 따라 자유학기와 일반학기의 연계 및 자유학년제 또는 연계학기 등을 활용하여 타학년으로 연계·확산하여 운영할 수 있다. 특히, 자유학년제는 중학교 1학년을 대상으로 2개 학기에 걸쳐 운영되는 제도로, 2018년부터 희망하는 학교 중심으로 시범 운영을 거쳐 그 성과를 바탕으로 점진적으로 확대할 계획에 있다.

필요한 실정이다. 특히, 예술·체육 활동과 진로탐색활동은 예술강사의 주도 아래 교육이 실행될 수 있는 영역이므로, 강사의 전문성이 발휘되는 참신한 국악 교육프로그램이 개발되어야 한다. 예술·체육 활동의 경우에는 학교에서 경험하기 어려운 판소리, 모둠북, 가야금 병창 등과 같은 프로그램 및 예술영역 간의 통합프로그램 등이 개발될 필요가 있다. 진로탐색활동은 외부기관과의 연계를 통한 학생들의 다양한 체험활동을 권장함으로써 국악전문기관과의 연계를 통해 학교에서 경험할 수 없는 전문적인 국악 교육프로그램을 체험할 수 있도록 해야 한다.

이렇게 개발된 자유학기제 국악프로그램을 통해 학생들은 국악에 대한 관심과 흥미를 갖게 되고, 국악과 관련된 다양한 체험은 개인의 소질과 재능을 발견하는 계기가 될 것이다. 이를 통해 학생들은 자신의 꿈과 끼를 찾아 학업에 매진하게 될 것이며, 이는 곧 자유학기 활동 운영 내실화에 기여하게 될 것이다.

셋째, 창의적 체험활동[3]으로서의 국악 교육프로그램 개발은 학생들의 창의력 함양에 기여한다. 창의적 체험활동은 창의성을 강조하는 교육과정으로, 체험활동을 통한 학생의 수행 능력을 강조하고 나눔과 배려의 정신을 실천하는 전인교육을 실현하기 위한 교육과정이다. 창의적 체험활동은 자율활동, 동아리활동, 봉사활동, 진로활동의 4개 영역으로 구성되는데, 국악은 주로 자율활동과 동아리활동, 진로활동에서 학생 중심의 창의적 국악 교육프로그램을 실시할 수 있다.[4] 각 영역에 따른 국악활동 예시는 〈표 4-2〉와 같다.

교육부는 창의적 체험활동의 효과적인 편성·운영을 위하여 국가 및 지역 수준의 지원이 이루어지도록 권고하고 있다. 국악의 경우, 관련 기관과의 연계 및 예술강사의 지원을 통해 국악 교육프로그램이 실행될 수 있도록 해야 한다. 서울시 교육청의 경우, 국립국악원과 창의적 문화인재 양성을 위한 업무협약(MOU)을 체결하고, 서울 시내 각 학교에 국악교육을 위해 다양한 프로그램을 제공하였다. 다음

---

3) 창의적 체험활동은 초중등학교 학생들이 건전하고 다양한 집단 활동에 자발적으로 참여하여 나눔과 배려를 실천함으로써 공동체 의식을 함양하고, 개인의 소질과 잠재력을 계발·신장하여 창의적인 삶의 태도를 기르는 것을 목표로 한다. 교과활동과는 달리 단위학교의 자율적 편성과 운영을 바탕으로 학생의 창의력을 기르는 데 주력하며, 학생들이 주체가 되어 적극적인 체험활동을 하는 학생 중심 교육과정을 지향한다(교육부, 2015).

4) 창의적 체험활동 중 봉사활동 영역으로는 이웃돕기 활동, 환경 보호 활동, 캠페인 활동 등을 들 수 있다. 음악(국악) 중심 학교가 아닌 일반 학교에서 봉사활동영역에서 국악 교육프로그램을 실행하기는 쉽지 않다.

〈표 4-2〉 창의적 체험활동영역에 따른 국악활동 예시

영역	자율활동	동아리활동	진로활동
활동	• 자치 · 적응 활동 • 창의주제활동 등	• 예술 · 체육 활동 • 학술문화활동 • 실습노작활동 • 청소년단체활동 등	• 자기이해활동 • 진로탐색활동 • 진로설계활동 등
국악활동 예시	• ○○시 국악관현악단 '찾아가는 음악회' 관람 • ○○시 교육청 학생전 통음악경연대회 관람	• 사물놀이 동아리 • 난타 동아리 • 가야금 동아리	• 국악기 체험 • 공연장 탐방 • 국악인과의 대화 • 국악기 제조현장 탐방

은 당시 체결한 주요 협약내용이다.

> • 서울형 자유학기제 지원을 위한 학생 체험 인프라 구축 상호 협력
> • 문화예술교육 및 창의적 체험활동 상호 협력
> • 교원 연수 프로그램 개발지원 상호 협력
> • 국악교육 활성화를 위한 제반 업무 상호 협력
> • 국악원 단원들의 서울교육멘토 교육기부단 참여 협조

출처: 서울시교육청, 2015. 6. 17.

　실제 서울시 교육청과 국립국악원은 2017년에 서울 시내 17개 초등학교를 대상으로 방문형 교실 음악회 '국악배달통' 사업을 진행하였다. 이 사업은 어린이들이 외부기관으로 나가지 않고 교실에서 국악을 체험할 수 있게 함으로써 국악을 더욱 가까이서 접할 수 있게 하였고, 실제적 국악 감상 및 국악기 체험을 제공하여 어린이들의 창의적 체험을 제공하였다.

　넷째, 국악을 중심으로 한 통합프로그램은 교육과정이 추구하는 연계 · 통합 학습에 기여한다.[5] 2015 개정 음악과 교육과정에 따르면 음악을 중심으로 한 다른 예술영역 및 교과와의 연계는 음악이 가지고 있는 다양한 특성을 활용하여 학생들의 음악 지식을 심화시키고 흥미를 불러일으키며 학습 경험을 확장시킨다. 음악과 미술, 연극, 문학 등의 다른 예술영역들과의 연계는 음악적 정서를 표현하고 다양

---

5) 3장의 2. 교육대상별 국악 교육프로그램의 특성 참조.

하게 소통하는 방법을 배움으로써 학생들의 문화적 소양을 높일 수 있다. 음악과 다른 교과와의 연계는 음악이 가지고 있는 인문·사회·자연과학적 특성을 발견함으로써 음악에 대한 시각의 확장 및 관련 과목에 대한 학습 효과를 증대시킬 수 있다. 우리 문화의 통합의 형태도 개발되고 있다. 권덕원[6]은 연계 통합교육의 장점으로 통합적인 문화 및 문명의 발전에 기여하고 다양한 분야의 전문가들과 소통하게 됨으로써 팀워크 역량을 발달시키며 창의성을 발달시킨다고 하였다. 특히, 다양한 문화의 통합에 의한 창의적 산물은 우리의 음악 문화를 더욱 다양하게 발전시켜 나갈 것이다.

요컨대, 급변하는 현대 사회를 살아가는 학생들의 역량 강화를 위해 연계·통합 형태의 국악 교육프로그램의 개발은 시대가 요구하는 필연적 과제이며, 이는 곧 우리 음악문화의 발전 및 세계 속 우리 음악의 가치 정립에 기여할 것으로 본다.

2. 학교문화예술교육 중 국악 교육프로그램 사례

앞에서 살펴본 바와 같이, 학교문화예술교육으로서의 국악프로그램 개발은 음악교과 역량 증진, 자유학기(학년)제를 통한 학생들의 꿈과 끼 발견, 창의적 체험활동으로서 국악의 체험을 통한 학생들의 창의력 함양에 기여함으로써 그 중요성이 매우 크다고 볼 수 있다. 따라서 이 절에서는 국악 교육프로그램 개발 각각의 중요성에 입각하여 국악교육 관련 학회지에서 제시한 프로그램 사례를 중심으로 살펴보고자 한다.

1) 음악교과 역량 증진 국악 교육프로그램

역량 증진을 위한 국악수업 지도안 개발 과정에서는 학습 주제를 선정한 후 성취기준에 따라 학습 목표와 교과 역량을 설정하고, 음악적 역량별로 학습 내용을 재구성하는 과정이 필요하며, 수업을 통하여 구현하고자 하는 교과 역량요소에 적합

---

6) 한국문화예술교육진흥원(2009), 교과연계 문화예술 통합 프로그램 개발연구, 서울: 한국문화예술교육진흥원. '연계통합교육의 실제' 111-119쪽 참조.

한 학습 형태와 방법을 찾는 것이 역량 중심 국악수업의 토대가 된다고 볼 수 있다 (권덕원, 박주만, 2016). 다음은 음악 교과 역량 중 음악정보처리 역량 중심의 국악수업 사례이다.

〈표 4-3〉 음악정보처리 역량 중심의 초등학교 국악수업 내용

교과 역량	내용체계(5~6학년)				수업주제
	영역	핵심 개념	학습 요소	기능	
음악정보 처리 역량	생활화 감상	음악의 활용, 음악의 종류	악곡의 특징 이해, 음악의 가치 인식	조사하기, 발표하기	국악 관련 문화재 찾아 발표하기

출처: 권덕원, 박주만(2016).

[지도안 4-1] 음악정보처리 역량 중심의 초등학교 국악 교수·학습 지도안의 예시

제재곡	소중한 우리 문화재	학년	6학년
차시	1~2/2	수업시간	80분
성취기준	(6음03-03) 우리 지역에 전승되어 오는 음악 문화유산을 찾아 발표한다.		
학습 목표	우리 고장에 전승되는 음악 문화재를 조사하여 홍보자료를 만들 수 있다.		
교과 역량	음악정보처리 역량	하위요소	정보 수집, 분석 활용, 매체 활용
교수·학습 과정	교수·학습 활동		
동기 (동기유발)	• 지역문화에 대하여 이야기 나누기 - 지역문화에 대하여 이야기를 나눈다. - 우리 지역과 관련된 문화유산에 대하여 이야기를 나눈다. • 학습 목표 정하기	• 지역 문화재에 대한 사진 및 동영상 자료	
전개 (기초 기능 탐색 및 창의적 표현)	• 활동 1: 조사 내용 발표하기 - 모둠별로 조사한 다양한 지역 음악문화재의 내용을 발표한다. - 조사 내용과 함께 정보수집 방법도 제시한다.	• 발표를 통해 조사한 국악 정보를 해석하고 의미를 파악하도록 지도한다.	
	• 활동 2: 음악문화재 홍보자료 만들기 - 모둠별로 만들 홍보자료물(신문, 포스터 등)을 선정한다.	• 홍보자료 만들기 • 모둠별로 다양한 홍보물을 만들 수 있도록 한다.	

	– 모둠별로 홍보 자료와 내용을 구상한다. – 역할을 나누어 음악문화재 홍보자료를 만든다. • 활동 3: 만든 홍보자료 발표하기 – 모둠별로 만든 홍보자료를 발표한다. – 모둠별로 홍보자료물의 특징을 이야기한다. – 만든 홍보자료를 교실에 전시한다.	• 국악 문화재 홍보자료를 통해 우리 음악의 가치를 인식할 수 있도록 지도한다.
정리 (내면화)	• 정리하기 – 홍보자료를 만든 소감을 자유롭게 이야기한다. – 우리 음악문화의 예술성과 우수성에 대하여 발표한다. • 평가하기 – 실기평가, 자기평가, 상호평가를 실시한다.	• 평가지(자기 및 상호평가 양식)

출처: 권덕원, 박주만(2016).

음악정보처리 역량 중심의 국악수업은 국악에 관한 다양한 정보와 자료를 수집, 분석, 활용하여 그 의미를 해석하고 문제를 해결하는 데 중점을 둔다. 이에 대한 하위 요소로는 문제 인식, 정보 수집, 분석 활용, 문제해결, 매체활용, 비판적 사고력 등이 포함되며, 조사하기, 만들기, 발표하기, 참여하기 등의 다양한 음악적 기능과 영역(표현, 감상, 생활화)에 적용할 수 있다.

〈표 4-4〉는 표현영역의 가창 수업을 통해 다양한 역량의 종합적 함양에 중점을 두고 있다. 유희요, 노동요, 민요를 제재로 하여 노래 부르기 활동을 하는 수업에서 놀이와 관련된 신체 표현, 여러 가지 시김새의 구별을 지도한다. 유희요와 노동요의 특징, 시김새를 이해하는 활동은 음악적 감성 역량에 해당하고, 신체를 활용한 국악적 표현 및 자신의 생각과 느낌을 반영하여 노래를 부르는 활동은 음악적 소통 역량과 자기관리 역량에 해당한다고 볼 수 있다(한윤이, 2017).

〈표 4-4〉 역량의 국악교육적 해석을 적용한 교수·학습 활동 사례(표현영역)

음악과 교육과정의 근거 파악 ➡	내용 체계	• 핵심 개념 - 소리의 상호작용 • 내용요소 - 음악의 구성 • 기능 - 노래 부르기, 신체 표현하기
	성취 기준	[4음01-01] [6음01-01] 악곡의 특징을 이해하며 연주한다. [4음01-02] [6음01-02] 악곡에 어울리는 신체 표현을 한다.
	교수·학습 방법 및 유의사항	• 다양한 음악적 경험을 통해 음악을 구성하는 요소들을 이해하고, 악곡의 특징을 목소리, 악기, 신체, 그림 등을 활용하여 창의적으로 표현하도록 한다. • 가락, 시김새, 창법을 지도할 때에는 손, 가락선 악보 등을 활용하여 다양하게 표현하도록 한다.
교수·학습 내용 선정 ➡		• 제재: 유희요, 노동요, 민요 • 유희요의 특징을 알고 노래 부르기 • 노동요의 특징을 알고 노래 부르기 • 여러 가지 시김새의 특징을 알아보기 • 시김새를 살려 노래 부르기
교수·학습 방법 선정 ➡		• 유희요와 노동요의 특징을 신체를 활용하여 표현하기 • 손을 활용하여 시김새 표현하기
교수·학습 활동 제시 ➡		• 유희요의 특징을 알고 신체 표현하며 노래를 부른다. • 노동요의 특징을 알고 신체 표현하며 노래를 부른다. • 제재곡의 시김새를 이해하고 시김새를 살려 노래를 부른다.
관련 역량 분석 ➡		• 음악적 감성 역량 • 음악적 소통 역량 • 자기관리 역량

출처: 한윤이(2017).

2) 자유학기 예술·체육 활동 국악 교육프로그램

자유학기제는 학생들이 꿈과 끼를 키우고 행복한 삶을 영위할 수 있도록 하는 제도이므로 학생들이 자신의 특기를 신장시키고 미래 핵심 역량을 함양할 수 있는 프로그램이 개발되어야 한다. 또한 이 시기에는 학생들이 좋아하는 것을 하면서 친구들과 함께 성장하며 배우는 과정에서 자신을 이해할 수 있는 기회를 제공하여야 한다. 특히, 학생들이 자신의 희망에 따른 선택을 기반으로 한 다양한 자유학기 활동 프로그램에 참여하는 가운데 배움의 즐거움이 일어날 수 있도록 하는 것이 중요하다. 따라서 자유학기 예술프로그램은 학생 중심 수업을 기획하고 학생이 참여하는 수업을 통해 학생들의 역량 강화 기회를 제공해야 한다. 다음의 〈표 4-5〉는 판소리를 주제로 음악극 창작활동을 통한 자유학기 예술 · 체육 프로그램의 사례이다.

〈표 4-5〉 자유학기 예술 · 체육 프로그램 사례

차시	활동 단계	수업 단계	활동내용	핵심 역량	평가계획	
					평가요소	방법
1	활동 시작	도입	• 판소리의 특징 및 요소 이해하기 • 판소리 감상하기	지식정보처리 역량	문제 이해 능력	활동지
2~3		전개	• 부채를 활용하여 소리 따라하기	심미적 감성 역량	음악적 표현 능력, 융통성	관찰평가, 자기평가
4		정리	• 이야기 전개하기 (발단-전개-위기-절정-결말)	자기관리 역량	목표 설정 계획	활동지, 동료평가
5	활동 전개	도입	• 이야기 전개에 따른 음악적 요소 정하기	지식정보처리 역량		
6~7		전개	• 소리, 아니리, 발림 창작하기 - 사설 창작하기 - 발단 부분과 전개 부분 창작하기 - 위기 부분과 절정 부분 창작하기 - 결말 부분 창작하기	심미적 감성 역량, 창의적 사고 역량	음악적 표현 능력, 융통성, 독창성	포트폴리오, 관찰평가
8			• 공연 기획하기 - 날짜, 장소, 시간, 주제 정하기 - 모둠원 역할 정하기	지식정보처리 역량	문제 해결 방안 탐색 및 실행 능력 자발성	
9~ 10		정리	• 공연 준비하기 - 역할에 맞게 공연 준비하기 - 홍보하기	공동체 역량, 자기관리 역량, 창의적 사고 역량	참여도, 책임감, 독창성, 정교성	자기평가, 관찰평가

11	활동 마무리	도입	• 리허설하기	심미적 감성 역량, 공동체 역량	음악적 표현 능력, 공동체적 책임감	
12		전개	• 창작한 판소리 공연하기	심미적 감성 역량, 공동체 역량	음악적 표현 능력, 공동체적 책임감	동료평가, 자기평가
13		정리	• 공연 평하기	창의적 사고 역량, 의사소통 역량	비판적 사고 수용 능력	동료평가, 관찰평가

출처: 창작 판소리 공연하기-핵심 역량 중심 자유학기 예술·체육 활동 운영 및 평가 도움 자료(교육·경상북도 교육청, 2017).

〈표4-6〉 자유학기제 예술·체육 활동 '창작 판소리 공연하기' 학습 지도안(5~10차시)

활동명	창작 판소리 공연하기		차시	5~10차시
활동 내용	• 이야기 전개에 따른 음악적 요소 정하기 • 공연 기획하기	활동 요소	• 소리, 아니리, 발림 창작하기 • 공연 준비하기	
학습 목표	1. 이야기 전개에 맞게 판소리를 창작할 수 있다. 2. 창작한 판소리로 공연 준비를 할 수 있다.			
핵심 역량	지식정보처리 역량, 심미적 감성 역량, 창의적 사고 역량, 자기관리 역량, 공동체 역량			
수업 단계	수업 활동			
도입	전라북도 국악 동영상 애니메이션 판소리 – '비가비 명창 권삼득'을 감상한다. 🔊 Tip 동기유발을 위한 이야기 전개를 판소리요소로 나타낸 동영상은 다음 사이트를 참고한다. http://terms.naver.com/entry.nhn • 이야기 전개에 따른 음악적 요소 정하기			

전개	발단	전개	위기	절정	결말
요소	아니리	소리, 아니리	소리, 아니리		소리, 아니리
장단	·	중모리	중중모리-자진모리	자진모리-중중모리	중모리

🔊 Tip
판소리요소별 이야기 전개 방식에 대한 설명은 e-국악아카데미의 학교교육용 자료를 참고하되, 학생의 수준을 고려하여 장단을 설정한다. http://academy.gugak.go.kr/

전개	• 소리, 아니리, 발림 창작하기 　– 이야기 줄거리에 따른 음악적 요소에 맞게 사설을 구분한다. 　– 발단 부분의 아니리와 전개 부분의 소리, 아니리, 발림을 창작한다. 활동지 1 　– 위기 부분과 절정 부분의 소리와 아니리, 발림을 창작한다. 활동지 2 　– 결말 부분의 소리와 아니리, 발림을 창작한다. 활동지 3 　🔊 여기서 평가는 모둠별로 활동지를 활용하여 다음 활동인 '공연 기획하기'까지 누가적·체계적으로 과정을 정리하여 변화 과정을 포트폴리오로 평가한다. 소리를 창작할 때에는 말붙임새와 장단의 세기에 맞게 장단을 변형하여 만들 수 있도록 지도한다. • 공연 기획하기 활동지 4 　–학급 전체 공연 날짜와 장소, 시간을 정하고, 모둠별 주제를 바탕으로 공연 순서를 정한다. 　– 모둠별로 소리꾼과 고수, 연출, 홍보, 음향, 조명, 무대 감독 등의 역할을 정한다. 　– 모둠별 공연의 홍보 내용과 방법을 정한다(포스터, 교내 방송, SNS 등). 　🔊 여기서 평가는 모둠별로 공연 기획에 필요한 각 요소를 정하여 기획하는 과정을 교사가 체크리스트로 관찰평가 한다.
정리	• 공연 준비하기 　– 모둠별로 역할에 맞게 공연 준비를 한다. 　🔊 여기서 평가는 모둠 구성원 역할 배분과 공연 준비 과정을 교사가 체크리스트로 관찰평가하고, 학생 스스로 자신의 역할과 책임에 대하여 자기평가한다.

출처: 창작 판소리 공연하기-핵심 역량 중심 자유학기 예술 · 체육 활동 운영 및 평가 도움 자료(교육 · 경상북도 교육청, 2017).

　　판소리는 소리판이라는 공간적 배경에서 연행하는 판소리의 요소를 활용한 음악적 요소 및 문학적 요소와 연극적 요소를 고루 갖춘 복합적인 성격의 종합예술이다. 단계별 음악극 창작활동은 학생의 전인적인 발달과 창의적인 사고방식을 함양하며 핵심 역량을 기를 수 있다.

　　앞의 사례와 같이 자유학기제는 학생들이 학습하는 내용의 범위를 확대한 예술 · 체육 활동을 통해 학생들의 잠재력을 발굴하는 데 초점을 둔다. 또한 학습자 간 협력을 통한 공연은 학생의 자존감 향상과 타인과의 협응 능력을 기를 수 있게 한다. 이러한 활동은 학교와 연계된 외부기관이 제공하는 프로그램을 통해 더욱 다채롭게 실행되기도 한다. 학교 내에서 체험할 수 없는 국악기 체험 및 전문가의 실기지도를 통해 학생들은 국악에 대한 이해를 넓히고 자신의 적성을 계발할 수 있는

2017 하반기 자유학기제 진로체험 프로그램 보도자료

남도국악원, 자유학기제 프로그램 본격 운영

'국악원 방문 진로체험', '청소년 국악교실', '국악강사 파견' 사업 운영

국립남도국악원은 중학생들의 국악분야 꿈과 진로 개발을 지원하는 자유학기제 맞춤형 교육프로그램을 9월부터 본격적으로 운영한다. 국립남도국악원이 마련한 자유학기제 진로체험 프로그램은 전국 중학교를 대상으로 하는 '국악으로 꿈꾸는 무한도전'과 전라남도 중학교를 대상으로 하는 '청소년 국악교실', '국악으로 놀기' 등 총 3가지 과정으로 진행된다. '국악으로 꿈꾸는 무한도전'은 학생들이 국립남도국악원을 직접 방문하는 과정으로, 당일 과정(4시간)과 1박 2일(6시간) 과정으로 구성되며, 2학기 중 총 3회 진행될 예정이다. 참가한 학생들은 우리 가락 랩 만들기, 국악실기(단소, 해금, 민요, 장구, 무용) 체험, 공연 감상을 통해 국악과 관련된 다양한 직업체험을 할 수 있다. '청소년 국악교실'은 교실을 직접 찾아가 국악 연주와 체험을 제공하는 프로그램이다. 국립남도국악원 단원들이 직접 국악기에 대한 설명과 연주를 들려 주고, 진로 선택에 도움을 주고자 연주자의 생활에 대한 이야기를 곁들인다. 이 프로그램은 9월부터 장성 삼계중학교 등 전라남도 내 6개교를 대상으로 진행된다. '국악으로 놀기'는 한 학기 동안 국악강사가 학교를 방문하여 직접 학생들을 지도하는 프로그램이다. 강습내용은 탈춤, 소고춤, 장구, 민요, 국악기 5개 분야이며, 이 과정은 광주 · 전남 지역 5개 학교를 대상으로 2학기 중 16주 동안 최대 32시간 진행될 예정이다. 전체 프로그램에 대한 자세한 사항은 국립남도국악원 장악과(061-540-4031, 4034)로 문의하면 된다.

출처: 남도국악원(2017).

기회를 갖게 된다. 이처럼 학생들의 참여와 창의적 체험에 기반을 둔 다양한 국악 프로그램은 학생의 창의성과 감성을 개발하고 자신의 적성 및 미래에 대해 탐색할 기회를 제공함으로써 행복한 학교생활을 가능하게 할 것이다.

3) 창의적 체험활동의 국악 교육프로그램 사례

교육과정에 제시된 창의적 체험활동의 네 영역(자율활동, 동아리활동, 봉사활동, 진로활동) 중 일회성이 아닌 학생들과 주기적으로 접할 수 있는 기회가 가장 많은 영역이 동아리활동이다. 동아리 활동은 소질, 적성, 취미가 유사한 학생들이 모여 자신의 소질과 적성을 계발하는 활동으로, 학교 정규교과시간에 동아리 활동이 시수로 편성되어 있어 정기적인 수업 진행이 가능하다. 다음 프로그램은 초·중·고등학교에서 보편적으로 많이 운영되고 있는 사물놀이는 실제 음악 수업시간 2~4차시에는 제대로 배우기 힘든 활동이므로 창의적 체험활동 시간에 교육하기에 적절하다. 다음은 사물놀이 동아리의 운영계획과 프로그램이다.

〈표 4-7〉 사물놀이 동아리 운영계획 사례

① 지도 학년: 3학년 4개반
② 지도 기간: 3월~7월
③ 지도 시간: 화요일 9:00 ~12:00
④ 배정 시수: 총 60시수(15차시)
⑤ 교육 장소: 시청각실
⑥ 교육 인원: 21~23명 × 4반
⑦ 악기 보유 현황: 장구 15개, 징 1개, 북 5개, 꽹과리 2개
⑧ 지도 곡명: 흥겨운 사물놀이
⑨ 단계별 수업 내용

1단계		2단계		3단계		4단계		5단계		6단계
휘모리	⇨	내드름	⇨	동살풀이	⇨	별달거리	⇨	사설	⇨	휘모리

출처: 한국문화예술교육진흥원(2016).

〈표 4-8〉 사물놀이 동아리 프로그램 사례

월	주	주제	지도내용	자료 및 유의점
3	4	오리엔테이션	• 국악강사와 학생 상호 간 소개하기 • 연간 국악수업 내용과 규칙 알아보기 • 우리나라 악기와 사물놀이에 대해 알아보기	ppt, 장구, 악기카드
4	1	흥겨운 사물놀이	• '사물 도깨비' 이야기 듣기 • 사물악기 소리 듣고 구별하기 • 사물악기의 특징 알아보기 • 사물 도깨비 장단 구음으로 연주하기	장구, 꽹과리, 징, 북, ppt
	2		• 사물악기 특징 발표하기 • 말놀이 장단에 맞추어 신체 표현하기 • 휘모리장단 놀이하기	

3	휘모리 장단	• 장구의 연주법 익히기 • 여러 가지 방법으로 휘모리 기본장단 익히기 • 장구로 휘모리 기본장단 연주하기	
4		• 북 연주법 익히기 • 징 · 꽹과리 연주법 익히기 • 휘모리 기본장단 합주하기	
		• 휘모리 도입장단 익히기 • 휘모리 맺음장단 익히기 • 휘모리장단 연결하여 합주하기	

출처: 한국문화예술교육진흥원(2016).

김민정, 최미영(2013)에 따르면 실제 초등학교 예술강사지원사업으로 실시된 사물놀이를 적용한 문화예술교육프로그램은 초등학생의 자기효능감에 긍정적인 효과를 미치는 것으로 나타났다. 또한 학생들의 음악에 대한 흥미와 자신감 향상 및 사회성 증진에 도움을 주는 것으로 나타났다.[7]

창의적 체험활동에서 자율활동, 진로활동의 경우에는 정규적이기보다는 일회적 체험활동의 형태로 국악프로그램이 시행되는 경우가 많다. 학교로 국악전문가가 직접 찾아와서 학생들의 국악 체험 기회를 제공하는 국립국악원의 '국악배달통' 사업의 경우에는 실제 눈앞에서의 국악 감상과 더불어 악기를 만져 보고 소리를 들어보는 직접 체험으로 구성된 프로그램을 실행하고 있다.

---

7) 김민정 · 최미영(2013). 영남사물놀이를 적용한 문화예술교육프로그램이 초등학생의 자기효능감에 미치는 영향. 교사교육연구, 52(1), p. 96을 요약 · 정리한 것이다.

〈표 4-9〉 2018 교실음악회 〈국악배달통〉 계획(안)

국립국악원 National Gugak Center	2018 교실음악회 〈국악배달통〉 계획(안)		
수업명	국악꽃이 피었습니다!		
체험 가능 악기	가야금, 해금 등	교과서 활용 제재곡	저학년: 아리랑, 도라지타령 등 고학년: 아리랑 변주곡, 양청도드리 등
프로그램 세부내용			
공연/체험 계획서 (※ 40분 기준 간략 작성)	〈저학년〉		
	도입	• 사회자 및 연주자 인사 • 국립국악원 및 국악배달통 소개	

	전개	• 합주
		  – 연주악기: 가야금, 해금, 소금, 장구
		  – 연주곡명: 아리랑
		• 국악기 소개
		  – 가야금, 해금, 소금, 대금, 피리, 태평소, 박, 장구, 소리북
		  – 악기 설명 및 각 악기 독주(도라지타령 등 교과서 곡)
		• 국악기 체험
		  – 해금, 가야금, 소리북, 박
		• 합주
		  – 연주악기: 가야금, 해금, 피리, 장구
		  – 연주곡명: 산도깨비	

	정리	• 마무리 인사 • 단체 사진 촬영	
	〈고학년〉		
	도입	• 사회자 및 연주자 인사 • 국립국악원 및 국악배달통 소개	
	전개	• 합주 – 연주악기: 가야금, 해금, 소금, 장구 – 연주곡명: 아리랑 변주곡 • 국악기 소개 – 가야금, 해금, 소금, 대금, 피리, 태평소, 박, 장구, 소리북 – 악기 설명 및 각 악기 독주(양청도드리 등 교과서 곡)	

	• 국악기 체험
	– 해금, 가야금, 소리북, 박
	• 합주
	– 연주악기: 가야금, 해금, 피리, 장구
	– 연주곡명: 소금장수
정리	• 마무리 인사
	• 단체 사진 촬영

출처: 국악교육연주단 '국악톡톡'.

창의적 체험활동의 국악프로그램은 학교에서 체험하기 어려운 활동을 제공함으로써 새로운 경험을 통한 창의적 사고력을 증진할 수 있어야 한다. 또한 우리 음악과 문화를 배움과 동시에 서로 배려하고 협동할수 있는 활동을 제공하여 공동체 역량을 기를 수 있도록 개발되어야 할 것이다.

4) 학교에서의 국악 중심 통합예술교육프로그램 사례

학교에서의 국악 중심 통합예술교육은 국어, 수학, 사회, 과학 등의 일반교과와 음악, 미술, 연극 등의 예술교과와 통합하여 실시할 수 있다. 우리 문화와 관련된 주제를 각 교과별로 분절된 형태가 아닌 교과통합의 형태로 지도하는 것은 학교 현장의 혼란을 막고 프로그램의 효율성을 높일 수 있다. 또한 생활 속 친숙한 주제를 중심으로 국악 및 관련 교과와의 통합교육은 다양한 체험을 가능하게 함으로써 국악을 좀더 친근하게 접할 수 있게 하고, 학생들의 통합적·창의적 사고를 가능하게 할 것이다. 또한 국악을 중심으로 우리 문화를 다양한 시각에서 바라볼 수 있게 함으로써 타문화의 선별적인 수용 능력 증진 및 우리 문화의 가치 인식에 기여하게 될 것이다. 이절에서는 초등학교와 중학교 각각의 통합예술교육프로그램 사례를 살펴보겠다.

(1) 초등학생 대상

초등학생 대상의 국악 중심 통합예술교육프로그램으로 '훈민정음 국악'[8] 프로그

---

8) 황세희의 2015 학교 문화예술교육프로그램 공모 당선작이다.

램을 제시하고자 한다. 초등학교 4~6학년 학생들을 대상으로 하는 이 프로그램은 국악과 국어, 사회, 미술의 교과와 창의적 체험활동과의 통합교육 형태이다. 국악과 함께하는 한글 통합예술체험을 주제로 하는 '훈민정음 국악'의 프로그램 개요 및 차시별 학습 내용은 〈표 4-10〉과 같다.

〈표 4-10〉 '훈민정음 국악' 프로그램 개요

프로그램명	훈민정음 국악
관련 장르	통합예술[국악(음악) / 국어 / 사회 / 미술]
대상 연령	초등학교 4~6학년
연관 교육과정	기본 교과, 창의적 체험활동
소요시간(차시별)	160분(40분)
주제	국악과 함께하는 한글 통합예술체험
프로그램 내용 요약	• 제재의 개발 배경과 개관 필자의 한국어 교육, 한글교육에 대한 개인적 관심과 학교현장에서 국악 동요 수업구성과 교수경험을 바탕으로 이 프로그램이 개발 · 수정되었다. 이 제재는 훈민정음을 비롯한 한글의 역사를 국악을 통해 배우고 창의적으로 예술활동을 하도록 설계된 통합수업이다. 1차시에서는 역사적인 맥락에서 세종대왕이 훈민정음을 창제하고 반포한 시대적 상황과 훈민정음 서문에 담긴 한글의 목적을 국악동요로 배우고, 한글이 과거의 유산에 머무르는 것이 아니라 오늘날 한국을 알리는 컨텐츠로 활용되는 것을 2, 3차시에 체험하도록 했다. K-POP 대중가요 랩에서 한글 관련 음악들을 감상하고, 판소리 휘모리와 랩을 접목하여 창작하고 읊어 보는 활동과 글자 자체로 그림의 역할이 가능한 한글 캘리그래피와 레터링 디자인을 수행해 보며 한글디자이너도 되어 보는 활동이 포함되어 있다. 4차시에서는 해례본에 설명된 한글 제자 원리를 살펴보고 관련 학습 노래를 부르며 마친다. 한글 역사에 대한 정보와 함께 예술을 통한 국어, 음악, 사회, 미술 과목의 통합교과적 체험을 목적으로 진행한다. 교과목으로는 6학년 국어〉 5단원 언어의 세계〉훈민정음 창제에 담긴 뜻 알기, 6학년 미술〉 한글 서체의 조형미를 활용한 작품의 아름다움, 6학년 사회〉 조선시대 문화의 발달과 백성들의 생활모습 단원과 직접 관련이 있지만 한글은 2학년 바른생활부터 3, 4, 5학년 도덕, 국어 과목에 걸쳐 나선형으로 교과에서 소개되어 있기 때문에 내용을 조금 쉽게 다듬어 초등 4, 5학년 대상으로도 가능하다.

출처: 2015 학교 문화예술교육프로그램 공모 당선작.

〈표 4-11〉 '훈민정음 국악'의 차시별 학습 내용

구분	학습 목표	주요 활동내용
1차시	훈민정음 서문	• 글자 창제가 백성에게 미친 영향 생각하기 • 국악동요 '나랏말씀이' 가사로 훈민정음 서문에 담긴 세종대왕의 의도 파악하기 • 국악동요 〈나랏말씀이〉 노래 익히기
2차시	한글과 K-POP, 랩과 판소리	• '가나다'를 활용한 K-POP 랩 감상하기 • 판소리 〈흥보가 좋아라고〉 감상하기 • 랩 가사를 쓰고 휘모리로 맞추어 보기
3차시	한글과 디자인	• 한글 레터링 디자인 감상하기 • 캘리그래피 감상하기 • 한글디자이너가 되어 국악기 소개하기
4차시	훈민정음 해례본	• 훈민정음 해례본의 역사 알아보기 • 훈민정음 제자 원리 이해하기 • 국악동요 〈가갸거겨〉 노래 익히기

출처: 2015 학교 문화예술교육프로그램 공모 당선작.

　'훈민정음 국악'은 국악동요를 통해 훈민정음 서문에 담긴 한글의 목적을 배우고, 아이들에게 친근한 대중음악 장르인 랩 창작활동을 통해 창의성을 발휘할 수 있도록 하였다. 또한 한글 캘리그래피를 접목하여 한글디자이너가 되어봄으로써 진로탐색의 기회를 제공하였고, 훈민정음 해례본의 역사와 제자 원리를 살펴 봄으로써 한글에 대한 심층적인 접근을 자연스럽게 유도하였다. 마지막 4차시에서는 국악동요를 부르며 즐겁게 프로그램을 마무리할 수 있도록 하였다. 한글을 소재로 한 이 프로그램은 국악을 중심으로 국어, 음악, 사회, 미술을 통합함으로써 한 가지의 주제에 대한 다각도의 접근과 다양한 체험을 가능하게 한 프로그램이다. 또한 모둠활동 및 진로탐색 기회 제공은 창의적 체험활동의 교육과정의 일환으로 학생들의 전인적 성장발달을 도모할 수 있다.

(2) 중학생 대상

　중학생 대상의 국악 중심 통합프로그램은 필자가 근무하고 있는 학교의 창의공감 교육과정[9] 프로그램 중 일부를 제시하고자 한다. '세종 대왕 이야기'(민경훈 외, 2018)라는 음악교과 제재를 확장하여 세종대왕의 음악적 업적을 주제로 음악, 과학, 체육(무용), 연극과 연계하여 수업을 진행하였다. 또한 지역사회의 소극장과 연계하여 실제 학생들이 연극을 통해 세종대왕의 업적을 체험할 수 있도록 하였다. 초등학교는 제도적 특성상 담임이 여러 교과를 지도하지만 중학교는 각각의 교과목을 담당하는 교과담임이 있어 관련 내용에 대한 좀더 심층적이며 전문적인 지도가 가능하다. 이 프로그램 또한 각 교과의 전문성을 살린 활동이 진행됨으로써 학생들이 보다 흥미롭게 세종대왕의 업적을 체험하며 알아갈 수 있었다. 주제 중심의 통합수업을 위해서는 주제와 관련 있는 내용을 각 교과별로 선정하고 교수·학습방법을 새롭게 구성하는 '교육과정 재구성' 과정이 필히 선행되어야 한다. 〈표 4-12〉는 각 교과별 교육과정 재구성 계획이다.

〈표 4-12〉 '세종대왕의 음악적 업적' 주제 중심 교육과정 재구성 계획

구분	☑ 교육과정재구성-교과 주제 중심 ☐ 교육과정재구성-학년 비전 중심					
재구성 주제	세종대왕의 음악적 업적					
학년	교과	교사	단원	학습 목표(활동내용)	시기	지역자원 연계
1	음악	신○○	4. 다양함을 표현하는 음악	세종대왕의 음악적 업적을 알고 음악극을 만든다.	1학기	○○ 소극장 (연극)
	체육 (무용)	김○○	4. 심미적 표현 활동	표현활동을 활용하여 '전폐희문'에 맞추어 안무를 구상하고 표현한다.		○○ 소극장 (연극)
	과학	노○○	6. 빛과 파동	소리의 구성요소와 변화를 배우고 음악의 표현방식을 음원의 물리적 구성으로 탐구한다.		○○ 소극장 (연극)

9) 필자가 근무하고 있는 중학교는 인천 교육혁신지구 대상 학교로, 공교육 혁신을 위해 창의공감 교육과정을 운영하고 있다. 창의공감 교육과정은 학교문화를 혁신하고자 추진하는 사업 중의 하나로, 지역연계 교육과정과 교과 독서 프로그램으로 구성되어 있다. 창의공감 교육과정은 미래 사회 핵심 역량 함양을 위한 교육과정 재구성과 체험 중심 수업으로 학생들의 창의적 사고력을 기르고, 지역사회와의 적극적인 협력으로 소통과 공감의 건강한 학교문화를 조성하며, 학부모 참여 사업을 통해 학생, 학부모, 교사가 모두 행복한 학교를 만드는 데 목적이 있다.

〈표 4-13〉은 교과별 재구성 계획을 토대로 음악과에서 작성한 프로그램 운영계획서이다.

〈표 4-13〉 2018 ○○교육혁신지구 창의공감 교육과정 운영 계획 -'위대한 세종대왕의 업적 따라가 보기' 프로그램 운영계획

	2018 ○○교육혁신지구 창의공감 교육과정 운영 계획				
주제	세종대왕의 음악적 업적을 알고 음악극으로 표현하기				
영역	☑교육과정재구성-교과 주제 중심 □ 교육과정재구성-학년 비전 중심				
교과	음악	담당교사	신○○	대상	1학년
단원	4. 다양함을 표현하는 음악			시기	1학기
운영내용	세종대왕의 음악적 업적을 알고 음악극을 만들어 본다.				
학습 목표	1. 세종대왕의 음악적 업적을 알 수 있다. 2. 세종대왕의 음악적 업적을 음악극으로 표현할 수 있다.				
운영방침	1학년 1학기 음악 시간 및 연계 교과시간에 진행(자유학년제)				
통합교과	체육(무용)·과학 교과와 통합교육 실시				
지역자원 연계	연극 - ○○ 소극장(인천 중구 ○○동 소재)				
세부운영계획	• 세종대왕의 음악적 업적에 대해 알아보기 • 정간보, 율관 제작의 원리에 대해 알고 제작하기 • 세종대왕이 만든 음악에 대해 이해하고 감상하기 • 세종대왕의 음악적 업적을 주제로 한 연극 만들기 • 교과 간 통합 교육실시: 체육(무용)-심미적 표현하기, 과학-빛과 파동을 이용한 율관 제작하기				
평가방법	• 정간보 제작과 이를 활용한 음악극 평가-수행평가에 반영 • 자기평가 및 동료평가, 교사평가, 과정중심평가 진행 • 자유학기 주제 선택 평어 입력				
기대효과	• 다양한 교육과정재구성 프로그램을 통한 배움 중심 수업으로 학생들의 21세기 학습자 역량을 강화시키고, 4차 산업 시대를 준비할 수 있는 융합형 인재로 성장할 수 있다. • 지역 인프라를 적극 활용한 체험 프로그램을 통해 우리 고장의 여러 문화를 체험하며 애향심, 애교심을 함양하고, 나를 돌아보고 자긍심을 키울 수 있다. • 학교와 지역의 연계 교육과정을 통해 학생, 학부모의 교육 신뢰감을 높이고, 능동적인 참여와 함께 즐겁고 의미 있는 학교생활을 할 수 있다.				

이 프로그램의 주제인 세종대왕의 음악적 업적에 대한 체험수업은 같은 시기에 각 교과시간에 진행되었다. 다만, 현재 연극은 교육과정에서 제시하는 시수에 편제되어 있지 않기에 음악시간을 할애하여 수업을 진행하였다. 음악교과 시간에는 연극수업과 더불어 세종대왕의 음악적 업적인 정간보의 창안, 율관과 편경의 제작, 여민락과 보태평, 정대업 등을 통한 향악 창제에 알아보고 정간보를 제작해 보았다. 과학교과 시간에는 율관 제작과 관련하여 소리의 파동을 배우고, 그 원리로 팬 플루트를 제작하였다. 무용교과 시간에서는 보태평 중의 '전폐희문'에 맞추어 관절을 이용한 한글 표현 수업을 실시하였다. 같은 시기에 통합적으로 이루어진 '위대한 세종대왕 업적 따라가 보기'는 다양한 교과에서의 체험 위주 수업으로 홍미로운 가운데 지식을 체득하는 기회를 가질 수 있었다.

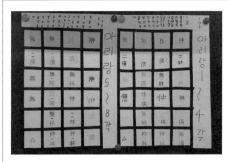
정간보 만들기

편경 제작을 논하는 세종과 그의 신하들(연극)

율관제작원리를 이용한 팬플루트 만들기

'전폐희문'에 맞추어 관절을 이용한 한글 쓰기
(무용)

[그림 4-1] '위대한 세종대왕의 업적 따라가 보기' 수업 장면

국악교육에 있어서 주제 중심 교과 간 통합을 위한 노력과 시간을 견지하는 것은

매우 중요하며, 전 교과를 가르치는 교사가 아닌 국악강사라 하더라도 기능 중심으로 특정 갈래를 가르치고 말 것이 아니라 통합적인 시각으로 제재 관련 내용을 이해한 후 수업에 임함으로써 국악을 본질에 가깝게 학생들에게 가르칠 수 있도록 노력해야 할 것이다(변미혜, 2010). 학교에서의 국악 중심의 통합예술교육프로그램을 개발함에 있어 대상 및 교육 환경에 대한 정보 수집을 비롯하여 주제와 관련된 교과에 대한 내용 이해가 필요하다. 이를 위해 교사는 열린 마음으로 각 교과의 담당자 및 전문가들과 소통하는 개방적인 태도를 취해야 한다. 이러한 교사의 태도 및 역량은 학생들의 핵심 역량 함양과도 직결되는 부분으로 매우 중요하다. 이를 통해 개발된 양질의 통합프로그램은 교사의 전문성 향상 및 학생의 창의융합 사고 증진에 기여할 수 있을 것이다.

🗂 토의 주제

1. 학교문화예술교육으로서 국악 교육프로그램의 중요성을 설명해 보자.

2. 체험 중심 국악 교육프로그램의 필요성을 토론해 보자.

3. 국악 중심 통합예술교육프로그램 개발 시 선행되어야 할 것은 무엇인가?

📖 참고문헌

교육부, 대전광역시교육청(2015). 중학교 자유학기제-자유학기활동 운영매뉴얼. 세종: 교육부.

교육부(2015). 음악과 교육과정. 교육부 고시 제 2015-74호[별책12호], 세종: 교육부.

교육부, 한국교육개발원(2014). 자유학기제 학생 선택프로그램: 한국의 예술 발견하기. 세종: 교육부.

교육부, 한국교육개발원(2016). 2016자유학기제 수업콘서트 자료집(I, II, III). 세종: 교육부.

교육부, 경상북도 교육청(2017). 핵심역량 중심 자유학기 예술체육활동 운영 및 평가도움자료. 경북교육 12. 세종: 교육부.

김경식(2017). 자유학기제 운영에 따른 국악 프로그램 실태 조사 연구-경기도 지역을 중심으로-. 용인대학교 교육대학원 석사학위 논문.

김미라(2015). 자유학기제 운영에 따른 국악교육의 활성화 방안, 한국국악교육연구학회, 9(1), 25-55.

김민정, 최미영(2013). 영남사물놀이를 적용한 문화예술교육프로그램이 초등학생의 자기효능감에 미치는 영향. 교사교육연구, 52(1), 96-108

김현정(2013). PBL을 적용한 국악감상부 지도안 개발 및 효과 분석. 경인교육대학교 석사학위논문.

권덕원, 박주만(2016). 역량 중심의 국악교육 방안탐색. 국악교육, 42, 7-33.

박주만(2016). 초등 방과후 학교 국악교육프로그램의 운영 실태. 음악교육연구, 45(2), 125-147.

변미혜(2010). 국악교육의 이해. 제4회 한국국악교육연구학회 연수자료집, 8, 41-50.

서울특별시교육청(2017). 서울형 자유학기제 운영매뉴얼. 서울: 서울특별시교육청.

이경언(2015). 음악과 공통교육과정 시안의 개발 방향과 특징. 2015 개정음악과 교육과정 시안검토공청회 자료집. 서울: 한국교육과정평가원.

이광우, 전제철, 허경철, 홍원표, 김문숙(2009). 미래 한국인의 핵심 역량 증진을 위한 초중등

학교 교육과정 설계 방안 연구-총괄보고서-. 서울: 교육과정평가원

인천광역시교육청(2018). 아는 만큼 보이는 2018 인천교육, 인천: 인천광역시교육청.

윤명원(2018). 아악에 나타난 철학적 요소 탐색. 음악교육공학, 35, 22-41.

윤명원, 곽은아, 강혜인, 박소현, 박지영, 정모희, 황부남, 이영주, 배영진(2018). 국악 교수·학습방법. 서울: 학지사.

한국문화예술교육진흥원(2009). 교과연계 문화예술 통합 프로그램 개발연구. 서울: 한국문화예술교육진흥원.

한국문화예술교육진흥원(2013). 학교 문화예술교육 우수 교수학습지도안 개발 연구(국악). 서울: 한국문화예술교육진흥원.

한국문화예술교육진흥원(2017). 교과서 속 우리 국악 이야기, 서울: 한국문화예술교육진흥원.

한윤이(2017). 음악교과 역량의 국악 교육적 해석과 교수·학습 활동 사례. 국악교육연구, 11(2), 255-287.

교육부 자유학기제 홈페이지 http://www.ggoomggi.go.kr (2017.4.12. 인출).

교육부, 시·도 교육청, 한국교육개발원이 함께하는 방과후학교 포털시스템 https://www.afterschool.go.kr/ (2017.4.12. 인출).

국립국악원 홈페이지 https://www.gugak.go.kr/site/program/board/basicboard/view?currentpage=2&menuid=001002001&pagesize=10&boardtypeid=4&boardid=18598 (2017.5.20. 인출).

제5장
사회문화예술교육으로서
국악 교육프로그램 사례

이주항

1. 사회 국악 교육프로그램 개발의 중요성
2. 사회문화예술교육 중 국악 교육프로그램 사례
3. 국악 중심 통합문화예술 교육프로그램 사례

이 장에서는 사회예술교육에서 국악 교육프로그램이 개발되어야 하는 이유와 중요성을 살펴본다. 이후 사회문화예술교육 중 국악 교육프로그램 사례와 국악 중심 통합문화예술 교육프로그램 사례를 중심으로 사회에서 이루어지고 있는 국악교육의 역할 및 현황을 개관하고, 앞으로 국악 교육프로그램 개발이 나아가야 할 방향성을 모색하고자 한다.

1. 사회 국악 교육프로그램 개발의 중요성

1) 사회문화예술 교육프로그램 개발의 필요성

현대 사회에서는 인간의 창의성과 정서적 감수성을 함양시키기 위한 문화예술 분야의 역할이 중요하다. 특히, 사회의 다양한 행위자가 단순히 경제적 생산성만을 높이기 위해 몰두했던 과거에 회의를 느끼기 시작하면서 이에 대처하기 위한 방안으로 문화예술교육의 필요성이 점차 중요하게 대두되고 있는 실정이다. 따라서 정부는 창의적인 인적 자원의 개발을 목적으로, 사회 구성원의 삶의 질을 향상시키고 문화 향유 정도를 증대시키기 위하여 학교뿐만 아니라 사회에서 실시되는 문화예술교육에도 지원을 시작하게 되었다. 따라서 사회문화예술교육은 학교라는 제한된 공간에서 벗어나 개인, 조직, 지역사회 등을 포함한 폭넓은 학습자를 대상으로 프로그램을 제공한다. 사회문화예술교육의 학습자들은 문화예술교육을 받고자 하는 목적이 제각기 다르므로 각 학습자의 상황과 학습 목적을 고려한 프로그램 개발이 필수적이다. 또한 프로그램은 급변하는 사회의 움직임 속에 살아가고 있는 현대인의 특성을 고려하여 지속적으로 재구성되어야 한다.

문화예술교육은 크게 '문화예술을 위한 교육'과 '문화예술을 통한 교육'으로 구분된다. 먼저 '문화예술을 위한 교육'은 인간이 가지고 있는 문화예술적인 능력을 연마하는 전문가 교육이다. 인간의 능력 중 감각 기능을 발달시키고 직접 체험하면서 문화예술적 재능을 익히는 것으로, 창작자로서의 예술가를 개발하는 교육과 학교의 예체능 과목을 통해 이루어지는 예술교육이 여기에 속한다고 할 수 있다(한국문화예술교육진흥원, 2017). 문화예술을 위한 교육은 인간에게 내재되어 있는 문화예술적인 능력을 미적 체험으로 표현할 수 있게 하며, 문화예술작품을 제대로 감상할 수 있는 능력을 키워 준다는 장점이 있다. 그러나 학교교육에서 정착된 기존의 문화예술교육은 음악, 미술 등 몇 가지 제한된 과목에 국한되어 있어 새로운 예술 장르와 예술적 표현 형식을 유연하게 포괄하지 못한다는 한계를 보인다.

한편, '문화예술을 통한 교육'은 문화예술교육을 통해 여러 가지 감각작용이 작용하도록 하여 학습자의 인식 통합 능력을 발달시킴으로써 인간의 기본 소양을 기

르는 것을 목적으로 한다. 이를 통해 학습자들은 스스로 표현하여 문화예술을 직접
창조해 보는 경험을 할 수 있다. 그 과정에서 학습자들의 미적 경험과 감수성이 길
러질 뿐 아니라 문화예술교육을 넘어선 더 큰 효과까지 창출할 수 있다. 이 장에서
기술할 '사회에서 활용되는 국악 교육프로그램'의 경우 역시 '문화예술을 통한 교
육'에 속한다. 단순히 문화예술 기능의 습득만을 목적으로 하는 것이 아니라, 학습
자의 자아 성립을 돕고 인간적 자존감을 고취시키도록 유도하는 도구로서의 문화
예술교육을 지향하기 때문이다.

문화예술적 감수성을 바탕으로 학습자의 창의력과 비판 능력을 키워 가기 위한
문화예술교육은 인식의 통합이나 창의적인 활동을 통한 감각의 구현과 그 의미가
맞닿아 있다. 따라서 문화예술교육이란 특정 문화예술 장르에 대한 고유한 이론과
기능만을 가르치는 교육이어서는 안 된다. 그보다는 분절되어 있는 각 예술 장르를
교차시키거나 통합하고, 타 학문과의 융·복합을 통해 지식과 경험을 적절히 결합
시킴으로써 학생 및 일반인들의 예술적 감각과 감수성을 활성화시켜 개인의 자율
적인 표현과 상상력을 극대화하는 교육을 지향하여야 한다. 이는 곧 문화와 예술,
그리고 교육의 융합을 통해 지식과 경험의 통일성과 학문의 경계를 초월한 융·복
합성의 추구를 강조하는 것이기도 하다.

이를 위해서는 '기술'보다는 '이해'가 강조되고, '전문적 창작'보다는 '보편적 창작'
과 '향유'가 더욱 강조되어야 한다. 그러므로 문화예술교육적 관점에서 창작 역량은
특정 전문가에게만 부여되는 것이 아니라 인간 누구에게나 존재하는 것이며, 창작
의 욕구나 표현의 욕구 또한 인간 모두가 지니고 있는 것으로 이해된다. 그러므로
문화예술교육프로그램은 전문가를 위한 교육에만 국한되는 것이 아니라 일반인들
을 위한 창작교육, 예술적 표현교육, 예술향유교육 등과 관련된 분야들을 모두 포
함한다. 이처럼 창작의 욕구가 누구에게나 존재하고 그것이 예술이라는 수단을 통
하여 의사소통의 한 방식으로 표현되고 있음을 고려할 때, 누구든지 이러한 의사소
통 과정에 주체로서 참여할 수 있어야 하고, 그 과정에 활용되는 수단에 대한 적절
한 지식을 갖출 수 있어야 한다는 점이 중요하다.

2) 사회 국악 교육프로그램 개발의 중요성

전 세계의 콘텐츠 공유 속도가 급속도로 빨라지고 있는 현대 사회에서는 자신만의 특수성을 갖추는 것이 곧 경쟁력임을 많은 사람이 자각하고 있다. 이러한 변화는 개인의 취향을 넘어서 국가적인 발전에도 영향을 미친다. 전 세계적으로 획일화된 예술만을 감상하거나 향유하는 협소한 이해 지평에서 벗어나 민족 고유의 특성을 머금고 있는 예술에 대한 관심이 높아지는 것도 이 때문이다. 한국 사회에서 새삼 '국악'에 주목하는 현상 역시 이와 관련된다. 물론 '우리 것이 무조건 최고'라는 국수주의적 현상을 따라가는 것은 옳지 않다. 그러나 우리나라만이 갖고 있는 음악의 고유성과 특수성의 가치를 인식하는 일은 매우 중요하다고 볼 수 있다. 우리는 전통음악을 통해 새로운 예술과 문화를 재생산해 낼 수 있으며, 나아가 국악이라는 소재를 기반으로 다른 분야와의 독창적인 통·융합을 거쳐 우리만이 만들어 낼 수 있는 창의적인 결과물을 도출해 내는 기회를 얻을 수 있다. 특히나 국악을 소재로 재생산된 예술이 아직 사회에 활성화되지 않았기 때문에 이러한 작업은 어떠한 예술보다도 독창적인 결과물을 이끌어 낼 수 있을 뿐 아니라 잠재적인 발전 가능성 또한 무궁무진한 예술이라고 추측된다.

국악은 과거부터 우리 민족의 철학과 역사가 담겨져 형성된 음악이다. 그러므로 대상자의 제한 없이 자연스럽게 이해하고 공감하기에 적합한 소재이다. 즉, 대상자가 포괄적인 사회예술프로그램에 맞게 세대 간의 소통이 용이할 뿐 아니라 누구나 빠르게 이해하고 공감할 수 있는 예술 분야이다. 특히, 국악을 각 지역의 특성이나 역사와 연계하여 교육프로그램을 개발하는 경우에는 해당 프로그램이 단순히 '교육'의 역할에 그치지 않고 해당 지역의 특수성을 발굴하는 데까지도 긍정적인 영향을 미칠 수 있다.

2. 사회문화예술교육 중 국악 교육프로그램 사례

사회 국악 교육프로그램을 개발하기 위해서는 개인 학습자의 특징 분석 뿐 아니라 운영기관 및 지역사회의 종합적 환경을 면밀하게 분석할 필요가 있다. 사회문화예술교육프로그램의 대상은 개인뿐 아니라 운영조직, 기관, 지역사회를 모두 포함하고 있기 때문이다. 프로그램은 프로그램에 참여하는 많은 사람의 협동적인 노력과 참여로 이루어진다. 교수자뿐만 아니라 학습자, 그리고 프로그램을 지원하는 많은 사람의 참여와 복잡한 의사결정 과정을 통해서 지역사회 환경과 학습자들의 요구 수준에 맞는 프로그램이 만들어지는 것이다(김용현, 김종표, 2000). 프로그램 개발자는 이 과정을 통하여 다양한 가능성 속에서 가장 합리적이고 실천 가능성이 높은 것을 선택하여야 한다.

〈표 5-1〉의 사회 국악 교육프로그램은 지역아동을 대상으로 실시한 사회 문화예술교육의 사례를 재구성한 과정이다. 기관은 해당 학습자들이 문화 소외로부터 벗어나는 데 일조하고, 그들이 보다 다양한 문화를 적극적으로 향유할 수 있도록 지원하고자 이 사업을 실시하게 되었다. 세부적으로는 초등학생의 창의력 함양에 긍정적인 영향을 끼칠 수 있으며, 특히 초등학교 3~6학생이 흥미로워할 수 있는 국악 교육프로그램을 원했다. 기관에는 국악기가 완비되어 있지 않은 상황이었으며, 수혜 학습자들의 인원이 타 기관에 비하여 많은 편이었다. 이 프로그램은 이러한 환경을 고려하여 개발된 것이다.

〈표 5-1〉 지역아동센터의 초등학생 대상 교수 · 학습 과정안 양식

세종대왕과 함께하는 풍류여행	
주제	세종시대의 역사를 통한 국악 중심 창의적 융합예술탐구활동
기획의도	• 한글 창제, 음악 정비 등 조선의 제도와 학문, 예술의 기틀을 잡았던 세종시대의 업적을 국악, 미술, 무용 등 융합예술의 활동을 통해 자연스럽게 이해할 수 있다. • 이 프로그램은 학습자가 심미적인 경험을 하고, 예술에 대한 열정을 발견할 수 있도록 하며, 학습자가 집중적으로 예술을 탐구하고, 스스로와 예술과의 관계를 형성해 나갈 수 있는 기회를 마련하고자 한다.

구분	학습 목표	주요 활동내용
1차시	'안녕하세요? 세종대왕님' • 세종대왕의 업적을 종합적으로 살펴볼 수 있다. • 작품의 탐색을 통해 표현방법을 이해하고, 이를 기반으로 학습자 스스로 창작물을 도출해 낼 수 있다.	• 한글의 초성을 제시하고, 조별로 '영산회상'에 맞추어 무용으로 표현해 본다. • 조별로 세종대왕의 업적을 단어로 제시해 주고, 맥락의 정보를 제공한다. • 〈태평성대〉 영상 감상을 통해 무용수들이 메시지를 음악에 맞추어 어떻게 전달하는지 탐구한다. • 탐구활동 이후, 사전에 제공된 단어를 무용으로 표현해 본다.
2차시	'음악을 종이에 담아' • 정간보 등 조선시대에 사용하였던 전통악보를 통해 악보의 구조를 이해하고, 직접 나만의 악보를 만들어 발표할 수 있다.	• 조선시대에 사용하였던 다양한 악보를 살펴본다. • 정간보를 중심으로 악보의 구조를 탐구한 뒤, 나만의 악보를 디자인해 본다.
3차시	'세종 음악 정비소' • 학습자 스스로 피리 만들기를 경험해 보고, 삼분손익법과 12율명을 이해할 수 있다. • 직접 만든 피리로 나만의 멜로디를 창작할 수 있다.	• 두꺼운 빨대를 이용한 '빨대피리 만들기'활동을 통해서 삼분손익률, 12율명을 이해한다. • 직접 만든 피리로 각자 자신을 표현할 수 있는 멜로디를 창작하여 공유해 본다.
4차시	'나는야 예술가' • 조선시대 화가들의 그림을 살펴보고 다양한 관점으로 특징을 파악할 수 있다. • 조선시대의 그림 작품을 음악으로 표현해 볼 수 있다.	• 조선시대 화가들의 그림을 살펴보고 다양한 관점으로 특징을 파악한 후 조별로 인상 깊었던 부분을 공유한다. • 제공된 악기들을 활용해 조별로 음악을 창작해 본다.
5차시	'덩따쿵따 쿵따쿵따' • 한국 전통 장단을 배워 보고 각 장단의 쓰임새와 활용도를 이해할 수 있다. • 각 악곡에 활용된 장단을 배워 보고 변형 및 창작하여 장단을 만들 수 있다.	• 한국 전통곡을 감상해 보고 과거에 해당 악곡이 언제, 어디서 쓰였을지 추측해 본다. • 타령, 자진모리장단을 배워 본다. • 변형리듬, 창작리듬꼴을 만들어 본다.
6차시	'자연에서 온 8가지 선물' • 국악기의 8음에 대해 이해할 수 있다. • 8음의 소재로 만들 수 있는 악기를 디자인해 보고, 제작해 볼 수 있다.	• 실제 국악기의 소리를 감상해 보며 공통점을 찾아본다. • 8음을 이해하고, 8음의 소재로 만들 수 있는 악기를 디자인 및 제작해 본다. • 제작된 악기를 어떻게 활용할 수 있을지 이야기해 본다.

7차시	'돌아 돌아 도드리' • 한국 전통음악의 다양한 음악적 특징과 형식에 대해 이해할 수 있다.	• 교수자가 제시하는 음악을 들어 보고 어떠한 패턴과 특징('한배' '도드리 형식')이 있는지 탐구해 본다. • 주어진 패턴과 국악의 형식을 활용하여 조별로 음악을 만들어 본다.
8차시	'세종대왕과 함께하는 풍류여행' • 3차시에 탐구했던 그림을 그간 배운 소재를 적절히 활용하여 작품으로 도출할 수 있다.	• 조별로 3차시에 탐구했던 그림을 2, 4, 5, 6, 7차시에 익힌 장단, 형식, 악기를 활용하여 창작물로 만들어 본다. • 창작물은 3차시의 창작물과 어떠한 다른 점이 있는지 이야기 나누어 보고, 이 과정을 통해 무엇을 배웠는지 다 함께 되돌아보는 과정을 공유한다.

3. 국악 중심 통합문화예술 교육프로그램 사례

여기서는 국악 중심 사회 통합문화예술 교육프로그램의 사례를 설명하기에 앞서 먼저 '통합문화예술교육'이란 무엇인지를 정의하고, 현 시점에서 이해되고 있는 통합문화예술교육의 의미와 현황에 대하여 살펴보고자 한다. 또한 구체적인 사례를 바탕으로 그 특징과 보완점 등을 살펴봄으로써 통합문화예술 교육프로그램의 기획의 실제에 관하여 고찰한다.

1) 통합문화예술교육의 의의

(1) 통합문화예술교육의 정의

예술교육의 관점에서 말하는 통합문화예술교육이란 예술 활동을 중심으로 구성된 통합문화예술교육을 뜻한다. 그러므로 과학 분야와의 융·복합 예술교육 현장에서 예술을 도구로 활용하여 과학적으로 의미 있는 결과를 도출하는 교육과는 목적과 의미가 다르다고 할 수 있다(한국문화예술교육진흥원, 2017).

오늘날의 통합교육은 꾸준하게 예술적 경험 자체에 집중하여 학습자가 자신만의 관점으로 예술을 바라볼 수 있도록 하는 생각의 힘을 길러 주는 것에 그 목적이 있다. 학습자는 통합문화예술교육을 통해 예술가의 특정한 소재를 관찰하고 분석하며, 또 이를 기반으로 창의적인 결과물을 만들어 내는 데 이르는 예술 활동의 전 과정을 경험한다. 학습자는 기존에 자신이 갖고 있던 지식과 사고, 내재되어 있는 예술적 감각과 이 프로세스를 주체적으로 결합시켜 '예술'을 중심으로 '탐구활동'을 진행한다.

(2) 한국의 통합문화예술교육

그간 한국에서 진행되어 온 통합문화예술교육은 탈중심화·탈장르화 양상으로 이어지며, 예술이 모든 관계에서 재배치되어야 함을 요구했다. 하지만 통합문화예술교육이 명확하게 자리 잡고 있지 않은 현 상황에서 무작정 탈중심화·탈장르화된 예술 활동을 결합시키려 할 경우, 자칫 통합문화예술교육의 궁극적인 목적에서 이탈할 가능성이 높다. 또한 통합교육에 대한 이해가 심도 있게 진행되지 않을수록 통합교육에 대한 이질감은 커질 수밖에 없다. 통합문화예술교육이 국내에 갓 들어왔을 때 고무줄놀이를 하면서 그림을 그리는 활동을 일컬어 통합교육이라고 주장했던 것을 그 예로 들 수 있다. 이는 제대로 된 '놀이' 활동이 아닌 동시에 그림을 그리는 것에 대한 기능적 훈련으로 볼 수도 없었기 때문이다. 따라서 억지스러운 탈중심화나 탈장르화를 고집하기보다는 이 교육을 통해서 학습자가 통합교육의 궁극적인 목적인 '자신만의 관점과 정보, 예술교육을 통한 새로운 자극과의 결합, 이를 통한 탐구활동'을 수행할 수 있는지를 일순위로 고려해야만 한다.

한편, 통합문화예술교육을 연구하다 보면 이미 통합된 예술이 존재한다는 사실을 느낄 수 있다. 국악의 '판소리'가 그 훌륭한 예이다. 실제로 판소리는 단순히 음들의 나열만으로 이루어진 노래가 아니다. 음들이 적절히 배치된 '멜로디'가 있고, 문학적 이해를 돕기 위한 내레이션의 역할을 하는 '아니리'가 있다. 또한 이를 보다 극적으로 표현하기 위해 포함된 무용적 요소인 '발림'이 존재한다. 이처럼 판소리라는 하나의 장르에는 그 안에 여러 가지 예술 활동이 이미 통합되어 있다.

다른 한편으로, 하나의 단일한 장르를 창작하는 과정에서 무의식적으로 여러 장르의 통합 과정이 발생하는 경우도 존재한다. 작곡가가 노래를 작곡하는 과정을 떠올려 보자. 작곡은 즉흥적인 멜로디의 흥얼거림을 통해 이루어지는 경우도 있지만, 어떠한 소재에 영감을 받아 그것을 바탕으로 노래가 만들어지는 경우도 있다. 이 경우 마음에 드는 선율을 창작하기까지 창작물의 소재이자 영감의 원천을 이미지화시키기도 하고, 소재에 얽힌 다양한 생각을 떠올리기도 한다. 이 과정을 통해 우리는 예술적 메시지를 형상화하면서 이를 음악으로 만들어 내는 것이다. 예컨대, 바닷가를 보고 영감을 받아 멜로디를 만들 때 우리는 단순히 청각적 자극만을 받는 것이 아닐 것이다. 여기에는 바다라는 시각적 이미지, 바닷바람과 함께 올라오는 짠 냄새와 같은 후각적 심상, 그리고 바다라는 공간을 환기할 때 무의식적으로 겹쳐지는 개인적 기억과 정서 등 여러 경험적 사고가 한데 겹치게 된다.

2) 국악 중심 통합문화예술 교육프로그램 개발의 실제와 분류

(1) 국악 중심 통합문화예술교육프로그램 개발 시 점검해야 할 점

통합문화예술교육에 대한 이해가 이루어지면 그 이후부터는 실제로 어떻게 통합을 시킬 것인가에 대해 의문이 생길 수 있다. 실제 교수자들이나 기획자들 또한 학교생활을 포함한 그간의 교육과정에서 통합문화예술교육을 경험해 보지 못했기 때문이다. 이를 염두에 둘 때, 교수자 및 기획자들이 통합문화예술교육 개발에 앞서 꼭 인지해야 하는 정보는 다음과 같다.

첫째, 통합문화예술교육 기획자들은 먼저 통합할 예술에 관련된 학문 및 예술 부분에 대하여 심도 있는 이해가 선행되어야 한다. 프로그램을 개발하고자 하는 신진 개발자들의 기획서에는 종종 전문성이라는 요소가 간과되는 경우가 있다. 35차시 혹은 블록수업으로 18차시의 수업을 기획하면서 지속적인 흥미 유발 및 주제의 통일성 유지를 위해 본인의 연구 분야와는 거리가 먼 예술이나 학문의 통합을 시도하는 경우가 있다. 예컨대, 타장르에 대해 전혀 이해가 없는 국악 전공자가 국악 감상을 시키면서 음악에 맞추어 무용을 시킨다거나, 미술 작품을 보면서 연주를 하게 하는 경우가 그것이다. 물론 이 또한 통합문화예술교육의 예가 될 수는 있다. 그러나 이 경우에는 반드시 교수자가 두 장르 모두에 대한 심도 있는 이해가 있어야 한다. 그렇지 않을 경우 통합의 효과를 실현할 수 없는 '반쪽짜리' 수업이 될 수밖에 없기 때문이다. 예를 들어, 미술작품을 보면서 연주를 하게 하는 활동을 기획하였을 때 학습자들에게 몇 가지 교육효과를 기대할 수 있다. ① 작품을 깊이 있게 독해하는 과정, ② 미술작품을 이해하는 과정에서 받은 미적 영감을 자신의 기존 사고나 예술적 활동과 결합하는 과정, ③ 이를 표현하여 새로운 창작물을 도출하는 과정이 그것이다. 만약 교수자가 두 장르에 관하여 심도 있는 이해가 없다면 이 세 과정을 학습자가 이해할 수 있도록 도와줄 수 없다. 교수자가 한 가지의 장르에만 이해가 있다고 해도 마찬가지이다. 연주활동은 가능하지만 미술에 관한 지식이 없을 경우에는 ①의 과정과 ②의 과정을 체계적으로 표현하고 학습자에게 이 경험을 공유하도록 만들기가 어렵기 때문이다.

둘째, 통합문화예술교육 기획자들은 자신의 전문 분야에 대해 전 방위적으로 이해해야 한다. 국악 전공자들 중 창작활동이 주가 되는 작곡 전공이나 무용·문학적 요소가 요구되는 연희·판소리와 같이 애초부터 초보 학습자도 쉽게 접근할 수 있는 예술 활동이 전공이 아닌 경우, 프로그램 개발에 상당한 어려움을 겪는 경우가 많다. 국악 프로그램 개발자가 "나는 가야금밖에 못 하는데……."라고 하거나 "저는 대금밖에 못 가르쳐요."라고 말하게 된다면 프로그램 개발은 매우 어려운 것으로 다가올 수밖에 없다. 그러므로 연주가가 프로그램을 개발하기 위해서는 음악 자체에 대해 전 방위적으로 사고의 범위를 넓힐 필요가 있다. 연주자의 연주 과정을 떠올리며 그 예를 생각해 볼 수 있다. 먼저 연주자들은 연주를 하기 전에 악보를 보며 악곡에 대한 이해를 한다. 악곡의 제목과 느낌을 떠올리면서 어떤 음색을 소리 내야만 악곡의 선율과 어울리는 분위기를 연출할지, 어떠한 방법으로 표현하면 더욱 그 감정이 풍부하게 전달될지 '스스로에게 질문하고 되돌아보는 과정'을 통해 여러 가지 탐구활동을 하게 된다. 설사 내가 개발할 프로그램에 참여하는 학습자가 단기간에 악기 연주 등 기능적인 실력을 향상시킬 수는 없다고 하더라도, 프로그램 개발자는 '스스로에게 질문하고 되돌아보는 과정'을 중심으로 진행된 탐구활동을 학습자의 수준을 고려하여(즉, 다른 악기로 설정하거나 연주가 용이한 곡을 설정함으로써 난이도를 조절 혹은 활동의 순서를 바꾸거나 다른 통합적 장르와 엮으면서) 새로운 활동을 유도할 수도 있다.

(2) 국악 중심 통합문화예술 교육프로그램의 분류

예술 장르의 통합은 어떠한 방식으로 이루어져야 할까? 이에 대해 명확히 정리된 바는 없지만, 통합교육방식은 '유기적인 통합'과 '교차적인 통합'의 두 가지 양상으로 분류될 수 있다(한국문화예술교육진흥원, 2017).

첫째, '유기적인 통합'이다. '유기적'이라는 단어는 "전체를 구성하고 있는 각 부분이 서로 밀접하게 관련을 가지고 있어서 떼어 낼 수 없는"이라는 사전적 의미를 갖고 있다. 이미 다양한 예술 장르가 통합된 예술인 뮤지컬, 오페라, 영화 등을 그 예로 들 수 있다. 국악에서는 판소리, 창극뿐만 아니라 굿, 포구락, 화성행차 또한 유기적인 통합의 예라 할 수 있겠다. 한국문화예술교육진흥원(2017)에서는 이러한 유기적인 통합은 다양한 장르의 예술 분야 간에 통합의 지침이 명확하고 긴밀하게 연결되어 단일 장르로서는 이루기 힘든 하모니의 효과를 극대화할 수 있다고 설명하였다. 또한 형식적인 틀을 이용하여 다양한 내용의 교육과정으로 변형하거나 확장할 수 있는 이점도 존재한다. 한편, 유기적인 통합의 경우 비교적 명확한 교육과정 구조와 체계 속에서 파트별 분업이 용이함에도 불구하고, 이것이 장점이자 단점으로 동시에 작용한다는 평가를 받는다. 유기적인 통합에서 조심해야 할 점은 장르 간 활동이 지나치게 분절적으로 구성되거나 다른 장르에 대해 깊은 이해 없이 진행되면 안 된다는 것이다. 통합의 본질적인 목적은 도외시하고 겉으로 드러나 보이는 현상에만 관계하게 되면 통합교육의 이점이 장점으로 다가오지 않을뿐더러, 하나의 장르에서 얻을 수 있는 예술교육의 효과조차도 기대할 수 없게 된다. 그러므로 유기적인 통합문화예술교육프로그램을 기획할 때에는 프로그램의 내부적인 질적 도모를 반드시 확인하고, 무의미한 타 장르의 활동을 무분별하게 결합시켜서는 안 된다.

둘째, '교차적인 통합'이다. 이것은 '국악'이라는 장르를 인지시키기 이전에 국악에 포함되어 있는 감상, 표현, 가창, 연주 등의 소활동, 연극의 표현하기, 노래하기, 역할 바꾸기 등 세부적인 소활동을 이해시키는 등 예술 속에 포함되어 있는 다양한 소활동을 인지시킨 뒤, 각 활동의 신선한 결합을 유도하는 것이다. 즉, 창작활동의 근본적인 요소를 탐구하여 서로 결합하는 정점을 마주하는 과정, 즉 다양한 예술활동의 교차점을 찾아 예술적 통합을 유도하는 것이다. 물론 통합할 장르의 특성을 어느 범위까지 제한시키거나 확장시킬 것인지는 개발자의 관점이나 의도에 따라 그 정도가 정해질 것이다. 학습자의 경우, 배우고자 하는 장르의 특성보다 예술활동이 공통적으로 갖고 있는 소활동에 집중될 경우에 예술이 단순히 '도구'에 지나지 않는다고 생각할 수 있다. 특히, 특정 장르에 관심이 있어서 프로그램에 참여하는 학습자의 경우에는 표면적으로 장르의 특성이 고스란히 나타나지 않는다면 프로그램에 불만을 가질 수 있다. 그러므로 프로그램 개발자는 교육하고자 하는 학습자의 특성 및 성향을 명확하게 파악하고 프로그램을 기획할 필요가 있다.

예술교육에서는 미적 체험이 학습자에게 단순히 '창의적 표현력의 상승'을 발달시키는 과정을 넘어서 학습자가 다양한 방면에서 미학적 관점을 활용할 수 있도록 유도하고 있다. 통합교육은 학습자에게 포괄적인 인지적 활동을 확장시키기 위해 활용되는 방법일 뿐이지 통합 그 자체가 궁극적인 목적이 아니라는 점을 항상 염두에 두어야 한다.

3) 국악 중심 통합문화예술 교육프로그램 사례

다음에 제시되어 있는 사례는 2016년도에 한국문화예술교육진흥원에서 주최한 '예술교육이 바뀐다'라는 통합예술지원사업에 선정되었던 교육프로그램이다. 이 사업은 문화예술 교육프로그램이 시대나 역사성, 지역, 대상 등 환경에 맞게 끊임없이 고민하며 변화해야 함을 의미하며, 국가공인 자격을 취득한 문화예술 교육사들이 기획력과 실행력을 바탕으로 예술교육의 변화와 발전을 모색한 의미가 담겨 있는 사업이다. 더 나아가 수혜대상이 스스로 예술을 바꿔 보는 적극적인 과정으로서의 예술교육을 실현하는 데 목적을 두고 있으며, 예술을 기반으로 인문학, 과학 등과 융합한 통합문화예술 교육프로그램 대상자에게 보다 풍부한 교육을 제공하고, 창의적 문화예술교육을 실현하고자 하였다. 프로그램이 성공적으로 운영됨에 따라 이 사업은 현재 '꿈다락 토요문화학교 주말예술캠퍼스'라는 이름으로 지속적으로 운영 중이다.

앞서 언급한 것처럼 통합문화예술교육이 학습자에게 다양한 긍정적인 영향을 미치지만, 국악 중심의 통합문화예술교육은 그 사례가 다양하지 않은 것이 현실이다. 따라서 이 장에서는 국악 중심의 통합문화예술교육 사례로서 해당 사례를 보다 심층적으로 살펴보고자 한다.

유기적인 통합 활용은 한국문화예술교육진흥원의 '예술교육이 바뀐다' 〈국악연대기 in 서대문구〉 전체 계획서 중 도입 부분의 세부계획이 나타나 있는 〈표 5-2〉, 세부 운영방법을 설명한 〈표 5-3〉을 통해 살펴볼 수 있다.

〈표 5-2〉 유기적인 통합 활용의 예 - 한국문화예술교육진흥원의 '예술교육이 바뀐다'〈국악연대기 in 서대문구〉 전체 계획서 중 1차시

프로그램명	〈국악연대기 in 서대문구〉		차시	1차시
회차	교육일시	교육내용		

〈친숙한 소리, 국악의 발견: '타임머신으로 떠나는 서대문구 국악 여행'〉

→ 역사 + 국악

• 교육목표
  - 국악의 역사와 다양함을 이해할 수 있다.
  - 서대문구의 국악연대표를 통해 지역의 문화유적, 문화활동을 알 수 있다.
  - 민요를 중심으로 국악이론, 예술활동을 경험하고, 개사 및 발림 창작활동을 통해 창의력을 기를 수 있다.

• 교육내용
  - 시대별로 어떠한 국악이 있었는지 알아보고, 서대문구의 문화유산, 예술활동 등과 연결시켜 본다. 이 과정을 통해 보다 거시적인 관점으로 국악과 역사를 이해할 수 있다.
  - 민요 '아리랑'을 배워 보고, 후렴, 발림 등 토속민요와 통속민요의 특징과 형성 과정을 이해한다.
  - 각자 기억하고 있는 서대문구의 문화지역, 문화재, 문화활동을 이미지로 표현하여 연대표를 제작해 본다. 연대표 제작을 통해 역사의 흐름, 시간의 흐름에 따라 서대문구에 제작된 문화유적을 알아본다. 이 차시에 제작한 서대문구 연대표를 바탕으로 매 차시마다 국악 연대표를 추가하여 각 시기에 발달한 다양한 국악의 종류를 이미지화하여 통합적으로 이해할 수 있도록 한다.
  - '서대문구의 국악탐방'을 주제로 민요 '아리랑'을 직접 개사하여 '서대문구를 소개하는 노래 및 발림(율동)을 만들어보고 발표해 본다.
  - 국악콘서트를 진행할 것이라고 최종목표를 제시한 후, 매 차시마다 영상 혹은 사진, 제작물의 기록 방법에 대해 설명한다.

• 교보재
  - 빔 프로젝터, 컴퓨터, 스크린, PPT 자료, 필기구, 전지, 사인펜, 매직 등의 유색 펜, 워크북
  - 경기민요 '아리랑'

학생들에게 "판소리에 대해 알고 있나요?"라는 질문을 하면, 학생들의 반 이상은 "네. 아니리, 소리, 발림이요!"라고 대답한다. 이처럼 많은 사람은 '판소리'라는 장르를 [국악〉판소리〉아니리·발림·소리]라는 도식으로 이해한다. 즉, 국악 안에 판소리라는 장르가 있고, 이는 다시 아니리와 발림, 소리로 구성되어 있다고 생각하는 것이다. 이처럼 학습자들은 판소리라는 특정한 개념을 배울 때 각각의 요소가 무엇인지를 학습하고 점점 그 범위를 좁혀 가며 이론적 지식을 축적한다. 이러한 음악교육은 이후 판소리의 구성요소와 판소리의 목적, 판소리가 당대 문화에서 차지했던 위치와 의미 등을 종합적으로 이해하지 못한 채 단순히 '판소리 = 아니리·발림·소리'라는 지식 더미로만 기억하게 하는 결과를 낳는다. 그렇다면 과연 국악연대기에서는 어떻게 판소리를 배웠을까? 다음 〈표 5-3〉의 세부 운영방법을 살펴보자.

〈표 5-3〉 유기적인 통합 활용의 예 – 한국문화예술교육진흥원의 '예술교육이 바뀐다' 〈국악연대기 in 서대문구〉의 세부 운영 방법

• 〈국악연대기 in 서대문구〉의 프로그램 세부 운영방법
〈국악연대기: 판소리 파트〉
활동: 직접 만든 연대표 중 18세기 – 판소리와의 이미지텔링 내용: 시대적 배경 및 장르의 형성 과정 이해
▼
활동: 전문가와 함께 직접 예술 경험 　　(아니리, 발림, 소리 등 '판소리' 구성 요소를 익힘) 내용: 장르의 배경 및 철학 이해, 예술성 함양 예컨대, 〈심청가〉 중 '심봉사가 눈뜨는 대목'을 학습할 경우, 작품에 내재되어 있는 당대의 효(孝) 사상에 대해 더불어 배움으로써 해당 대목을 보다 완전히 이해할 수 있습니다. 또한 소리꾼의 이야기를 통해 심청전이 탄생할 수 있었던 당시의 문학적 배경을 학습하여 이 장면이 주는 감정적 측면을 보다 깊이 이해할 수 있도록 합니다.
▼

> 활동: 직접 판소리 창작
> 　(전 과정에서 익힌 판소리의 요소를 토대로 창의활동, 직접 표현)
> 내용: 전 과정에서 익힌 지식과 학습자 개인의 철학을 융합하여 예술성과 창의성 및 표현력
> 　함양
>
> "그럼 너희도 소리꾼처럼 너희가 하고 싶은 말을 판소리로 표현해 봐. 어설퍼도 괜찮아."
> 전 과정에서 익혔던 다양한 기법 중 하나인 깊은 농음(바이브레이션)을 활용하여 진계면
> (슬픈 부분)을 표현하기도 하고, 판소리의 대사(아니리), 소리의 가사, 음을 직접 만들어 보
> 며 나만의 판소리를 창작해 발표합니다. 단순히 지식을 습득하는 것에서 그치는 것이 아니
> 라 말 그대로 살아 있는 창작활동을 경험하면서 자신이 배웠던 지식과 자신의 철학을 융합
> 할 수 있도록 합니다.

다음에 제시한 〈표 5-4〉는 교차적 통합을 활용한 프로그램으로, 초등학생을 대상으로 개발된 프로그램의 세부계획서로 지역특성화 사업에서 활용되었던 국악 중심 교육인 'listen to the Place(공간 ↔ 소리)'라는 프로그램의 세부계획서이다.

〈표 5-4〉 'Listen to the Place(공간 ↔ 소리)'의 기획 의도 및 프로그램 세부내용

과정명		Listen to the Place(공간 ↔ 소리)	
기획 의도		※ 자신의 예술 창작활동과 연계하여 '예술놀이' 중심의 프로그램 구성 • 프로그램의 주요 특징 – 이 프로그램은 공간 × 자연 그대로의 소리를 담고 있는 국악기 × 예술가의 호흡을 중심으로 구성되는 자유로운 국악창작 접근법을 통해 예술가의 창작활동 과정인 '정보 취득 – 탐구 – 소재의 구체화 – 창작활동'을 직접 경험할 수 있는 놀이이다.	
주요내용		공간을 청각화! 자연을 소재로 한 악기로 음악을 만들어 보자	
예술놀이 방식		작품 감상 및 OT → 공간 탐구 → 연관성 지어 이야기 만들기 → 창의활동	
소요시간	구분	세부내용	비고
20분	작품 감상 및 OT	1. 진행할 프로그램에 관한 간략한 설명과 공간에 영감을 받아 만든 창작품을 4분 정도 보여 준다. 이때 학습자들에게 공유되는 작품에 대한 정보는 다음과 같다. → 자연악기를 소재로 연주했다	집합 장소

30분		2. 작품 감상 후 인상 깊은 점을 학습자들에게 질문한다. 3. 학습자들이 여러 관점으로 작품에 관한 생각을 공유하면 작품에 관한 정보(작품 구성요소, 작품의 메시지, 연주자의 특성, 연주자들이 영감 받은 공간에 대한 정보, 연주자가 활용한 악기 특성 등)를 제공하고, 주요 정보를 정리한다. 4. 학습자 - 연주자의 질의 응답 시간을 갖는다.	
30분	공간 탐구 및 음악적 소재 탐색	1. 그룹별(7~8명)로 지역의 선정된 장소에 가서 탐색한다. 선정 장소 예시1　선정 장소 예시2　선정 장소 예시3 2. 그룹별로 선정 장소에 대한 인상 및 느낌을 언어적으로 표현한다. 3. 그룹별로 창작음악을 위한 음악적 소재를 선정한 후 어떠한 이야기를 전개할 것인지 선택한다.	선정 장소로 그룹별 배치
20분	악기 탐색	1. 여러 개의 악기를 보여 주고, 그중 8가지 소재의 악기를 골라 악기의 성질 및 특성 등을 함께 찾아본다. 2. 그룹별로 악기의 연주법을 찾아보도록 한다. 3. 학습자들에게 워크북을 제공하여 악기에 대한 파악을 할 수 있도록 한다. 단, 창의적 표현을 위해 연주방법에 특별한 제한을 두지 않는다.	집합 장소
30분	그룹별 창의 활동	1. 그룹별로 필요한 악기를 선정하여 가져간다. 2. 그룹별로 공간 탐구 및 음악적 소재를 탐색할 때 구성한 스토리를 음악으로 표현해 본다. 3. 어느 정도 표현활동이 되고 있다면 연주의 선택과 집중을 위해 옵션을 제시한다. (예를 들어, ○○○ 장단을 2번 활용하세요, 가야금에서 4가지 음만 활용하세요)	집합 장소

20분	발표	1. 그룹별로 발표 및 작품 설명을 공유한다. 2. 다른 그룹에 대해 인상 깊었던 부분을 함께 공유해 보며 다른 학습자들의 관점, 그룹별 차이점을 되돌아보는 시간을 갖는다. 3. 프로그램을 종료한다.	집합 장소
활용교보재 및 기자재		8음 악기 중 꽹과리, 대나무 스틱, 대나무관, 대나무 구슬, 리드, 북, 가야금, 장구, 가야금용 OR 연주자용(선택: 마이크 3대- 휴대용 미니앰프 1대), 다담이돌, 목탁, 징, 장구채 등	
비 고 (특이사항 등)		• 악기 분실 및 파손 방지를 위해 사전 공고 필요 • 외부 활동 시 안전교육 필요	

실제 프로그램을 개발하고 운영을 하다 보면 프로그램 개발 과정에서는 생각하지도 못했던 부분에서 문제가 생기거나 원활한 진행이 어려운 상황이 생기기도 한다. 그러므로 기관 및 지역사회 등과의 조화로운 협업을 통해 프로그램을 기획한다고 해서 그것의 성공적인 운영까지 보장되는 것은 아니다. 프로그램의 프로세스를 보다 세부적으로 계산하지 못하여 부드럽게 흘러가지 못하는 경우, 학습자의 반응이 프로그램 개발 시 의도했던 것과는 다르게 도출되는 경우, 학습자의 특성 파악이 제대로 이루어지지 않는 경우뿐만 아니라 생각하지도 못한 부분에서 어려움에 봉착하는 경우도 있다. 따라서 프로그램 개발 시 국악 중심의 통합 프로그램뿐만 아니라 다른 장르와의 통합을 통해 개발된 교육프로그램 사례에 대한 분석과 연구 또한 주의 깊게 살펴볼 필요가 있다.

이상의 내용을 통해 살펴본 것과 같이, 이 장에서는 사회문화예술 교육프로그램의 필요성, 관련 사례 및 국악 중심 통합문화예술 교육프로그램의 사례를 통해 통합예술교육의 현황 및 실제에 대해서 살펴보았다. 앞서 거듭 강조하였듯이, 학습자군의 범위가 넓고 유동적인 변화가 많은 사회에서 활용될 국악 교육프로그램이 보다 획기적이고 안정적으로 개발되기 위해서는 다양한 사례에 대한 분석과 종합적인 현황 파악이 필수적이다. 앞서 언급했던 자료를 기반으로 지속적인 교육적 역량 강화에 힘쓴다면 양질의 국악 교육프로그램을 개발할 수 있을 것이다.

🗐 토의 주제

1. 국악을 활용하고 있는 사회문화예술 교육프로그램을 살펴보고, 사업별로 어떠한 특징이 있는지 살펴보자.

2. 사회에서 활용할 수 있는 성인을 위한 국악 교육프로그램을 구성해 보자.

3. 해외의 통합예술교육을 조사해 보고, 도입하면 유용할 것 같은 사례를 살펴보자.

📖 참고문헌

김용현, 김종표(2000). 평생교육프로그램개발론. 경기: 양서원.

안원현, 홍은실(2017). 문화예술교육프로그램 개발의 이론과 실제. 서울: 동문사.

윤명원, 임미선, 이용식, 신은주, 이진원, 허윤정, 강혜인, 박지영, 정모희, 곽은아, 신응재, 강선하(2018a). 국악교육론. 서울: 학지사.

윤명원, 곽은아, 강혜인, 박소현, 박지영, 정모희, 황부남, 이영주, 배영진(2018b). 국악 교수·학습방법. 서울: 학지사.

이화여자대학교·한국문화예술교육진흥원·문화체육관광부(2017). 국악연대기 in 서대문 사례집. 서울: 이화여자대학교.

한국문화예술교육진흥원(2016). 문화예술현황조사 구축연구. 서울: 한국문화예술교육진흥원.

한국문화예술교육진흥원(2017). 꿈다락 토요문화학교 주말예술캠퍼스 프로그램 결과 자료집 운영기관 프로그램 개발노트. 서울: 한국문화예술교육진흥원.

제6장
유아문화예술교육
국악 교육프로그램 개발

이선미

이 장에서는 유아문화예술교육 현장에 필요한 국악 교육프로그램을 개발하기 위해 프로그램 개발요소 및 과정을 알아본 후 유아 국악 교육프로그램 개발을 실습하는 것으로 구성하였다. 유아문화예술교육 국악 교육프로그램의 현황과 사례 등을 살펴 본 후 유아의 음악적 발달 특성과 국악교육의 목표에 따른 유아 대상의 국악 교육프로그램을 개발할 수 있도록 한다.

1. 유아 국악 교육프로그램의 현황

유아의 흥미와 관심에 기초하여 발달 특성에 적합하고 체계적인 유아 국악 프로그램을 실행하기 위한 프로그램 경향을 살펴보아 실제 교육현장과 연계하여 분석 및 토의를 통해 유아 국악 프로그램 개발운영 능력을 갖추어야 할 것이다. 대부분의 유아 국악 교육프로그램은 국가가 고시한 누리과정과 표준보육과정을 바탕으로 개발하여 운영하고 있다. 개발된 프로그램은 유치원 정규 교육과정이나 방과 후 과정에서 운영하고 있으며, 유아 단체나 유아를 포함한 가족을 대상으로 외부교육기관에서도 다양한 프로그램을 개발하여 시행하고 있다.

유아 국악 교육프로그램의 종류는 프로그램 개발 주체, 프로그램 운영자 등 개발 및 운영자를 중심으로 나누거나 연령과 운영시간에 따른 구분으로 나누어 볼 수 있다. 세부적으로 살펴보면, 유치원이나 어린이집에서 지속적으로 실시하는 국가 수준의 교육과정 프로그램, 기관에서 프로그램 운영 지원을 목표로 개발한 프로그램, 국공립 박물관 등에서 국악 체험을 목적으로 만들거나 문화예술교육을 위한 전문인 양성을 위한 교원연수 유아 국악 교육프로그램 등 다양한 프로그램이 있다. 이 장에서는 기관에서 개발한 프로그램을 중심으로 소개하고자 한다.

1) 누리과정에 소개된 국악교육

정부는 이원화되어 있는 유치원 교육과정과 어린이집 표준보육과정을 '누리과정'으로 일원화하여 모든 유치원과 어린이집의 만 3~5세의 취학 이전의 유아에게 공통적으로 적용할 수 있는 공통과정을 개발하였다. 누리과정은 신체운동·건강, 의사소통, 사회관계, 예술경험, 자연탐구의 5개 영역으로 구성되어 있다. 국악교육은 모든 영역에서 고루 적용될 수 있으며, 그중 예술경험영역에서 보다 다양하게 적용될 수 있다. 예술경험영역은 유아가 친근한 주변 환경에서 발생하는 소리, 음악, 움직임과 춤, 모양과 색 등에서 아름다움을 느끼고, 또래와 교사, 부모, 지역사회 주민이나 작가가 표현한 예술작품을 가까이 접하면서 이를 탐색하고 창의적으로 표현하는 것을 즐기며 감상하기 위한 영역이다. 예술경험영역의 목표는 아름다움에 관심을 가지고 예술 경험을 즐기며, 창의적으로 표현하는 능력을 기르는 것이다. 누리과정은 5개 영역의 내용을 균형 있게 편성·운영하며, 5개 영역의 전체 또는 일부가 서로 연계되고 통합적으로 운영될 수 있도록 하며, 그에 따른 내용들을 기준으로 11개의 생활주제를 제시한다. 11개의 생활주제는 다음과 같다.

1. 유치원과 친구	7. 교통기관
2. 나와 가족	8. 우리나라
3. 우리 동네	9. 세계 여러 나라
4. 동식물과 자연	10. 환경과 생활
5. 건강과 안전	11. 봄·여름·가을·겨울
6. 생활도구	

다음은 누리과정 교육내용 중 생활주제 '우리나라'에서 제시한 국악 교육프로그램이다.

[지도안 6-1] 생활주제 '우리나라'의 국악 교육프로그램 지도안 예시

활동	어린이 아리랑
목표	1. 우리나라의 민요에 관심을 가지고 즐겨 부른다. 2. 우리나라 민요를 통해 어휘력과 표현력을 기른다.
누리과정 관련요소	• 사회관계: 사회에 관심 갖기 〉 우리나라에 관심 갖고 이해하기 • 예술경험: 예술적 표현하기 〉 음악으로 표현하기 • 의사소통: 듣기 〉 동요, 동시, 동화 듣고 이해하기

가. 활동 자료

어린이 아리랑 악보, CD 플레이어, 그림 자료, 유아·엄마 막대인형, 장구

나. 활동 방법

1) 노랫말을 이야기로 만들어 막대인형을 통해 유아들에게 들려 준다.
2) '어린이 아리랑'을 듣고 나서 이야기를 나눈다.
    - 이 노래를 들어본 적이 있니?
    - 노래를 들으니 느낌이 어떠니?
    - 어떤 사람들이 불렀던 노래일까?
    - 누가 만들었을까?
    - 이 노래에는 어떤 이야기가 숨어 있을까?

　　– 노래에 어떤 말이 나왔니?

3) 유아들과 함께 장단을 연습해 본다.

　　– '덩 덩 따쿵따'를 입으로 해 보자.

　　– 손뼉으로 쳐 보자.

　　– 무릎으로 쳐 보자.

　　– 앞으로 나와서 장구를 쳐 보자.

4) 유아들과 노래를 따라 불러 보고, 노랫말을 바꿔서 불러 본다.

　　– 아리랑을 어떤 말로 바꿔서 부르면 좋을까?

　　– 어떤 부분을 바꿔서 불러 보고 싶니?

5) 두 편으로 나누어 주고 받는 형식으로 불러 본다.

6) '어린이 아리랑'을 불러 본 느낌에 대해 이야기해 본다.

　　– '어린이 아리랑'을 불러 보니 어떠니?

　　– 너희가 알고 있는 노래와 어떤 점이 다른 것 같니?

다. 활동의 유의점

1) 유아들이 등·하원 할 때, 자유선택활동 시간에 배경 음악으로 '어린이 아리랑'을 듣도록 한다.

2) 유아들과 손뼉, 무릎 등의 신체를 이용하여 장단을 즐겁게 연습해 보도록 한다.

출처: 교육부(2015).

　　앞과 같이 누리과정 속에 국악은 다른 영역과의 통합활동으로 개발되어 제시되어 있다. 국악기 탐색, 전래동요·국악동요 부르기, 전통문화 활동 등 다양한 활동이 다른 영역과의 연계활동으로 개발되었다.

2) 기관에서 개발한 프로그램

(1) 유아 전통예술교육프로그램

　　2009년 육아정책연구소[1]에서는 교육과학기술부 수탁과제로 유치원 교육과정 심화 운영을 위한 '유아 전통예술교육프로그램'을 개발하였다. 유아의 전통예술에 대한 이해와 자긍심 고취를 위해 유아의 발달적 특성에 적합한 전통예술교육 방법 및 장르를 설정하고, 유아를 위한 전통예술교육프로그램과 이를 실행하기 위한 전문가 연수 자료 및 부모를 위한 소책자를 개발하며, 관련 전문 인력풀을 구축하여

---

1) 육아정책연구소는 국가 인적 자원 육성을 위한 육아정책연구를 종합적·체계적으로 수행하고, 유아교육과 보육의 발전을 위한 합리적 정책방안을 제시함으로써 우리나라가 육아선진국으로 도약하는 데 기여함을 목적으로 설립되었다.

프로그램 운영을 지원하는 것을 목적으로 개발되었다.

- 프로그램명: 유아 전통예술교육프로그램
- 개발 목적: 유아의 발달적 특성에 적합한 전통예술 방법 및 장르 설정, 유아를 위한 전통예술교육프로그램 개발, 전문가 연수 자료와 부모를 위한 소책자 개발, 전문가 인력풀 구축을 통한 프로그램 운영 지원
- 대상: 만 3~5세
- 프로그램 운영: 만3세 16차시, 만 4세 22차시, 만 5세 25차시
- 프로그램 특징: 교사용 지침서, 부모용 소책자로 구성, '우리 소리' '우리 춤' '우리 미술'의 3가지 영역으로 구성

출처: 육아정책연구소(2009).

각 영역별 내용 및 교육 방법은 유아들이 우리의 전통예술과 친숙할 수 있도록 도움을 주어 민족의 정체성을 형성하고 자부심을 갖도록 제시되었다. 특정한 기술을 익히는 것이 목적이 아니라 유아들이 일과 속에서 전통예술을 지속적으로 즐겁게 경험할 수 있도록 하고자 하였으며, 영역별 내용 및 교육방법은 〈표 6-1〉과 같다.

〈표 6-1〉 '유아 전통예술교육프로그램'의 구성

영역	구분	교육방법
우리 소리	우리 소리 감상하기	• 다양한 종류의 우리 소리 감상하기 • 우리 소리 감상 후 생각과 느낌 나누기
	우리 노래 부르기	• 우리 노래 부르기 • 시김새와 장단의 특징을 살려 즐겨 부르기 • 노래를 부르며 장단 치기, 놀이하기
	우리 악기 탐색 및 다루기	• 전통악기 탐색 및 소리 내어 보기 • 전통악기 소리 듣고 구별하기 • 전통악기로 기본 장단 연주하기 • 전통악기 합주하기
우리 춤	우리 춤 감상하기	• 다양한 종류의 우리 춤 감상하기 • 우리 춤 감상 후 생각과 느낌 나누기

	우리춤 표현하기	• 우리 춤이 갖는 특징 탐색하기 • 우리 춤 경험하기 • 우리 춤을 이용하여 창의적인 동작 만들기 • 우리 소리를 듣고 동작으로 표현하기
우리 미술	우리 미술 감상하기	• 다양한 종류의 우리 미술 감상하기 • 우리 미술 감상 후 생각과 느낌 나누기
	우리 미술 표현하기	• 우리 미술이 갖는 특징 탐색하기 • 다양한 재료와 기법으로 우리 미술 경험하기 • 우리 미술 작품에 대한 생각과 느낌을 다양한 방식으로 표현하기

출처: 교육과학기술부(2009).

　'유아 전통예술교육프로그램'은 '우리 소리' 21개 활동, '우리 춤' 20개 활동, '우리 미술' 22개 활동 등의 3가지 영역이 총 63개 활동으로 구성되어 있다. 각 활동은 장르 및 영역, 생활주제가 표시되어 있어 이를 활용하여 연령별로 전통예술교육에 대한 연간계획을 세울 수 있다. 〈표 6-2〉는 프로그램에서 제시한 만 4세를 위한 전통예술교육 연간계획의 예시이다.

〈표 6-2〉 '유아 전통예술교육프로그램' 연간계획 예시(만 4세)

월	생활주제	교육내용
3	유치원과 친구, 봄	• 우리 소리: 인사 • 우리 미술: 그림 속 나비처럼
4	나와 가족, 우리 동네	• 우리 소리: 진도아리랑 • 우리 미술: 아름다운 집
5	동식물과 자연	• 우리 소리: 꿩꿩 장서방 • 우리 춤: 학연화대무
6	건강과 안전, 여름	• 우리 소리: 꼭꼭 숨어라 • 우리 미술: 그림 속 운동
7	생활도구	• 우리 소리: 강강술래-바늘귀 꿰세 • 우리 미술: 아름다운 그릇
9	교통기관, 가을	• 우리 미술: 붓으로 그리고 이름 쓰기

10	우리나라	• 우리 소리: 해금산조 • 우리 춤: 채상소고춤
11	세계 여러 나라	• 우리 미술: 내가 왕이라면
12	겨울	• 우리 소리: 군밤타령
2	환경과 생활	• 우리 춤: 오고무 • 우리 미술: 벽화 그리기

출처: 교육과학기술부(2009).

앞과 같이 '유아 전통예술교육프로그램'은 악 · 가 · 무 중심에 미술영역까지 포괄하는 창의적 통합 프로그램이다.

(2) 온누리 유아국악 더늠

온누리 유아국악 더늠은 육아정책연구소에서 2010년부터 민간에서 개발되어 현장에 적용되고 있는 다양한 특성화 프로그램을 정부 차원에서 유치원에 추천할 수 있도록 유치원 방과후과정 특성화 프로그램 추천제를 시범 운영하였던 프로그램 중 하나이다.

'온누리 유아국악 더늠'은 만 3~5세를 대상으로 하는 프로그램으로, '더늠'은 '더 넣다' '더 늘다'를 뜻하는 판소리 용어를 차용하여 유아의 음악 예술적 표현 능력을 신장시키고 한국의 음악 문화적 정체성을 확립하는 것을 목표로 개발되었다. 프로그램은 영역별, 단계별, 주제별로 구성되어 있다. 영역별로는 장단(리듬), 악기 연주, 가락, 신체 표현으로 나뉘어 구성되어 있으며, 단계별로는 말장단, 음악개념 익히기, 표현 즐기기, 더늠으로 구성되어 있다. 주제별 프로그램 운영방법은 연령별, 월별 주제에 따라 전래동요, 국악동요, 악기 연주, 신체 표현 등의 각 요소를 통합하여 구성하는 월별계획에 따라 프로그램이 운영된다.

- 프로그램명: 온누리 유아국악 더늠
- 개발 목적: 전통에 기반한 창의적 예술 표현 능력 신장
  유아의 음악 예술적 표현능력을 성장시키고, 한국의 음악 문화적 정체성을 확립

- 대상: 만 3~5세
- 프로그램 운영: 유치원 교육과정과 한국의 음악 내용을 기반으로 하여 6개 대
  영역으로 구성
- 프로그램 특징: - 주제별 내용은 원의 실제 주제에 따라 유동적으로 편성되어
  운영
  - 악기 연주하기, 노래 부르기, 움직임과 춤, 놀이, 극놀이 등의
    제반 국악 교육활동이 주제에 따라 통합적으로 구성되어 진행
  - 각 주제별 내용을 연령별 발달 정도에 따라 단계적으로 편성

〈표 6-3〉 '온누리 유아국악 더늠' 프로그램 구성

구분		내용
영역별	장단(리듬)	말장단 → 몸장단 → 악기 연주 → 노래/춤
	악기	몸악기 → 외손리듬악기 → 양손리듬악기 → 악기합주
	가락(선율)	말노래 → 2음 음계 → 3음 음계 → 4음 · 5음 음계
	신체 표현	움직임 → 소집단놀이 → 대집단놀이 → 춤
단계별	말장단	생활 속에서 음악예술적 요소 찾아보기
		⇩
	음악개념 익히기	장단(리듬), 가락, 세기, 빠르기, 형식 등 기초적 음악개념 익히기
		⇩
	표현 즐기기	습득된 음악개념을 기초로 음악예술적 표현 즐기기
		⇩
	더늠	유아의 창의적 음악 표현 더늠하기
주제별	연령별, 월별 주제에 따라 전래동요, 국악동요, 악기 연주, 신체 표현 등의 각 요소를 통합하여 구성한 월별 계획 수립	

출처: 한국아동국악교육협회 홈페이지.

'온누리 유아국악 더늠'의 각 활동은 생활주제별로 나뉘어 있어서 유치원 교육과정에 맞추어 영역별 · 단계별 활동을 적용하여 유아국악교육에 대한 연간계획을 세울 수 있다. 〈표 6-4〉는 온누리 유아국악 더늠 프로그램에서 제시한 만 5세를 위한 유아국악교육 연간계획의 예시이다.

〈표 6-4〉 '온누리 유아국악 더늠' 프로그램 연간계획 예시(만 5세)

월	생활주제	교육내용		
		장단	노래/춤	놀이/감상
3	유치원과 친구	악기 탐색 인사굿, 일채	인사 노래, 나무 노래 '쿵도령 따아씨'	인사놀이 '맴맴'
		새로운 친구, 악기와의 만남 전래동요와 놀이, 집단놀이를 통해 친구와 악기에 친숙해지는 시간		
4	봄	휘모리	제비삼촌, 개고리타령	꽃의 동화, 초원
		봄의 소리를 듣고 느끼며 몸으로 표현해 보는 시간 봄에 만나는 여러 동물의 움직임을 노래와 놀이로 표현하기		
5	나와 가족, 우리 동네	굿거리	수벽치기, 길쌈놀이	단심줄놀이, 어디까지 왔나
		사랑하는 가족을 굿거리 장단의 말놀이로 표현하기 우리 동네의 여러 시설물과 사람을 놀이로 만나기		
6	우리나라	오방진 (동살풀이)	토끼 화상, 탈춤놀이	판소리 〈수궁가〉
		자랑스런 우리나라 우리나라의 춤과 소리를 직접 익혀 보는 시간		
7	우리나라, 여름	세마치	진도아리랑, 너영나영	우리나라의 여러 악기 소리
		우리나라의 여러 악기 관악기, 현악기의 종류를 알고 악기 소리를 탐색해 보는 시간		
8	건강과 안전, 여름	자진모리	따라가지 말아요, 조심히 걸어요	수박따기
		노래와 놀이로 건강하고 안전한 생활을 자연스럽게 알아보는 시간		
9	동식물과 자연	단모리	남생아 놀아라, 바위노래, 맹꽁	동굴놀이, 남생이 놀이
		우리와 함께 살고 있는 동식물과 자연을 노래로 만나 보고, 재미있는 움직임으로 표현하기		
10	가을	별달거리, 비나리	강강술래, 굴러라 굴러라	민속놀이
		둥근 보름달이 떴어요! 손에 손 잡고 강강술래		

11	생활도구, 환경과 생활	사물놀이	망깨소리	도리깨지 놀이, 국악체조
		우리를 편리하게 하는 도구들 옛날 사람들이 사용했던 도구를 춤으로 표현해 봐요		
12	교통기관, 겨울	사물놀이	신나는 교통기관, 뱃노래	부엉이와 붓, 산조
		우리가 타는 것들에는 여러 소리가 있어요 악기 소리로 뛰뛰 빵빵		
1	겨울	사물놀이	군밤타령	게줄다리기
		추운 겨울에 부르는 흥겨운 민요 우리나라의 민속놀이		
2	새해	난타	어울림, 향발춤	천년만세
		새해를 맞이하여 엄마 아빠가 건강하기를 바라며 흥겨운 향발춤을 춰 봐요		

출처: 한국아동국악교육협회 홈페이지.

앞과 같이 '온누리 유아국악 더늠'은 생활주제 중심으로 영역별, 단계별로 개발되어 활용할 수 있는 프로그램이다.

(3) 쿵따쿵! 이야기 보따리

국립국악원 국악박물관에서는 만 3~5세 유아를 대상으로 국악구연동화 프로그램 '쿵따쿵! 이야기 보따리'를 개발하였다. '쿵따쿵! 이야기 보따리'를 운영하여 관람객의 국악박물관 이용 만족도와 국악의 흥미를 증대시키고 국악 관련 어린이 프로그램의 다양한 콘텐츠를 개발하기 위한 목적으로 기획하였다. 국악구연동화 및 악기 연주(1시간), 박물관 전시 견학(1시간)의 체험형 프로그램을 진행한다. 전문 동화구연가의 다채로운 목소리로 듣는 구연동화와 함께 국악동요(또는 민요) 부르기와 놀이, 만들기, 악기 연주 등의 체험활동과 박물관 전시 견학 등 흥미롭고 다양한 국악 관련 체험 프로그램으로 구성된다.

- 프로그램명: 쿵따쿵! 이야기 보따리

- 개발 목적: 국악 관련 유아 교육프로그램의 다양한 콘텐츠 개발
- 대상: 만 3~5세 유아의 단체 및 개인
- 프로그램 운영: 1회 2시간
- 프로그램 특징: – 국악동화와 연계된 다양한 활동(놀이, 만들기, 악기 연주 등)
  　　　　　　　 – 유아 눈높이에 맞추어 이야기가 있는 국악박물관 견학

〈표 6-5〉 '쿵따쿵! 이야기 보따리' 프로그램 구성

동화 제목	내용
사물악기가 된 도깨비	• 사물악기 체험하기 • 국악동요 〈참새노래〉 부르기와 놀이 • '사물악기 병풍' 만들기
여덟 개의 깜짝 주머니	• 해금 체험하기 • 제주민요 〈너영나영〉 부르기와 놀이 • '해금 퍼즐' 만들기
가야금과 우륵	• 가야금 체험하기 • 전래동요 〈어깨동무〉 부르기와 놀이 • '가야금 족자' 만들기
수박 씨앗	• 단소 체험하기 • 전래동요 〈수박타령〉 부르기와 놀이 • '수박 목걸이' 만들기
요건 내 떡	• 소고 체험하기 • 제주민요 〈너영나영〉 부르기와 놀이 • '북청사자' 만들기
노래 주머니	• 사물악기 체험하기 • 국악동요 〈산도깨비〉 부르기와 놀이 • '도깨비' 만들기
금강산 도라지	• 사물악기 체험하기 • 민요 〈도라지타령〉 부르기와 놀이 • '나각' 만들기
바보 비단 팔기	• 소고 체험하기 • 국악동요 〈모두 다 꽃이야〉 부르기와 놀이 • '장구' 만들기
꼬깨비와 노래주머니	• 민요 〈강강술래〉에 맞춰 한삼을 들고 탈춤 및 사자탈 놀이 체험하기 • '나만의 한삼' 만들기

사물놀이 이야기	• 사물악기에 알맞은 채를 찾아 체험하기 • 악기에 맞는 상모 및 부포 체험하기 • '꽹과리' 만들기
꿈꾸는 대나무	• 나무로 된 관악기에 대해 알아보기 • '피리' 만들어 다 함께 합주하기
아기호랑이 얼룩이	• 전래동요 〈꼭꼭 숨어라〉 부르기와 신체 표현 놀이 • 소고 탐색 및 기본 동작 해 보기 • '소고' 만들기

출처: 국립국악원 e-국악아카데미 홈페이지

'쿵따쿵! 이야기 보따리'에서는 국악기를 쉽게 접할 수 있도록 하기 위한 국악동화의 개발은 물론 교구재의 개발도 함께 이루어졌다. 〈표 6-6〉은 '쿵따쿵! 이야기 보따리' 프로그램 중 만 3~5세 대상으로 국악기동화 '여덟개의 깜짝 주머니'와 연계하여 개발된 수업내용 예시이다.

〈표 6-6〉 국악구연동화 프로그램 개발안

동화제목		여덟 개의 깜짝 주머니	지도강사	이○○, 황○○	대상	만 3~5세
수업목표		1. 국악기동화 '여덟 개의 깜짝 주머니'를 들으며 해금에 대해 알 수 있다. 2. 국악기 중 현악기에 대해 알고, 해금에 관심을 갖는다.				
동화내용		깜짝 주머니 자랑대회에 나온 동물들이 자기의 재료들을 자랑만 하다가 결국은 서로의 재료를 합쳐 멋진 해금을 만든다는 이야기				
수업교구재		해금, 해금 퍼즐 만들기 재료(퍼즐, 색연필, 사인펜 등)				
단계		프로그램 내용 및 활동방법				
도입	인사 및 개요	1. 인사로 국악구연동화 수업 시작을 알린다. 2. 이야기 보따리를 유아들에게 보여 주고, 활동내용을 간단히 설명한다.				
전개	동화 구연	1. 국악기동화 '여덟 개의 깜짝 주머니'를 들려 준다. • 동화를 소개하고 감상하기 • 동화 내용을 회상하며 이야기 나누기				
	만들기	2. '해금 퍼즐'을 만든다. • 해금 퍼즐에 색연필 등으로 색칠하고, 스티커를 붙여 나만의 퍼즐을 만들어 본다.				
	악기 체험	3. 동화 속 해금을 체험한다. • 해금 연주 듣기 • 해금 직접 체험하기				

전개	놀이	4. 동화와 연계하여 제주민요 〈너영나영〉 부르기 및 놀이를 한다. • 강사의 선창을 듣고 노래 부르기 • 너영나영 놀이하기
마무리	정리	1. 오늘 수업 내용을 정리 및 평가하는 시간을 갖는다. 2. 마무리 인사를 한다.
유의사항		1. 꾸미기가 모두 끝난 후 주변을 정리한다. 2. 놀이를 할 때 안전에 유의한다.

'쿵따쿵! 이야기 보따리'는 국악기 이외에 전래동화와 국악을 접목하여 이야기를 중심으로 노래와 춤, 만들기 등 다양한 활동을 통해 기능 숙달이 아닌 선택과 몰입에 중점을 두고 개발된 프로그램이다.

2. 유아 국악 교육프로그램 개발의 실제

1) 유아 국악 교육프로그램 개발 구성요소 및 과정

유아 국악 교육프로그램을 개발하는 데 있어서 유아 발달에 관한 관점, 교육목표 등과 같은 이론적 기초와 함께 교육프로그램이 갖추어야 할 기본요소는 필수적이다. 이러한 기본요소들의 구성과 함께 여러 단계를 거쳐 유아 국악 교육프로그램이 마련되는 것이다. 강은진 등(2013)은 유아 국악 교육프로그램 개발에 필요한 구성요소에 대해 인적 자원, 상황분석, 프로그램의 기초, 목적과 목표, 내용 및 활동, 평가와 피드백 등을 제시하였다.

- 인적 자원 – 프로그램 개발자와 프로그램 실행자
- 상황 분석 – 프로그램의 필요성과 개발 방향, 개발의 진행 등을 결정
- 프로그램의 기초 – 이론과 철학적 기반
- 목적과 목표 – 구체적이고 맥락 있는 목적과 목표
- 내용 및 활동 – 프로그램의 목표와 관련 있는 것
          – 유아에 의해 학습될 수 있는 것

           – 유아의 흥미, 호기심을 자극할 수 있는 것

           – 교육 현장에서 실현이 가능한 것 등

- 평가와 피드백 – 프로그램 실행 전 검토 과정이 필요

프로그램은 앞에서 살펴본 기본 구성요소들과 함께 여러 단계를 거쳐 마련된다. 첫째로 이루어져야 할 것은 주제에 따른 내용망 구성과 내용 선정에 따른 조직화를 하는 '분석' 단계이다. 그 후 프로그램 개발에 대해 중요한 목적과 목표 등의 교수 학습 과정을 조직화하는 '설계' 과정을 거친다. '분석'하기와 '설계'하기의 과정을 거친 후 유아 대상의 국악 교육프로그램을 '개발'한 다음에는 프로그램 검토를 통한 수정·보완을 하여 각 단계별뿐 아니라 종합적으로 살펴보는 '평가' 단계로 마무리한다.

- 분석 – 내용 선정 및 조직화
- 설계 – 목적과 목표, 내용 및 활동 등 설계
- 개발 – 설계에 따른 지도안 개발, 교재·교구 개발
- 실행 및 평가 – 검토 및 수정·보완

2) 유아 국악 교육프로그램 개발의 실제

프로그램 개발에 있어서 교육내용을 선정하고 교육대상, 교수방법 등을 선정하여 프로그램의 방향을 설정하는 것을 시작으로 프로그램 개발이 진행된다. 생활주제 '우리나라' 중 '우리나라의 놀이와 예술' 주제에 해당하는 프로그램을 개발하고자 한다. 단계별로 그 내용을 살펴보면 다음과 같다.

(1) 분석

프로그램 개발의 첫 단계는 분석이다. 생활주제 '우리나라'에 맞추어 유아의 발달 수준, 흥미, 일상생활과 관련하여 주요 내용들을 주제망짜기로 계획해 보자.

① '국악기' 하면 생각나는 단어를 모두 모아 본다.

② 연상된 단어 가운데 유아의 발달 수준, 흥미, 일상생활과 관련된 것을 선별
   한다.

③ 선별된 단어를 중심으로 주요 개념을 추출한다.

④ 주요 개념을 비슷한 내용끼리 모으고, 분류된 개념에 소주제명을 붙인다.

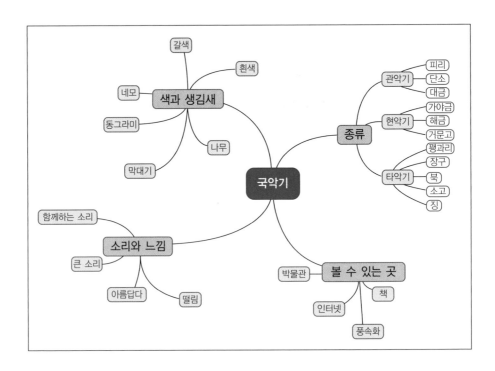

[그림 6-1] 국악기 주제망

(2) 설계

프로그램 설계는 교육목표, 활동내용, 주차별 계획 등을 구성하는 것이며, 앞에
서 계획한 '분석하기' 단계의 내용을 바탕으로 '우리나라 옛 그림과 악기' 활동의 전
체적인 계획을 〈표 6-7〉의 표를 이용하여 설계해 보자.

〈표 6-7〉 '우리나라 옛 그림과 악기' 프로그램 개발안

생활 주제	우리나라		대상 연령	만 5세	
	1차시	2차시	3차시	4차시	
주제	가야금과 풍속화 〈석천한유도〉	대금과 풍속화 〈낙조장류〉	단소와 풍속화 〈선동취적도〉	해금과 풍속화 〈무동〉	
주제 선정 이유	생활주제 '우리나라'는 문화적 정체성을 가질 수 있는 중요한 주제이다. 그와 더불어 풍속화는 눈에 보이는 사실적인 부분들을 통해 유아들과 쉽게 통할 수 있고, 유아에게 내재된 흥미를 불러일으키기에도 적합하다. 그 안에서 국악기를 찾아보는 활동은 호기심이 강하고 지속성이 부족한 유아들의 기호에 적합하다. '우리나라' 생활주제에 맞춰 풍속화 속 국악기를 살펴보고 체험하는 활동은 유아의 전통문화에 대한 이해를 돕고 친근하게 하여 우리 전통예술에 대한 관심을 증진시킬 수 있다.				

차시	활동목표	활동내용
1	1. 풍속화 〈석천한유도〉 감상을 통해 옛사람의 생활모습을 알 수 있다. 2. 풍속화 속 국악기 '가야금'에 대해 관심을 가진다. 3. '가야금' 천 그림그리기를 통해 가야금을 다양하게 표현할 수 있다.	- 풍속화 〈석천한유도〉 감상활동 및 이야기 나누기 - 국악기 '가야금' 체험하기 - 미술놀이 '가야금' 천 그림그리기
2	1. 풍속화 〈낙조장류〉 감상을 통해 옛 사람의 생활모습을 알 수 있다. 2. 풍속화 속 국악기 '대금'에 대해 관심을 가진다. 3. '대금 부는 나의 모습'을 만들 수 있다.	- 풍속화 〈낙조장류〉 감상활동 및 이야기 나누기 - 국악기 '대금' 체험하기 - 미술놀이 '대금 부는 나의 모습' 만들기
3	1. 풍속화 〈선동취적도〉 감상을 통해 옛사람의 생활모습을 알 수 있다. 2. 풍속화 속 국악기 '피리'에 대해 관심을 가진다. 3. 부는 악기를 직접 만들어 연주할 수 있다.	- 풍속화 〈선동취적도〉 감상활동 및 이야기 나누기 - 국악기 '피리' 체험하기 - 미술놀이 '개구리 피리 만들기' - 합주놀이
4	1. 풍속화 〈무동〉 감상을 통해 옛 사람의 생활모습을 알 수 있다. 2. 풍속화 속 국악기 '해금'에 대해 관심을 가진다. 3. 〈무동〉 속 국악기들을 모아 '국악기 책 만들기'를 할 수 있다.	- 풍속화 〈무동〉 감상활동 및 이야기 나누기 - 국악기 '해금' 체험하기 - 〈무동〉 속 국악기들을 모아 '국악기 책 만들기' - 국악기 책 전시회 활동

(3) 개발

개발 단계에서는 프로그램 설계에 따른 유아들에게 구체적인 경험을 제공하고, 활동의 질을 높여줄 수 있도록 지도안 및 교재 · 교구 제작 계획안을 작성한다.

〈표 6-8〉 프로그램 차시별 지도안 예시

주제	단소와 풍속화〈선동취적도〉	개발 차시	3차시
활동 목표	1. 풍속화〈선동취적도〉 감상을 통해 옛 사람의 생활모습을 알 수 있다. 2. 풍속화 속 국악기 '피리'에 대해 관심을 가진다. 3. 부는 악기를 직접 만들어 연주할 수 있다.		
세부계획			
수업 내용과 방법	1. 풍속화 감상 • 풍속화〈선동취적도〉 감상 및 그림에 대해 이야기 나눈다. • 풍속화 속에서 국악기를 찾아본다. 2. 국악기 '피리' • 풍속화 속 국악기 '피리'에 대해 살펴본다. • 피리 연주곡을 들어본다. 3. '개구리 피리' 만들기 • 풍속화 속 국악기 '피리'와 같은 세로로 부는 악기 '개구리 피리'를 만든다. *만드는 방법* ① 개구리 몸통(초록색 종이컵)에 스티커를 붙여 꾸미기 ② 개구리 팔은 계단접기하여 몸통에 붙이기 ③ 개구리 얼굴(초록색 종이접시를 반을 접어 눈알 붙이기)을 만들고 몸통과 연결하기 ④ 코끼리 피리(입으로 불면 말려 있던 비닐이 앞으로 펼쳐지며 소리가 나는 피리)를 개구리 입에 연결하기 ⑤ 개구리 피리를 직접 불어 보기 4. '개구리 피리' 합주 • 개구리 피리로 다 함께 합주를 한다. • 유아들이 좋아하는 동요에 맞추어 연주해 본다.		
지도상 유의점	1. '개구리 피리'를 함께 불 수 있도록 코끼리 피리는 제일 나중에 꽂아 준다. 2. 합주 시 돌아다니지 않도록 하며, 유아의 안전에 유의한다.		

교재 · 교구 사진	 

(4) 실행 및 평가

개발한 프로그램이 프로그램의 기획, 설계, 개발의 목표, 내용, 교수 · 학습방법 등 목표를 구현하기 위하여 적절하게 조직되었는지를 평가한다. 그 후 수정 · 보완하여 프로그램을 실행한다.

3. 유아 국악 교육프로그램 개발 실습

생활주제를 선정하고 그에 해당하는 주제에 맞추어 국악 교육프로그램을 개발하여 보자. 다음 양식에 맞추어 구체적인 활동목표에 따라 단계별로 설계하자.

1) 분석

선정한 생활주제에 맞추어 주요 내용들을 주제망짜기로 계획해 보자.

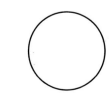

2) 설계

분석 단계의 내용을 바탕으로 주제 중심 활동의 전체적인 계획을 4차시로 하여
〈표 6-9〉를 이용하여 설계해 보자.

〈표 6-9〉 프로그램 개발안

생활 주제			대상 연령	
주제	1차시	2차시	3차시	4차시
주제 선정 이유				
차시	활동목표		활동내용	
1				
2				
3				
4				

3) 개발

프로그램 설계에 따라 지도안 및 교재·교구 제작 계획안을 작성하여 보자.

〈표 6-10〉 프로그램 차시별 지도안

주제		개발 차시	
활동 목표			
세부계획			
수업 내용과 방법			
지도상 유의점			
교재·교구 사진			

4) 실행 및 평가

수업시연 혹은 프로그램 개발 발표평가 후에는 부족한 점을 수정하고 보완한다. '내용성'에는 목표 및 내용이 적절히 반영되었는지, 유아가 이해하고 활동하기 적절한 내용인지 등 학습자의 특성을 고려한 프로그램인지를 평가하고, '활용성'에는 유아들의 발달 수준에 적합한지, 유아들이 개발된 활동을 통해 성취감을 느낄 수 있는지 등을 평가하며, '적합성'에는 교재·교구의 활용이 적합하게 잘 사용되었는지 등을 평가하며, '흥미도'에는 유아들의 흥미와 관심을 반영하였는지 등에 대한 피드백 내용을 적는다. '보완해야 할 점'에는 피드백을 바탕으로 수정되어야 할 프로그램 내용을 적는다. 〈표 6-11〉의 양식에 맞추어 평가내용을 적어 보자.

〈표 6-11〉 프로그램 평가지

피드백 내용	내용성	
	활용성	
	적합성	
	흥미도	
보완해야 할 점		

이 장에서는 유아 국악 교육프로그램을 개발하여 실제적으로 적용할 수 있도록 실제 사례들에 중점을 두었다. 이에 기관에서 개발한 프로그램들을 소개하여 다양한 방법의 유아 국악 교육프로그램들이 적용되고 있는 사례들을 살펴볼 수 있도록 하였고, 유아 국악 교육프로그램 개발이 창의적이고 효과적으로 운영될 수 있도록 개발에 필요한 요소들과 절차들에 대한 방법을 제시하였다. 기존의 프로그램들을 통해 다양한 유형을 살펴보고, 수정·보완 및 창작을 통한 새로운 프로그램 개발 및 보급으로 그 프로그램들이 유아교육 현장에서 효과적으로 실시되기를 바란다.

토의 주제

1. 유아 대상의 문화유산교육프로그램 개발을 위해 국악과 관련된 내용을 중심으로 조사하여 발표해 보자.

2. 전통 문화와 연계하여 유아 국악 교육프로그램을 개발해 보자.

3. 다른 영역과 연계하여 유아 국악 교육프로그램을 개발할 경우 어떤 점에 유의해야 할지 토의해 보자.

참고문헌

강은진, 김소연, 박성연, 변윤희, 심향분, 연혜민, 유연일, 육길나, 정진나, 조경희, 최경 (2013). 영유아 프로그램 개발과 평가. 경기: 공동체.

강혜인, 최은주, 박혜영, 이미혜, 이선미, 김한나(2013). 날아라 유아국악. 서울: 민속원

교육과학기술부(2009). 유치원 교육과정 심화 운영을 위한 유아 전통예술교육프로그램. 세종: 교육과학기술부.

교육과학기술부, 보건복지부(2012). 5세 누리과정 교사용 지침서. 세종: 교육과학기술부·보건복지부.

교육과학기술부, 보건복지부(2012). 5세 누리과정 해설서. 세종: 교육과학기술부·보건복지부.

교육부(2015). 5세 누리과정 교사용 지도서 제8권 우리나라. 세종: 교육부.

문주석(2018). 국악박물관 국악 교육프로그램 활성화를 위한 고찰. 공연문화연구, 36, 327-363.

엄세나(2018). 유아 인성함양을 위한 전통문화 교육. 경기: 정민사.

윤명원, 임미선, 이용식, 신은주, 이진원, 허윤정, 강혜인, 박지영, 정모희, 곽은아, 신응재, 강선하(2018). 국악교육론. 서울: 학지사.

이선미(2010). 유아의 가야금 기초교육을 위한 교수법 연구-연습곡 개발을 중심으로-. 중앙대학교 국악교육대학원 석사학위논문.

최옥자(2006). 음악도상자료를 활용한 유아국악감상 지도방안-조선시대 회화를 중심으로-. 중앙대학교 국악교육대학원 석사학위논문.

한국문화예술교육진흥원(2015). 2015 유아 문화예술교육프로그램 분석을 통한 발전방안 연구. 서울: 한국문화예술교육진흥원.

한국문화예술교육진흥원(2017). 교과서 속 우리 국악 이야기. 서울: 한국문화예술교육진흥원.

국립국악원 e-국악아카데미 홈페이지 academy.gugak.go.kr

한국아동국악교육협회 홈페이지 www.ikukak.org

☞ 참고자료

〈예시 6-1〉 장단교육프로그램 개발 예시 – 유아를 위한 영남사물놀이

활동명	사물놀이		대상 연령	만 5세
활동목표	1. 영남사물놀이 장단을 말놀이와 함께 연주할 수 있다. 2. 동물원 소풍을 상상하며 영남사물놀이를 즐겁게 연주한다.			
활동자료	• 장구, 말놀이 정간보			
누리과정 관련요소	예술경험 〉 예술적 표현하기 〉 음악으로 표현하기			
활동방법	1. 사물놀이 악기에 대해 이야기 나눈다. 　• 사물놀이 악기에는 무엇이 있을까요? 2. 동물원에 대해 이야기를 나눈다. 　• 동물원에는 어떤 동물이 있나요? 3. 동물원을 이용한 말장단으로 영남사물놀이를 배운다.			

〈말장단 예시: 길군악장단〉

Ⓘ		○	│	○		Ⓘ		○	│	○	
곰		가	족	을		만		났	어	요	

Ⓘ	│	○	│	○		Ⓘ	│	○	│	○	
아	빠	곰	하	고		엄	마	곰	하	고	

Ⓘ	│	○	│	○		Ⓘ	│	○	│	○
아	기	곰	하	고		예	쁜	곰	가	족

Ⓘ			│	○	│	○		Ⓘ
너			무	신	이	나		요

Ⓘ	│	○	│	○	│	○		Ⓘ
들	썩	들	썩	신	이	나		요

Ⓘ				Ⓘ				Ⓘ
얼				씨				구

출처: 강혜인 외(2013).

〈예시 6-2〉 유아 가야금교육프로그램 개발 예시

활동명	가야금이 궁금해요!	대상 연령	만 5세
활동목표			
활동자료			
누리과정 관련요소			
활동방법			

활동명	가야금이 궁금해요!	대상 연령	만 5세
활동목표	1. 그림동화, 놀이, 만들기, 노래 부르기 등을 통해 가야금에 대해 알 수 있다. 2. 가야금을 친숙하게 생각하고, 다른 국악기에 대해서도 관심을 가진다.		
활동자료	• 그림동화 '가야금 이야기' 자료, 가야금종류놀이판, 가야금책 만들기 재료, 장구, 가야금		
누리과정 관련요소	예술경험 〉 아름다움 찾아보기 〉 음악적 요소 탐색하기		
활동방법	1. 그림동화를 활용하여 가야금의 유래를 알아본다. • 그림동화 자료를 활용하여 동화구연 형식으로 가야금의 유래를 들어본다. • 동화를 들은 후 가야금 유래 그림동화와 가야금에 대한 유아들의 느낌을 말해 본다.		

"안녕! 난 가야금이야. 만나서 반가워!"
"이제부터 내 이야기를 해줄게. 잘 들어 봐!"
가야금은 가야국의 가실왕이 만든 악기예요.

"우륵아, 멋진 가야금 곡을 만들어 연주하여라."
"네, 그리하겠나이다."
가실왕은 우륵에게 이 악기로 연주할 수 있는 곡을 만들도록 하였고, 우륵은 아주 열심히 아름다운 곡을 만들었지요.

그러나 신라가 쳐들어와서 가야국은 망하게 되었어요.
그래서 가야금도 가야국과 함께 없어질 위험에 빠졌어요.

우륵은 죽음을 무릅쓰고 신라 진흥왕에게 가서 가야금을 연주하였어요.
"이 소리를 한 번만 들어 주십시오!"

아름다운 소리에 진흥왕은 눈물을 흘리며 가야금을 신라로 받아들였어요. 가야금 12줄의 소리가 아름다운 것은 우륵의 넓은 마음과 가야금에 대한 사랑이 담겨져 있기 때문일 거예요.

2. 놀이를 통하여 가야금의 종류를 알아본다.

 • 정악 · 산조 · 개량(25현) 가야금의 연주곡을 한 곡씩 짧게 들어 본다.

　(곡 예시) 정악 가야금 독주 '어깨동무', 산조 가야금 독주 '두껍아 두껍아',

　　　　　 25현 가야금 독주 '모리화 주제에 의한 25현 독주곡'

* 놀이방법*

1	2	3	4
5	6	7	8
9	10	11	12
13	14	15	16

① 4×4의 놀이판을 만들고, 숫자 뒤에 여러 종류의 가야금 사진과 이름을 각각 넣어준다.
② 가야금 사진과 이름의 짝을 찾아 준다.
③ 가장 많이 짝꿍을 찾아 준 팀이 승리한다.

활동방법

3. 가야금책 만들기를 통해 가야금의 구조와 명칭을 알아본다.

　① 돌괘, 부들, 줄, 안족, 통 등의 사진을 색지에 오려 붙인다.

　② 사진 밑에 명칭을 적어 넣는다.

　③ 구조와 명칭이 적힌 색지들을 모아 책으로 묶어 준다.

　④ 책 겉표지에 책 제목과 이름을 적어 넣는다. 책 제목은 정해 주지 않고, 자유롭게 적어 넣을 수 있도록 한다(예시: 12줄 가야금, 예쁜 소리 가야금).

4. 노래로 가야금 연주 자세를 알아본다.

 – '가야금 연주 자세' 노래를 장구 반주와 함께 부른다.

 – 노래를 천천히 부르면서 노래에 맞춰 연주 자세를 해 본다.

 – 교사는 유아가 바른 자세를 만들 수 있도록 시범을 보이고, 유아는 노래를 부르며 연주 자세를 따라한다.

개사 · 편곡/이선미

1. 왼	발	–오른	발	아	빠	다	–리	허	리	쪽
2. 돌	괘	는 무	–릎	바	깥	으	–로	살	–	짝
3. 오	른	손 산	모	양	왼	–	손	–은 무	지	개
4. 초롱	초	롱 예쁜	눈	어	–	디	–로	왼	–	손

출처: 이선미(2010).

제7장

아동 · 청소년 문화예술교육
국악 교육프로그램 개발

박지영

아동 · 청소년 대상 국악 교육프로그램의 설계 시 가장 중요하게 고려되어야 할 부분은 이들의 심리사회적 특성을 이해하는 것이다. 그러나 이 부분은 〈국악교육론〉과 〈국악 교수 · 학습방법〉에서 이미 충분히 다루었으므로 이 장에서는 아동 · 청소년 대상 국악 교육프로그램의 현황을 살펴보고, 교육프로그램 개발 원리에 기반을 둔 국악 교육프로그램의 개발에 중점을 둘 것이다. 국악 교육프로그램의 현황을 학교교육과 학교 밖 교육으로 나누어 살펴보고, 국악 교육프로그램을 개발하기 위한 구체적이고 실제적인 방법을 알아본다. 또한 국악 교육프로그램을 개발할 때 교육프로그램 개발의 원리와 방법 이해를 기반으로 우수 프로그램 사례들로부터 얻은 유의점을 반영하도록 하여 보다 효과적인 국악 교육프로그램을 개발하는 것을 목표로 한다.

1. 아동 · 청소년 국악 교육프로그램의 현황

아동과 청소년은 공교육의 지원을 받는 가장 큰 규모의 학습자 그룹이다. 이들은 학교에서뿐만 아니라 학교 밖에서도 학습을 하고 있지만 국악교육은 학교 안에서 주로 이루어진다. 학교 밖에서 이루어지는 사교육에서 국악을 선택하는 경우는 많지 않기 때문이다. 따라서 학교 안에서 이루어지는 것과 국가 지원 형태의 국악 교육프로그램을 살펴보는 것이 의미가 있을 것이다. 앞에서 밝힌 바와 같이, 아동 · 청소년의 국악교육은 공교육 제도권 하에서 이루어지는 경우가 많다. 학교 안에서 이루어지는 교육은 초 · 중 · 고등학교로 볼 수 있고, 학교 밖에서 이루어지는 교육은 아동양육시설, 청소년 관련 기관 및 단체에서 운영하는 프로그램으로 구분할 수 있다. 프로그램의 범위는 최소한 목표, 내용, 방법, 평가 등의 요소를 갖춘 것에 한하여 제시하고자 한다.

1) 학교에서의 국악 교육프로그램 현황

학교에서의 국악 교육프로그램은 초등학교, 중학교, 고등학교에서 각 교급마다 기본교과, 창의적 체험활동, 동아리, 방과후학교, 자유학기제 등 다양한 영역에서 시행되고 있다. 이 중 기본교과는 학교 음악교과에서의 수업을 의미하며, 교과서에 제시된 제재를 다루는 것이다. 교과서에 수록된 국악 제재는 한 제재 당 2~3차시 정도의 기간에 학습할 수 있도록 구성되어 있는데, 이러한 제재들이 유기적인 관계를 형성하고 있지 않으므로 하나의 프로그램으로 보기는 어렵다. 따라서 1년을 4분기로 나누었을 때 최소한 한 분기 이상의 기간을 목표로 진행이 되었던 프로그램을 정리하여 제시하고자 한다.

(1) 창의적 체험활동의 국악 교육프로그램 현황

창의적 체험활동은 교과 이외의 활동으로서 교과와 상호보완적 관계에 있으며, 앎을 적극적으로 실천하고 나눔과 배려를 할 줄 아는 창의성과 인성을 겸비한 미래지향적 인재 양성을 목적으로 한다. 창의적 체험활동은 기본적으로 자율성에 바탕을 둔 집단 활동의 성격을 지니고 있으며, 집단에 소속된 개인의 개성과 창의성도 아울러 고양하려는 교육적 노력을 포함한다. 2009 개정 교육과정에서는 창의적 체험활동의 하위 영역을 자율 활동, 동아리 활동, 봉사 활동, 진로 활동으로 구분하였고, 2015 개정 교육과정은 기존의 하위 영역을 유지하면서 학교의 자율권과 특색을 살리는 방향으로 영역, 활동 시간 등을 자율적으로 편성·운영할 수 있음을 명시하였다(교육부, 2016). 초등학교에서는 학년군별 204~336시수, 중학교에서는 306시수, 고등학교는 408시수가 편성되어 있다.

〈표 7-1〉 서울·경기 중학교 음악 관련 창의적 체험활동 현황

전개 종류	◇ 활동 -3	
	서울(%)	경기(%)
댄스	23	34.5
밴드	16.7	10.4
오케스트라	13.9	17
뮤지컬	6.9	3.3
난타	6.5	4.2
기타	5.5	5.1
보컬	4.1	2.7
사물놀이	3.1	3.3
감상	2.4	1.8
합창	2.2	1.2
가야금	2.2	2.1
우쿨렐레	1.7	0.3
팝송	1.4	0.9
이 외	10.4	13.2
합계	100	100

출처: 이지현(2017).

〈표 7-1〉은 서울·경기 지역 중학교에서 이루어지는 음악 관련 창의적 체험활동의 현황이다. 이 중 국악 관련 프로그램은 난타, 사물놀이, 가야금 등으로 서울은 11.8%, 경기는 9.6%에 불과하다.

(2) 자유학기제의 국악 교육프로그램 현황

자유학기제는 중학교 교육과정 중 한 학기 동안에 학생들이 지필평가 등 시험 부담에서 벗어나 꿈과 끼를 찾을 수 있도록 수업운영을 토론, 실습 등 학생 참여형으로 개선하고 진로탐색 활동 등 다양한 체험활동이 가능하도록 교육과정을 유연하게 운영하는 제도이다(교육부, 2015a). 또한 진로활동, 주제선택 활동, 예술·체육 활동, 동아리 활동 등 학생들이 주도적으로 선택하고 참여하는 자유학기 활동을 활성화시키는 것에 목적을 둔다.

자유학기를 중심으로 초등학교에서는 진로를 인식하고, 중학교에서는 진로를 탐색하고, 고등학교에서는 진로 준비 및 설계를 할 수 있는 진로교육의 연계성이 활성화되는 방향성을 지닌다(교육부, 2015b). 〈표 7-2〉는 2016년 서울·경기 지역의 예술·체육 활동 프로그램 중 음악프로그램과 국악 관련 프로그램을 정리한 내용이다.

〈표 7-2〉 2016년 서울·경기 지역 자유학기제 예술·체육 활동 국악 관련 프로그램   (단위: 개)

	음악프로그램의 수	국악 관련 프로그램의 수와 내용	
서울	253	50	민요3, 단소2, 소금3, 태평소1, 장구7, 가야금7, 해금2, 사물놀이4, 난타18, 판소리3
경기	463	98	민요1, 단소8, 소금4, 장구5, 가야금6, 해금2, 사물놀이21, 난타51

출처: 조슬기(2017)

앞의 내용은 서울·경기 지역의 중학교 1,003개교 중 음악프로그램 자료를 확인할 수 있는 413개교를 조사한 것이다. 이 자료는 자유학기제의 4개 영역 중 예술·체육 활동에 국한하여 조사했는데, 2016년을 기준으로 서울 지역은 253개, 경기 지역은 463개의 음악프로그램이 진행되었고, 국악 관련 프로그램은 각각 50개와 98개로 음악프로그램에 비해 상대적으로 적은 것을 알 수 있다. 국악 관련 프로그램의 종류로는 민요, 판소리, 단소, 소금, 장구, 사물놀이, 태평소, 해금, 가야금, 난타 등이 있었으며, 이 중 난타, 사물놀이, 장구 등 타악기 프로그램이 큰 비중을 차지했다. 〈표 7-3〉은 광주광역시에서 2015년과 2016년에 진행된 자유학기제 국악 관련 프로그램의 내용이다.

〈표 7-3〉 광주광역시 자유학기제 국악 관련 프로그램

년도 활동내용	2015년	2016년
진로 활동	• 없음	• 없음
주제 선택 활동	• 대바람소리(단소) • 난타	• 전통음악의 이해(국악기 연주) • 사물놀이
예술 · 체육 활동	• 사물놀이 & 난타 • 사물놀이 5[1] • 창작국악(국악기 배우기) • 함께하는 향토민요 • 우리 가락 부르기 • 즐거운 두드림(장구) • 난타 3 • 진흥풍물패 • 테마가 있는 연주여행(모듬북 합창) • 단소 2 • 소금 2 • 해금 • 가야금 2	• 모듬북 2 • 국악(사물놀이) 5 • 국악반(판소리, 단소, 사물놀이) • 얼씨구나 우리 가락 • 국악(민요, 판소리) • 국악관현악반 • 가야금병창반 • 퓨전음악반(재즈+국악) • 난타 4 • 소금 2 • 마음을 전하는 노래(합창+퓨전국악) • 우리 소리 우리 마당(판소리) • 진흥풍물패 • 얼씨구 우리 가락 • 단소 2 • 해금 • 가야금 2
동아리 활동	• 난타 7 • 덩덕쿵덕 사물놀이 • 국악관현악단 • 얼씨구나 우리 가락 • 얼쑤(국악관현악) • 민요 · 판소리 배우기 • 소금 연주	• 난타 7 • 덩덕쿵덕 사물놀이 • 국악관현악단 • 얼씨구나 우리 가락 • 얼쑤(국악관현악) • 민요 · 판소리 배우기 • 소금 연주 • 어울림(사물놀이) • 단소반

출처: 김희원(2017).

---

1) 개설된 프로그램의 수

〈표 7-3〉에는 광주광역시 소재 중학교에서 2015년과 2016년에 실시했던 자유학기제 국악 관련 프로그램이 제시되어 있으나 2016년 기준 국악 관련 프로그램의 비중을 정리하고자 한다. 진로활동은 음악프로그램의 비율이 8% 정도였으나 국악 관련 프로그램은 없었다. 주제선택활동은 310개의 프로그램 중 음악프로그램이 12%였고, 이 중 국악 관련 프로그램은 0.64% 정도였다. 예술 · 체육 활동은 593개 프로그램 중 음악프로그램이 24%였고, 이 중 국악 관련 프로그램은 4.72%였다. 동아리활동은 400개의 프로그램 중 음악프로그램이 14%, 국악 관련 프로그램은 3.74%에 불과했다. 종류는 난타, 모듬북, 사물놀이, 단소, 소금, 가야금, 해금 등의 기악 프로그램과 민요, 판소리 등의 가창 프로그램과 국악관현악, 퓨전국악 등으로 종류도 다양하지 않았다.

2) 학교 밖에서의 국악 교육프로그램 현황

학교 밖에서의 문화예술교육은 사회문화예술교육이라는 용어로 설명할 수 있다. 사회문화예술교육이라는 용어는 「문화예술교육 지원법」 제2조에 근거하여 명명된 바 있고, "문화예술교육시설(문화시설, 청소년활동시설, 평생교육시설 등) 및 문화예술교육단체와 각종 시설 및 단체 등에서 행하는 학교문화예술교육 외의 모든 형태의 문화예술교육을 의미한다. 아동 · 청소년에 해당하는 사회문화예술교육은 문화체육관광부의 산하기관인 한국문화예술교육진흥원에서 실시하고 있는데, 그 내용은 〈표 7-4〉와 같다.

〈표 7-4〉 사회문화예술교육 아동 · 청소년 관련 분야

단위사업	세부사업
복지기관 문화예술 교육 지원사업	• 아동양육시설 문화예술교육 지원사업
	• 장애인복지관 문화예술교육 지원사업
부처 간 협력 문화예술교육 지원사업	• 교정시설/소년원 학교 문화예술교육 지원사업
	• 청소년비행예방센터/치료감호소/보호관찰소 문화예술교육 지원사업
	• 방과후 청소년 문화예술교육 지원사업
	• 학교 밖 청소년 문화예술교육 지원사업
	• 지역아동센터 문화예술교육 지원사업
	• 북한이탈주민 문화예술교육 지원사업

꿈다락 토요문화학교	• 미술관/박물관/국·공립 기관/도서관 연계 프로그램 기획·운영 지원
	• 건축문화 프로그램 기획·운영 지원
	• 가족오케스트라·합창 프로그램 기획·운영 지원
	• 주말 문화여행 프로그램 기획·운영 지원
	• 청소년 문화예술 진로탐색 프로그램 기획·운영 지원
	• 어린이는 무엇을 믿는가 프로그램 기획·운영 지원
	• 꼬마작곡가 프로그램 기획·운영 지원
	• 아리랑 프로그램 기획·운영 지원
	• 고3 수험생 문화예술교육 지원
	• 문화예술교육사 통합문화예술교육프로그램 지원
소외아동·청소년 문화 예술교육 지원사업	• 꿈의 오케스트라 사업
	• 농산어촌 이동형 문화예술교육 지원 사업 '움직이는 예술정거장'

출처: 한국문화예술교육진흥원 홈페이지.

'복지기관 문화예술교육 지원사업' '부처 간 협력 문화예술교육 지원사업' '꿈다락 토요문화학교' '소외 아동·청소년 문화예술교육 지원사업' 등이 있다.

여성가족부에서 청소년들에게 청소년어울림마당, 청소년동아리, 청소년프로그 램공모 등 다양한 체험활동 기회를 제공하여 청소년의 역량 개발 및 건강한 성장을 지원하고 있다. 또한 청소년들의 활동을 지원하기 위해 청소년활동정보서비스 e-청소년(http://www.youth.go.kr)을 운영하고 있다. 청소년활동정보서비스 e-청소 년 홈페이지에는 여성가족부 산하 청소년 관련 기관에서 시행하고 있는 자유학기 제 연계 가능 프로그램이 있는데, 그 내용은 〈표 7-5〉와 같다.

〈표 7-5〉 2018년 자유학기제 연계 가능 프로그램 현황

지역	기관명	영역	프로그램명
서울	성동청소년문화의집	문화예술	난타
	시립성북청소년수련관	문화예술	전통놀이, 북난타, 판소리
부산	양정청소년수련관	문화예술	모듬북체험
	기장군청소년수련관	진로탐색	국악인 직업 이해, 난타 체험
	기장문화예절학교	문화예술	전통민속놀이체험
			사물놀이
	금련산청소년수련원	문화예술	진로교육 및 판소리

대구	청소년수련원	문화예술	모둠북
			난타
	청소년문화의집	문화예술	모둠북
	동구청소년문화의집	인문사회	전래놀이
	서구청소년수련관	문화예술	난타야 놀자
			두드리고 울려라 모둠북
	북구청소년회관	문화예술	가야금
			민요
	수성구청소년수련관	진로탐색	난타
	달서구청소년수련관	문화예술	조상들의 멋과 흥(전통놀이)
인천	계양구청소년수련관	문화예술	퓨전 난타
	동구청소년수련관	문화예술	사물놀이
			난타 배우기
	부평구청소년수련관	문화예술	난타
	서구청소년수련관	문화예술	전래놀이
	청소년수련관	문화예술	풍물놀이
			퓨전난타
광주	동구청소년수련관	진로탐색	전통놀이지도사
	서구청소년수련관	문화예술	난타
경기	고양시 토당청소년수련관	진로탐색	전통활동 (민요)
			모둠북
			사물놀이
	의정부시청소년수련관	문화예술	난타반
	동두천시청소년수련관	문화예술	난타교실
충북	청주시청소년수련관	진로탐색	난타
	진천군청소년수련관	문화예술	내가 국악인이 된다면
	음성청소년문화의집	문화예술	모둠북
	괴산군청소년수련마을보람원	문화예술	풍물
			모둠북
충남	아산시청소년교육문화센터	문화예술	가야금
전북	군산시청소년문화의집	문화예술	난타강사(난타직업의 이해)
전남	무안군청소년수련관	문화예술	퓨전난타
경북	구미시선산청소년수련관	기타(탐구)	전래놀이
경남	진주시청소년수련관	문화예술	난타
	밀양시청소년문화의집	문화예술	청소년 난타

출처: 청소년활동정보서비스 e-청소년.

170

학교 안에서 이루어지는 국악교육과 학교 밖에서 이루어지는 국악교육의 현황을 살펴보았다. 그 결과, 학교 수와 프로그램 수에 비해 국악의 비중이 매우 적다는 것을 알 수 있었다. 비중이 적은 것도 안타까운 일이지만 무엇보다 학생들이 자발적으로 선택할 만한 흥미로운 콘텐츠가 부족하다는 것이 문제이다. 학교 안과 학교 밖을 비교했을 때, 학교 밖에서 이루어지는 국악 교육프로그램이 상대적으로 다양함을 알 수 있었다. 이는 학교 안의 국악교육은 교사가 주축이 되어 기획된다는 것에 한계가 있을 것이다. 국악교육 전문가가 콘텐츠를 만들어서 학교에 제안을 하는 형태로 시스템이 바뀔 때 비로소 국악교육도 다양해지고 발전할 수 있을 것으로 사료된다.

2. 아동·청소년 국악 교육프로그램 개발의 실제

이 항에서는 ADDIE 모형에 맞게 국악 교육프로그램을 개발하는 과정을 제시하고자 한다. 다음에 제시할 교육프로그램은 초등학교 고학년과 중학생을 대상으로 한 〈전설 따라 민요 따라 설화로 풀어 보는 '밀양아리랑'〉으로 김현주와 박고우리[2]에 의해 개발·실행되었다. 이 프로그램의 내용을 기준으로 하되 학습자 분석이나 평가 등 각 단계별 세부적인 내용은 재구성하여 제시하고자 한다.

1) 분석

분석 단계에서는 요구 분석, 학습자 분석, 교육 환경 분석으로 나누어 정리하였다. 요구 분석에서는 학생, 학부모, 교사의 요구를, 학습자 분석에서는 학생들의 학력 수준과 수업 태도 등을 분석하였고, 교육 환경 분석에서는 지역사회 환경과 학부모의 교육 열의 등을 분석하였다. 다음에서 제시한 분석 내용은 예시를 제공하기 위한 가상의 설정이라는 것을 밝혀두고자 한다.

---

2) 김현주와 박고우리는 한국문화예술교육 지원사업 서울지역 국악 분야 예술강사로, 〈전설 따라 민요 따라 설화로 풀어 보는 '밀양아리랑'〉은 한국문화예술교육진흥원의 2017 학교 문화예술교육프로그램 공모전에서 최우수상을 수상한 프로그램이다.

(1) 요구 분석

- 학생: 다양한 문화예술 체험활동을 통한 자기 표현 능력, 감정 표현 능력 향상
- 학부모: 문화예술교육에 대한 공감대 형성을 통해 학생의 체험활동의 확대 및 가정과의 연계 기반 마련
- 교사: 교육목표에 맞게 필요한 내용을 중심으로 교육과정을 재구성해 봄으로써 수업 개선 및 전문성 향상

(2) 학습자 분석

- 학력의 수준차가 심하며 자기 표현 능력이 다소 부족함.
- 문화예술 활동에 관심이 높지만 성실하게 참여하는 편은 아님.

(3) 교육 환경 분석

- 지역사회의 환경은 경제적으로 어려운 편이나 지원을 받지 못하는 사각지대 가정의 자녀들이 많이 분포하며 경제적 형편이 넉넉하지 않아 문화예술 활동에 참여할 기회가 적음.
- 학부모들은 학교교육 활동에 대한 관심이 많고 자녀의 인성교육에 관심이 매우 높으며 다양한 체험중심 교육활동이 학교에서 전개되어 자녀의 인성이 바르게 함양되길 기대함.

2) 설계

분석 단계에서 도출된 정보를 바탕으로 프로그램을 설계하는 단계이다. 어떤 프로그램을 적용할 것인지를 결정하고, 프로그램명을 정한 후 학습자 수준을 고려하여 목표를 설정한다.

(1) 프로그램명 정하기

프로그램명은 프로그램의 성격이 잘 드러나도록 짓는 것이 좋으며, 프로그램명만 보고 무슨 내용의 교육이 진행될지 예측하도록 만드는 것이 중요하다. 이 항에서 제시할 프로그램명은 〈전설 따라 민요 따라 설화로 풀어 보는 '밀양아리랑'〉으로 교육 내용의 예측도 쉽고 '밀양아리랑'에 담긴 이야기에 대한 호기심과 흥미를 유발할 수 있다. 또한 지역화 특성 문화예술교육으로도 적합하다고 볼 수 있다.

(2) 프로그램의 목표 설정하기

아동 · 청소년 국악교육의 목표는 국악교육론에서 이미 제시한 바 있다. 총 3개의 목표로 나눈 후 세부목표로 제시하였는데, 그 내용은 〈표 7-6〉과 같다.

〈표 7-6〉 아동 · 청소년 대상 국악교육의 목표

목표	세부 목표
국악 능력의 향상	• 가창 능력의 향상 • 기악 능력의 향상 • 창작 능력의 향상 • 감상 능력의 향상
국악의 향유	• 국악의 흥미 • 국악 애호 • 국악의 생활화 등
국악을 통한 다른 영역의 지향	• 인성 함양 • 창의성 신장 • 자아존중감, 자아탄력성 향상 등

출처: 윤명원 외(2018).

국악 능력의 향상, 국악의 향유, 국악을 통한 다른 영역의 지향으로 나누었다. 국악 능력의 향상은 말 그대로 국악교육을 통해 지향하는 바가 국악적 능력의 향상에 있다는 것을 의미한다. 실기 능력을 향상시키기 위한 전공자 교육이나 취미로서의 심화 교육, 발표회나 대회 출전에 목적을 둔 경우에 해당된다. 국악의 향유는 국악교육을 통해 삶 속에서 국악을 즐기는 사람으로 성장시키는 것에 목표를 두는 것을 말한다. 국악을 통한 다른 영역의 지향은 인성 함양, 창의성 신장, 자아존중감 및 자아탄력성 향상 등의 세부 영역으로 구분했는데, 이 중 인성 함양은 자존감 향상, 공동체 의식, 절제와 균형의 정신, 하나됨의 정신, 자연애, 풍류정신과 여유, 문화의 다원적 가치 등의 인성요소(권덕원, 2015)로 세분화하여 제시할 수 있다.

〈전설 따라 민요 따라 설화로 풀어 보는 '밀양아리랑'〉 프로그램은 국악을 통한 다른 영역의 지향, 즉 창의성 신장을 목표로 한 프로그램에 해당한다. 프로그램의 목표는 다음과 같다.

첫째, 국악을 중심으로 미술, 국어, 실과 등의 타 교과와 연계하여 다양한 방법으로 국악을 학습한다.

둘째, 프로그램에 자기주도적으로 참여함으로써 학생들의 음악기초 능력과 자기관리역량을 향상시킨다.

(3) 세부 내용 계획하기

이 프로그램은 초등학교 고학년의 창의적 체험활동이나 중학교 자유학기제 프로그램으로 적합한 프로그램이다. 총 8차시로 계획하였고, 각 차시별 목표와 주요 활동은 〈표 7-7〉과 같다.

〈표 7-7〉 〈전설 따라 민요 따라 설화로 풀어 보는 '밀양아리랑'〉 수업계획서

구분	학습 주제	주요 활동	수업 자료
1차시	노래에 담긴 이야기를 생각하며 〈밀양아리랑〉 노래 부르기	• 이야기가 있는 민요 알아보기 • 〈밀양아리랑〉 노래 익히기 • '아랑 전설' 알아보기 • 세마치장단의 기본박을 치며 노래 부르기	ppt, 강사용 장구, 〈밀양아리랑〉 음원
2차시	장단치고 발림하며 노래 부르기	• 〈밀양아리랑〉 장구병창을 감상하기 • 세마치장단의 기본장단과 변형장단 연주하기 • 노래 부르며 발림하기	ppt, 강사용 장구, 학생용 장구, 〈밀양아리랑〉 음원
3차시	노랫말 창작하기	• 변형장단을 치며 〈밀양아리랑〉 노래 부르기 • 창작한 노랫말을 친구들에게 소개하기	ppt, 강사용 장구, 학생용 장구, 〈밀양아리랑〉 음원, 활동지
4차시	스토리보드 만들기	• 뮤직비디오 제작 과정 살펴보기 • 모둠별로 〈밀양아리랑〉 스토리보드 만들기 • 모둠별로 제작한 스토리보드 발표하기	ppt, 강사용 장구, 〈밀양아리랑〉 음원, 활동지, 하드보드지, 테이프, 가위
5차시	뮤직비디오 만들기 1	• 뮤직비디오에 들어갈 장면을 (스토리보드) 연출하여 사진 찍기 • 사진으로 찍을 수 없는 장면은 그림으로 그리기	ppt, 강사용 장구, 〈밀양아리랑〉 음원, 스마트폰, 스케치북, 색연필

6차시	뮤직비디오 만들기 2	• 뮤직비디오 제작에 필요한 동영상 촬영하기 • 모둠별로 〈밀양아리랑〉을 노래 부르고 녹음하기	ppt, 강사용 장구, 〈밀양아리랑〉 음원, 스마트폰
7차시	뮤직비디오 만들기 3	편집 기능 애플리케이션 사용 방법 익히기 동영상과 사진, 그림 등을 편집하여 뮤직비디오 완성하기	ppt, 강사용 장구, 〈밀양아리랑〉 음원, 스마트폰
8차시	뮤직비디오 시사회	모둠별로 제작한 〈밀양아리랑〉 뮤직비디오 감상하기 뮤직비디오 시사회 비평하기	모둠별 결과물, 평가지

(4) 평가 계획하기

평가는 적용결과를 분석하고 수업의 개선점을 추출하여 다음 수업에 더 나은 교육적 효과를 얻기 위해 반드시 필요한 단계이다. 평가기준과 기능, 대상, 영역, 방법에 따라 평가의 내용은 달라진다.

• 평가기준: 절대평가와 상대평가
• 평가기능: 진단평가, 형성평가, 총괄평가
• 평가대상: 학습자 평가, 수업평가, 교육과정평가, 학교평가
• 평가영역: 지적 영역, 정의적 영역, 심동적 영역
• 평가방법: 양적 평가, 질적 평가

이 밖에 평가도구로는 감상문 쓰기, 비평문 쓰기, 토론법, 일화 기록, 체험보고서, 수업일지, 실기, 자기평가, 상호평가, 포트폴리오, 시연 등을 활용할 수 있다. 이 프로그램에서는 절대평가의 기준으로 교수자에 의한 관찰평가와 학습자 스스로 평가하는 자기평가, 동료들의 발표를 보고 평가하는 동료평가를 실시한다.

3) 개발

개발 단계는 분석과 설계한 내용을 바탕으로 실행하고자 하는 세부 내용을 구체화시키는 단계로, 교수·학습 과정안을 만들고 수업에서 활용할 교재·교구(프레

젠테이션 도구, 활동지) 등을 제작한다.

(1) 지도안 예시

[지도안 7-1] 〈전설 따라 민요 따라 설화로 풀어 보는 '밀양아리랑'〉 4차시 수업지도안

기관명	○○ 초등학교	장소	음악실
차시	4 / 8	수업 시간	40~45분
프로그램명	전설따라 민요따라 (설화로 풀어보는'밀양아리랑')	학습 대상 및 인원	초등학교 6학년 24명
학습 주제	스토리보드 만들기	준비물	강사용 장구, 활동지, 스티커, 하드보드지, 투명테이프, 가위
학습 목표	〈밀양아리랑〉 뮤직비디오 제작을 위한 스토리보드를 만들 수 있다.		
기대효과	〈밀양아리랑〉 이라는 설화를 바탕으로 스토리보드를 만들면서 노래를 더 깊이 이해하게 되고 모둠원 간의 협의를 통해 배려와 소통을 배울 수 있다.		

학습 단계	교수 · 학습 활동	시간 (분)	자
도입	◇ 학습 동기 유발 • 국악인사(인사굿장단) - 강사의 장단에 맞추어 국악인사를 한다. • 모둠별로 〈밀양아리랑〉 노래 부르기 - 세마치장단에 맞추어 발림을 하며 노래를 부른다. • 학습 목표 및 활동 안내 - 학습 목표를 제시하고 본시 활동을 안내한다.	5	자 강사용 장구
전개	◇ 활동 -1 • 뮤직비디오 제작 과정 살펴보기 - 뮤직비디오 제작 과정을 알아본다. - 스토리보드의 쓰임을 알아본다. * 광고나 영화, 애니메이션 등을 만들 때 사용하는 스토리보드는 중요한 장면이나 이야기, 소재 등을 간략하게 정리해 둔 판으로 보는 사람이 쉽게 이해할 수 있도록 사진이나 그림을 활용하여 만든다.	7	자 ppt *스토리보드 작성 시 유의할 점에 대해 설명을 해 준다.

176

	◇ 활동 −2		자
	• 스토리보드 만들기 　- 지난 시간에 만들었던 모둠별 이야기를 바탕으로 간략하게 스토리보드를 작성한다. 　- 스토리보드에 붙일 그림을 그린다. 　- 하드보드지에 그림을 붙인다.		활동지, 스티커, 하드보드지, 투명테이프, 가위 *학생들이 자유롭게 그림을 표현할 수 있도록 한다.
	<table><tr><td colspan="2">아리랑의 전설 속 이야기 '밀양아리랑' - 스토리보드 말들기 - 학년　반　이름: * UCC를 만들기 위한 내용을 순서대로 적어봅시다. - 가사에 어울리는 내용을 6컷으로 만드세요. -</td></tr><tr><td>①</td><td>②</td></tr><tr><td>③</td><td>④</td></tr><tr><td>⑤</td><td>⑥</td></tr></table>	활동지를 통해 주어진 노래의 소절에 어울리는 그림을 그리도록 한다.	20
	◇ 활동 −3		
	• 모둠별로 제작한 스토리보드 발표하기 　- 모둠별로 완성된 스토리보드를 소개하며 〈밀양아리랑〉을 노래 부른다.		
		모둠별로 완성한 스토리보드를 들고 각 장면을 짚어 가며 〈밀양아리랑〉을 부른다.	5
정리	◇ 학습 정리		
	• 소감 나누기 - 다른 모둠의 발표를 듣고 잘된 점을 이야기한다. - 스토리보드 만들기 활동에 참여한 소감을 이야기한다.		3
	◇ 차시예고		
	• 뮤직비디오에 필요한 그림그리기와 사진 찍기		

(2) 활동지 예시

〈전설 따라 민요 따라 설화로 풀어 보는 '밀양아리랑'〉

-스토리보드 만들기-

학년　　　　반　　　　이름:

* 뮤직비디오를 만들기 위한 내용을 순서대로 적어 봅시다.

– 가사에 어울리는 내용을 6컷으로 만드세요. –

4) 실행

실행 단계는 개발 단계에서 구체화한 수업 내용을 실행하는 단계로, 수업 공간 및 도구를 관리하고 수업 중 발생할 수 있는 돌발 상황 대처법을 숙지하는 것이 중요하다.

(1) 수업 공간 및 도구 관리

① 수업 장소: 수업 공간의 크기, 사용 가능한 기자재의 종류 확인하기(컴퓨터, 프로젝터, 스피커 등)

② 모둠 구성 및 책상 배치: 모둠 구성방법 정하기, 모둠활동의 규칙 정하기, 4인 1모둠으로 책상 배치하기 등

③ 프레젠테이션 도구의 사용: 프레젠테이션 시 동영상 재생 확인, 음향, 글씨의 크기 등(교실의 뒷자리에 앉아 있는 학생들의 위치에서 음향과 글씨 크기 확인하기)

④ 교재 관리: 사용할 악기 상태를 확인하기, 활동지를 인원수만큼 출력하기 등

(2) 돌발 상황 시 대처방법

① 학생들의 문제행동 발생 시 대처방법 숙지하기(활동에 참여하지 않을 때, 학생들 간에 다툼이 있을 때 등)

② 활동 시간이 계획보다 늦어지지 않도록 대책 세우기(타이머 제공하기, 모둠 역할 나누기 활동 시 시간 관리 역할 만들기, 활동 마무리 1분 전에 예고하기 등)

③ 활동 시간이 계획보다 빨리 끝났을 때 심화 활동 및 대체 활동 준비하기

[그림 7-1] 안무 정하기

[그림 7-2] 뮤직비디오 촬영하기

5) 평가

평가 단계는 학생들이 학습 목표에 도달하였는지 성취도를 확인하고 수업을 수
정·보완하기 위한 필수 단계로, 이 프로그램에서는 관찰평가, 자기평가, 동료평가
를 진행하고자 한다.

〈표 7-8〉 교수자용 관찰평가표

평가기준	평가점수
'밀양아리랑' 뮤직비디오 제작을 위한 스토리보드 만들기 과제를 잘 이해하고 모둠원과 협력하여 결과물을 만들었다.	매우 잘함
'밀양아리랑' 뮤직비디오 제작을 위한 스토리보드 만들기 활동에 참여하여 모둠원과 협력해서 결과물을 만들었다.	잘함
'밀양아리랑' 뮤직비디오 제작을 위한 스토리보드 만들기 활동에 참여하여 모둠원과 결과물을 만들었다.	보통
'밀양아리랑' 뮤직비디오 제작을 위한 스토리보드 만들기 활동에 어려움이 있다.	노력 요함

〈표 7-9〉 학습자용 자기평가표

'밀양아리랑' 뮤직비디오 제작을 위한 스토리보드를 모둠원과 협력하여 만들었는가?	☺	😐	☹
친구들을 배려하며 활동하였는가?	☺	😐	☹

〈표 7-10〉 학습자용 동료평가표

모둠	평가 내용	☺	😐	☹
1모둠	노래와 잘 어울리는 내용으로 이야기를 창작하였나요?			
	노랫말이 잘 전달되도록 노래를 불렀나요?			
	모둠원이 적극적으로 활동에 참여하였나요?			
	잘된 점을 자유롭게 써 주세요.			

3. 아동 · 청소년 국악 교육프로그램 개발 실습

앞에서 아동 · 청소년 국악 교육프로그램 개발의 실제를 상세하게 제시하였다. 이를 바탕으로 아동 또는 청소년 중 대상을 정하여 8차시의 국악 교육프로그램을 개발해 보자.

1) 분석

• 학습자 분석	
• 교육 환경 분석	

2) 설계 및 개발

• 목표 설정	
• 교육 계획	
• 수업환경	- 기관: - 교육 장소: - 학습 대상 및 인원: - 교육 기간:
• 교육 주제	

프로그램명:

• 차시별 주요내용: 총 8차시

구분	학습 주제	주요 활동	수업 자료
1차시			
2차시			
3차시			
4차시			
5차시			
6차시			
7차시			
8차시			

3) 실행 및 평가

• 세부수업지도안

기관명		장소	
차시		수업 시간	
프로그램명		수강 인원	
학습 주제		준비물	
학습 목표			
기대 효과			
학습 단계	교수·학습 활동		준비물(·) 및 유의점(✓)
도입			
전개			
정리			
평가 및 마무리			

토의 주제

1. 학교 안과 학교 밖에서 이루어지는 국악 교육프로그램 현황의 시사점을 토의해 보자.

2. 아동과 청소년 중 대상을 정하여 8차시의 국악 교육프로그램을 개발해 보자.

참고문헌

강혜인(2017). 창의성 계발을 위한 국악 교수·학습에 관한 연구. 음악과 민족, 53. 171-200.

권덕원, 황병훈, 송정희, 박주만(2009). 국악교육론. 경기: 교육과학사.

교육부(2015a). 음악과 교육과정. 세종: 교육부.

교육부(2015b). 중학교 교육과정. 교육부 고시 제2015-74호. 초·중등학교 교육과정총론 중 별책3. 세종: 교육부.

교육부(2015c). 중학교 자유학기제 시행 계획 시안 발표. 세종: 교육부.

교육부(2016). 2015 개정 교육과정 총론 해설-초등학교. 세종: 교육부.

김성숙, 김희경, 서민희, 성태제(2015). 교수·학습과 하나되는 형성평가. 서울: 학지사.

김희원(2017). 자유학기제 음악프로그램 분석 연구: 광주광역시를 중심으로. 조선대학교 교육대학원 석사학위논문.

변영계(2003). 수업설계. 서울: 학지사.

서울특별시교육청(2017). 서울형 자유학기제 운영매뉴얼. 서울: 서울특별시교육청.

오인경, 최정임(2005). 교육프로그램 개발 방법론. 서울: 학지사.

윤명원, 임미선, 이용식, 신은주, 이진원, 허윤정, 강혜인, 박지영, 정모희, 곽은아, 신웅재, 강선하(2018). 국악교육론. 서울: 학지사.

윤명원, 곽은아, 강혜인, 박소현, 박지영, 정모희, 황부남, 이영주, 배영진(2018). 국악 교수·학습방법. 서울: 학지사.

이복희, 김종표, 김윤아(2018). 청소년교육론. 서울: 학지사.

이지현(2017). 서울·경기 지역 중학교 학생들의 음악 관련 창의적 체험활동 실태조사. 성신여자대학교 교육대학원 석사학위논문.

조슬기(2017). 서울·경기 지역 자유학기제 음악 프로그램의 실태 및 인식 조사. 성신여자대학교 교육대학원 석사학위논문.

교육부 자유학기제 홈페이지 http://www.ggoomggi.go.kr (2017.4.12. 인출).

교육부, 시·도 교육청, 한국교육개발원이 함께하는 방과후학교 포털시스템
https://www.afterschool.go.kr/ (2017.4.12. 인출).

청소년활동정보서비스 http://www.youth.go.kr

한국문화예술교육진흥원 홈페이지 www.arte.or.kr

☞ **참고자료 |**

중학생 대상
『창의적 사고기법을 활용한 한국음악사』 (강혜인, 2017)

• 수업 계획안

시대 구분 학습 주제	주요 학습 내용 및 활동	활용사고기법 (기대 창의성)
음악사 총괄 한국음악 명인을 찾아라	• 한국음악사의 시대별 주요 음악가 알아보기 • 음악가를 선정하고 조사하여 '사고모자기법'으로 글쓰기 • 한국음악사의 명인에 대한 자긍심 갖기	사색 사고모자기법 (유창성) (정교성)
삼국시대 백제 금동대향로의 명 문을 만들자	• 한국음악사의 맥락에서 삼국시대의 음악가 활동 이해하기 • 유물을 통해 그 시대의 음악을 상상하여 '브레인라이팅'기법으로 　명문을 만들기 • 음악사를 통해 우리 음악의 역사와 유물에 대하여 친근한 태도 　갖기	브레인라이팅 기법 (창의성) (정교성)
조선시대 세종대왕의 음악사업 을 도웁시다	• 조선 전기 세종의 음악 업적 이해하기 • 세종의 음악 업적을 알고 '속성열거법'으로 음악사업의 특징 파악 　하기 • 나의 재능과 연결해서 창의적 글쓰기	속성열거법 (상상력) (융통성)
근현대 송화, 판소리 명창 만 들기 프로젝트	• 근대의 시대적 배경 속에서 음악가들이 당면한 새로운 음악적 상 　황 이해하기 • 영화 '서편제'에서 거리약장수를 하고 있는 송화를 명창으로 만들 　수 있는 방법을 모색하여 '마인드맵 기법'으로 창의적 글쓰기 • 근대의 음악적 변화 과정을 겪고 전승된 오늘의 국악에 대하여 　소중한 마음 갖기	마인드맵 기법 (유창성) (융통성) (창의성)

• 세부수업지도안

프로그램명	한국음악의 명인을 찾아라		주제(차시)	한국음악사(1/5)
학습 목표	1. 한국음악사의 시대별 명인들을 알고 그들의 활동을 이해한다. 2. 음악가를 조사하여 '사고모자기법'으로 글쓰기를 할 수 있다. 3. 한국음악사의 명인에 대하여 자긍심을 갖는다.			
학습 자료	수업용 PPT, 음악명인들 사진, 활동지, 음악사 시대 구분판, 스티커			
학습 단계	교수·학습 활동			자료(◆), 유의점(→)

도 입	• 음악사의 주요 음악가 알아보기 - 서양음악가 외에 한국음악가는 누구를 알고 있나요? - 음악의 역사는 음악가들이 만들어 온 역사입니다. 한국음악사의 명인들을 소개합니다.	◆바하, 베토벤의 사진 ◆한국 음악명인 사진
전 개	• 한국음악사의 각 시대별 대표적인 명인들을 이해하기 - 음악사의 시대 구분과 대표적인 명인들을 소개한다. - 시대의 음악적 특징과 연결하여 명인들을 이해한다. • 음악가를 선정하여 조사하기 - 모둠별로 관심 있는 음악가를 선정한다. - 인터넷을 활용하여 조사한 후 정리한다. • 4색 '사고모자기법'으로 음악가에 대한 글쓰기 - 흰색: 음악가의 활동을 있는 그대로 적으세요. - 노랑: 음악가의 업적 중에서 유익한 점을 찾으세요 - 초록색: 독창적이고 새로운 음악 활동을 찾으세요. - 빨강: 음악가를 알게 되면서 느낀 점을 적으세요. • 한국 음악의 명인에 대하여 조사, 정리한 글 발표하기 - 발표를 들으면서 다양한 음악가의 삶을 이해한다.	◆활동지 → 명인 소개는 간략히한다. ◆활동지 → 4색 '사고모자기법'을설명하고, 내용에 적합한 글을 쓰도록 유도한다.
정 리	• 한국음악사의 시대별 주요 사건, 음악가 정리하기 - 음악사 시대 구분판에 시대의 명인 스티커를 붙인다. - 시대 구분판을 보고 한국음악에 대하여 이야기 나눈다.	◆시대 구분판 → 스티커를 준비한다.
평 가	- '사고모자기법'을 이해하고 활동에 적극 참여하였는가? - 한국 음악가에 대하여 관심을 갖게 되었는가?	관찰평가 자기평가

• 활동지

〈한국음악사 활동지〉

한국음악의 명인을 찾아라

* ○○중학교　　학년　　반 성명:

1. 한국음악사의 각 시대별 대표적인 음악 명인들을 소개합니다.

시대 구분	대표적인 음악 명인들
상고 · 삼국 시대	왕산악, 우륵
통일신라 · 고려 시대	옥보고
조선 전기	세종, 박연, 세조, 성현, 한립, 김성기
조선 후기	정조, 장우벽, 신재효, 김창조
근대, 일제 강점기	하규일, 한성준, 김연수, 임방울, 최승희
현대	김기수, 김월하, 김소희, 황병기, 김영철, 김용배, 노동은, 원일

2. 음악 명인을 한 명 선정하여 '4색 사고모자기법'으로 정리해 봅시다.
　★선정한 음악가: 　　　　(시대: 　　　　)

4색 사고모자기법	내용
흰색 모자 (있는 그대로)	
노랑 모자 (유익한 점)	
초록색 모자 (새로운 점)	
빨강 모자 (느껴지는 감정)	

3. ○○인이 선정한 '한국음악의 명인 BEST 3' 명단은?

　　　　＿＿＿＿＿＿＿＿＿＿＿＿＿＿＿＿＿＿＿＿＿＿

4. 수업 후 느낀 점을 적어 주세요.

☞ 참고자료 2

초등학생 대상
'국악과 공예로 체험하는 우리나라 세시풍속'(한경원, 박지영, 2016)[3]

■ 교육목적
 – 24절기 4계절의 세시풍속을 공예와 국악을 통해 알아봄으로써 우리 조상들의 생활문화에서 나타난 지혜와 얼을 함께 느끼고 소통할 수 있다.
 – 국악과 공예를 접목한 다감각적 교육활동을 통해 박물관 관람의 즐거움을 경험하고, 우리 문화에 대한 관심을 갖는다.

■ 학습자 분석
 초등학생의 발달 단계는 피아제의 인지발달 단계 가운데 구체적 조작기와 형식적 조작기에 걸쳐 있는데, 이 시기의 학생들은 주입식 교육보다 체험을 통해 보다 효과적인 학습을 할 수 있다. 또한 예술교육의 중요성 인식이 확대됨에 따라 음악, 미술 등 다양한 예능 활동을 학교교육과 학교 밖 교육을 통해 접하는 등 이들의 부모 세대보다 더욱 다양한 학습 환경에 노출되어 있다. 따라서 이 프로그램에서 제공하는 다감각적 창의융합 활동에 흥미를 갖고 참여를 유도할 수 있다.

■ 학습 주제 선정
 세시풍속에는 그 사회를 유지하는 믿음과 사상, 공동체 및 윤리의식이 포함되어 있다. 이는 현대 사회의 개인주의, 가족 간의 소통 단절, 입시 위주의 교육으로 야기된 사회문제를 해결할 수 있는 가족 간의 소통, 가족·마을을 바탕으로 한 협동과 공동체 의식, 노인 공경의 윤리 의식 등의 내용을 포함한다. 따라서 전통적인 세시풍속의 교육적 활용은 우리 문화에 대한 '뿌리 찾기'인 동시에, 현대사회에서 나타나는 여러 문제를 해결하기 위한 대안적 교육의 실현이라 할 수 있다. 과거에는 이와 같은 세시풍속 교육이 가정과 마을 안에서 실제 행위를 통해 학습되고 전승되어 왔으나 현대에는 도시화로 인해 삶 속에서 자연스럽게 학습되기가 어렵다. 그러므로 세시풍속 교육은 학교교육과 사회교육에서 분담해야 하는데, 박물관의 유형문화유산과 국악, 공예와 같은 무형문화유산이 결합될 때 삶속에서 자연스럽게 전승되던 형태와 가까워질 수 있을 것이다.

■ 학습 목표 설정

지식	우리나라 4계절의 세시풍속을 알 수 있다.
기능	각 절기에 해당하는 세시풍속을 국악과 공예활동으로 표현할 수 있다.
태도	우리 선조들의 생활문화를 존중하고 가치를 인식하는 태도를 갖는다.

■ 교육개요
교육명 : 국악과 공예로 체험하는 우리나라 세시풍속
• 교육기간 : 계절별 1회씩 연간 총 4회

---

3) 2016년 국립민속박물관에서 주최한 박물관 연계 프로그램 공모전 우수상 입상작으로, 국립민속박물관 주강사 한경원(공예)과 필자(국악)가 공동 제작한 통합문화예술교육프로그램이다.

- 교육횟수 : 4회, 횟수 조절 가능
- 교육대상 : 초등 저·고학년 (난이도 조절 가능)
- 교육인원 : 20명(4명×5모둠)
- 참가비 : 미정
- 교육장소 : 국립민속박물관 전시실 & 별들재
- 참가방법 : 미정
- 교육내용 : 교과연계 국악, 공예 예술 체험 프로그램

■ 차시별 수업 지도안

1) 1차시: 세시풍속 - 봄, 풍년을 기원하는 봄!

학습 주제	전래동요와 전래 놀이, 발탈 만들기를 체험하며 봄의 세시풍속 알아보기
학습 목표	1. 봄의 세시풍속을 알아보고 〈밭갈이 가세〉와 〈남생아 놀아라〉를 부르며 놀이할 수 있다. 2. 발탈 만들기를 통해 노래를 부르며 일하는 즐거움을 알 수 있다. 3. 우리 조상들의 생활문화를 알고 그 가치를 내면화할 수 있다.
수업개요	제2전시실의 한국인의 일상 농기구와 농사 등의 감상을 시작으로, 조선시대 농경사회의 봄 농사방법 등을 이해한다. 공예수업 흙 밟기(밭 갈기와 땅 다지기) 체험을 통하여 발탈을 제작하고, 풍년을 기원하고 농사짓는 모습을 표현한 국악을 융합하는 교과연계 체험 활동으로 구성하였다.

주요활동	도입	• 국립민속박물관 전시물 관람하기 • 자기소개하기 • 학습 문제 제시하기 • 본시 활동내용 소개하기
	전개	[활동 1] 밭갈이 가세 • 세시풍속 알아보기 • 봄의 시작 '청명' 알아보기 • 〈경직도〉를 통하여 봄의 일거리 알아보기 • 〈밭갈이 가세〉 노래 익히기 • 〈밭갈이 가세〉 놀이하기 [활동 2] 남생아 놀아라 • 봄비 내리는 소리 '곡우' 알아보기 • 〈남생아 놀아라〉 익히기 • 〈남생아 놀아라〉 놀이하기 [활동 3] 발탈 만들기 • 옹기토로 땅 밟기 체험하기 • 모둠별로 발탈 만들기와 발표하기
	정리	• 봄의 세시풍속 정리하기 • 소감 이야기 나누기

2) 2차시: 세시풍속-여름, 태양의 축제 단오

학습 주제	물장구를 연주하며 단오장 만들기로 표현하는 여름의 세시풍속 알아보기		
학습 목표	1. 여름을 표현하는 세시풍속 단오의 의미와 뜻을 이해하고 가치를 알 수 있다. 2. 물장구를 만들어 연주하며 여름 관련 전래동요를 노래 부를 수 있다. 3. 단오장(장신구)을 만들면서 더운 여름을 이겨 낸 우리 조상들의 지혜를 체험할 수 있다.		
수업개요	제2전시실의 여름 생활도구를 감상하고, 단오의 풍습과 유래를 국악의 물장구 놀이와 공예 태양의 장신구 제작으로 융합하는 교과연계 체험활동을 구성하였다.		
주요활동	도입	• 국립민속박물관 전시물 관람하기 • 여름 놀이 이야기 나누기 • 학습 문제 제시하기 • 본시 활동내용 소개하기	
	전개	[활동 1] 여름 놀이 • 여름의 세시풍속 알아보기 • 여름 노래 익히기(〈두꺼비 집이 여물까〉 〈청청 맑아라〉 〈몸의 물터는 소리〉) • 모둠별로 물장구 만들기 • 물장구치며 노래 부르기 [활동 2] 단오와 단오장 • 태양의 축제 단오 알아보기 • 단오장(장신구) 만들기: 도자기 브로치 • 단오장 소개글 SNS에 올리기	
	정리	• 여름의 세시풍속 정리하기 • 소감 이야기 나누기	

3) 3차시: 세시풍속-가을, 둥근 달이 청청

학습 주제	'월워리 청청' 놀이하기와 '풍등 날리기'로 표현하는 가을의 세시풍속 알아보기		
학습 목표	1. 가을의 대표적인 명절인 '한가위'의 세시풍속 의미와 종류, 가치를 알 수 있다. 2. 한가위의 세시풍속 중 '월워리 청청' 놀이를 배울 수 있다. 3. 달맞이 '풍등'에 소원을 적어 날리며, 〈월워리 청청〉의 민요를 함께 부를 수 있다.		
수업개요	제2전시실의 가을 세시풍속 관련 전시물을 감상하고, 한가위의 세시풍속 중 '월워리 청청' 놀이와 '풍등' 만들기에 국악과 공예를 융합하는 교과연계 체험활동으로 구성하였다.		
주요활동	도입	• 국립민속박물관 전시물 관람하기 • 추석과 관련된 경험 이야기 나누기 • 학습 문제 제시하기 • 본시 활동내용 소개하기	
	전개	[활동 1] 가을의 세시풍속과 '월워리 청청' • 가을의 세시풍속 알아보기 • 한가위의 세시풍속 알아보기 • 〈월워리 청청〉 노래 익히기	

		• 〈월워리 청청〉 놀이하기
		• 임진왜란과 〈월워리 청청〉 유래 알아보기
		[활동 2] 풍등 만들기
		• 임진왜란과 풍등의 유래 알아보기
		• 풍등 만들기
		• 소원을 빌며 풍등 날리기
	정리	• 가을의 세시풍속 정리하기
		• 소감 이야기 나누기

4) 4차시: 세시풍속-겨울, 동지팥죽 먹고 나이 한 살 더 먹자

학습 주제	'동지팥죽 노래 부르기'와 '동지책력과 부적 만들기'로 겨울의 세시풍속 알아보기	
학습 목표	1. 겨울의 대표적인 절기인 '동지'의 세시풍속 의미와 종류, 가치를 알 수 있다. 2. 〈동지팥죽〉 노래를 부르는 활동을 통해 동지에 팥죽 먹는 풍속에 대해 알 수 있다. 3. 동지책력과 부적 만들기로 한 해의 행복을 빌던 우리 조상들의 마음을 느낄 수 있다.	
수업개요	제2전시실의 겨울 세시풍속 관련 전시물을 감상하고, 동지의 세시풍속 중 '동지팥죽 먹기'와 '동지책력과 부적 만들기'에 국악과 공예 활동을 융합하는 교과연계 체험 활동으로 구성하였다.	
주요활동	도입	• 국립민속박물관 전시물 관람하기 • 동지와 관련된 경험 이야기 나누기 • 학습 문제 제시하기 • 본시 활동내용 소개하기
	전개	[활동 1] 겨울의 세시풍속과 동지팥죽 • 겨울의 세시풍속 알아보기 • 동지의 세시풍속 알아보기 • 〈동지팥죽〉 노래 익히기 [활동 2] 동지책력, 부적 만들기 • 동지책력 만들기 • 부적 만들기
	정리	• 겨울의 세시풍속 정리하기 • 소감 이야기 나누기

제8장
청장년문화예술교육
국악 교육프로그램 개발

이주항

1. 청장년 국악 교육프로그램의 현황
2. 청장년 국악 교육프로그램 개발의 실제
3. 청장년 국악 교육프로그램 개발 실습

이 장에서는 문화예술교육 현장에서 필요한 청장년 국악 교육프로그램의 현황과 특징을 살펴보고, 사례 분석을 통해 효과적인 프로그램 개발의 방향을 파악하고자 한다. 이를 토대로 문화예술 교육프로그램 개발의 기본적 구조 내에서 실제 활용할 수 있는 청장년 국악 교육프로그램을 개발해 본다.

1. 청장년 국악 교육프로그램의 현황

문화예술교육은 현장에서 발생하는 문화예술교육의 개념 및 범주 등에 대한 인식 차이로 인해 '문화예술교육의 목적과 가치'가 모호하게 인식되는 문제를 겪어 왔다. 따라서 현 시점에서는 문화예술교육의 가치와 지향점에 대한 근본적인 논의와 공론화가 반드시 요구된다고 할 수 있다. 더불어 그 과정에서 '지식교육'에서 '문화교육'으로 전환하기 위한 취지를 고려해야 할 것이다(문화체육관광부, 2018). 또한 공교육 내에서 문화예술교육의 지위가 불안정함에 따라 사회에서의 문화예술교육 역시 한계점에 부딪히고 있다. 단일 교과와 분야의 내용, 체계만 존재할 뿐 종합적 관점에서 문화예술교육의 방향성과 접근방식에 대한 논의와 구체적인 방법론이 부재하는 것이다. 그러므로 문화예술교육의 가치와 목표에 대한 지속적인 논의를 통해 문화예술교육 이해도 제고 및 공감대 확산이 필요해 보인다.

1) 청장년 국악 교육프로그램 현황

학교 교육과정 외의 국악교육은 인류무형문화유산이 있는 본거지나 예술 공연 기관이 있는 지역, 지방자치단체(이하 '지자체')나 지역별 기관에서 주로 이루어지고 있으며, 대체로 선율과 리듬 등 기능 훈련에 집중되어 있다.

최근에는 유아나 청소년보다도 청장년층을 상대로 한 국악 교육프로그램이 증가하고 있으며, 그 중요성 또한 인정받고 있다. 이는 현재 청년층이 가장 활발하게 지식을 확산하고 실천하는 세대라는 점과 더불어 '평생교육'의 개념이 등장하면서 장년층을 대상으로 한 교육의 중요성이 부각되기 때문이다. 평생교육이란 평생에 걸친 배움으로서 급변하는 현대 사회에 있어 일정 연령층을 대상으로 하는 학교 교육과 그 외 제반 교육 자원을 효율화함으로써 교육 역량의 극대화를 지향하는 노력으로, 궁극적으로는 학습자의 자율적 학습 수행과 교육적 선택의 자유를 통한 학습권이 보장되는 학습 사회를 지향하는 교육이다.[1] 장년층은 교육과정의 외곽에 놓인

---

1) 서울특별시교육청 평생학습포털 에버러닝 홈페이지.

연령층이지만 교육의 함의가 크고 그 효과가 기대되므로 평생교육과 같은 기회를 제공해야 할 필요가 있다.

2) 청장년 국악 교육프로그램의 사례

사회문화예술교육 정책은 초기에는 사회취약계층인 아동, 노인, 장애인, 저소득 계층과 특수계층인 군 중심으로 진행되다가 '2010년 문화예술교육 발전방안 전 국민 평생 문화예술교육 환경 구축' 발표를 기점으로 전 국민을 정책의 대상으로 확대 · 전환하였다(김희선, 장윤희, 2016). 이는 예술교육의 영역을 사회의 다른 영역과 연계하여 프로그램의 범위를 확장하였다는 점에서 그간 지자체 및 민간에서 진행해 온 문화강좌와 차별화되는 셈이다. 이를 통해 2005년에 201개이던 문화예술교육 수혜시설의 수가 2010년에는 1,300여 개로 확대되었고, 예술강사도 850명에 이르게 되었다.

현재 대부분의 대학에서는 자율적이고 독립적인 평생교육 전담기구를 운영하고 있다. 일반 시민, 청소년, 주부 등으로 그 대상이 다양하며, 교양, 보건, 취미, 농업, 여가 등으로 그 내용도 다양하다. 경인 지역의 대학부설 평생교육원에서는 총 1,742개의 평생교육프로그램을 운영하고 있으며, 그중 40개 과정(2.29%)이 국악 교육프로그램으로 개설되어 있다. 다만, 자격증 취득이나 지도자가 되기 위한 프로그램들이 그 주류를 이루고 있어 국악에 대한 성인 학습자들의 다양한 학습 욕구를 충족시키는 데 한계를 보이고 있다.

문화원, 국악원, 시 · 군 · 구민회관, 주민자치센터 등의 지역 공공기관에서도 청장년 대상의 사회문화예술교육이 운영되고 있다. 경인 지역에서 국악 성악, 국악 기악, 국악 타악, 전통한국무용, 국악교육지도자 과정이 골고루 운영되고 있으나 500여 개가 넘는 공공기관의 수에 비해 여러 계층의 학습자를 위한 다양한 국악 교육프로그램이 충분히 개발되고 있지는 못하는 실정이다.

다음의 내용은 청장년 대상자를 위해 운영되고 있는 국악 교육프로그램의 사례 일부를 주관 기관 및 사업별로 살펴본 것이다.

(1) 한국문화예술교육진흥원

한국문화예술교육진흥원은 설립 이후 지난 10여 년간 다양한 방법으로 사회문화예술교육을 확장해 오고 있다. 이 중 청장년 대상의 국악 교육프로그램을 살펴보자.

① 복지기관 문화예술교육

지역 내 복지시설을 이용하는 아동, 노인, 장애인들이 정기적인 문화예술교육을 경험함으로써 삶의 질을 향상시킬 수 있게 지원한다. 참여자가 예술을 접하고 향유하며, 삶에 의미 있는 경험을 함께 공유할 수 있도록 하는 데 목적을 두고 있다. 특히 국악 분야에서는 아동·장애인 대상의 국악 교육프로그램을 지원하고 있는데, 성남 행복누리센터의 '다 함께 두드림' 이라는 전통음악 기반의 국악 교육프로그램 등을 예로 들 수 있다.

② 지역 특성화 문화예술교육 지원

한국문화예술교육진흥원은 2008년부터 지역 주민의 삶의 질을 향상시키고 사회적 소통을 활성화시키기 위해 17개 지자체 및 16개 광역 문화예술교육지원센터와 협력하여 '지역 특성화 문화예술교육 지원사업'을 운영하고 있다. 지역의 특성을 반영한 문화예술교육 지원체제를 구축하고 다양한 문화예술교육 사례를 발굴하며 지역주민이 지속적으로 문화예술활동에 참여할 수 있도록 환경을 조성하는 지역밀착형 문화예술교육의 활성화에 앞장서는 데 목적을 두고 있는 사업이다. 〈표 8-1〉과 〈표 8-2〉의 예시를 통해 청장년 국악 교육프로그램을 살펴보자.

〈표 8-1〉의 '통제영의 옛소리 울림마당'은 지역 특성화 사례 중 하나이다.

〈표 8-1〉 통제영의 옛소리 울림마당

통제영의 옛소리 울림마당			
교육기간	2016년 4월~11월	사업지역	통영시
추진배경	• 문화시민으로서의 인문학적 소양 강화 및 민족정신 배양 • 전통문화를 통한 결여된 도덕성 회복과 자긍심 고취 • 잊혀져 가는 우리 소리를 보존 및 계승		
사업목표	잊혀져 가는 우리 소리를 널리 알려 보급함으로써 느림의 미학을 통해 시민들의 심신을 평안하게 한다. 고품격 문화 공유로 시민들의 삶의 질을 향상시키며, 통제영 내에서의 공개수업을 통해 새로운 문화콘텐츠로 자리매김 하는 것을 목표로 한다.		

교육 방법론	• 이론과 실기를 반복하여 몸과 마음으로 우리 문화를 체득할 수 있게 한다. • 야외수업과 무대공연으로 긴장감을 유발하여 정신을 집중하게 한다. • 역량 강화 활동을 통해 높은 수준의 공연을 참관하도록 함으로써 눈높이를 높이고, 수강생들의 동기부여를 통해 자기계발을 유도한다.
	프로그램 운영 시 중점을 둔 부분
사업후기	전통문화에 대한 관심과 이해를 구하기 위하여 노력하였으며, 시조창이라는 장르를 통해 지역주민 및 문화 소외계층과 소통하여 우리 문화의 우수성을 알리고자 하였다. 또한 프로그램 학습자의 삶의 질을 향상시키는 데 중점을 두고 야외수업과 세병관 경내에서의 공개수업을 통해 많은 사람이 공감할 수 있는 기회를 만들고자 하였다. 그 과정에서 각종 행사에서의 공연을 통하여 보다 많은 시민이 정가에 관심을 갖고 참여할 수 있게 하였다.

출처: 한국문화예술교육진흥원(2015).

〈표8-2〉는 '마을, 예술로 통하다'라는 지역 특성화 사업의 사례 중 하나이다.

〈표 8-2〉 마을, 예술로 통(通)하다

	마을, 예술로 통(通)하다
추진배경	2015년 사업의 성과를 바탕으로 교육 참여 인원 확대와 교육 장르 다변화를 통해 산청 둔철산 일대 마을의 지역사회 활성화와 통합의 계기를 마련하고자 함
사업목표	• 다양한 문화예술체험활동을 통해 마을 주민들에게 문화감수성을 키워 주고, 삶의 활력과 신명을 더한다. • 마을 주민, 마을 간의 교류 활성화를 통해 마을 공동체를 튼튼하게 하고, 둔철산 일대의 지역사회를 활성화한다.
교육목표	• 쉽게 배우고 즐겁게 표현하는 풍물놀이교육 • 배우와 관객이 통하는 열린 마당극교육 • 주민과 마을 사이의 소통과 화합 • 지역사회에 대한 자부심 제고
교육 방법론	• 2개반(풍물, 마당극)으로 나누어 각 13회, 공동으로 7회를 운영 • 풍물과 마당극으로 교육프로그램을 다변화해서 다양한 참여자를 모집·운영 • 산청의 설화를 바탕으로 만든 마당극 '효자전'을 참여자에 맞게 개작하여 교육함 • 마당극 '효자전'을 공연하는 연출가와 배우와의 특강을 통해 참여자의 관심을 높이고, 공연 작품의 수준을 향상시키는 계기를 만듦
교육내용	• 풍물놀이, 지신밟기, 대동놀이, 단심줄, 연극놀이, 마당극 등 다양한 형태의 문화예술체험 교육 • 산청 목화장터에서 결과발표회를 실시. 마당극 '효자전'과 지신밟기공연을 함

출처: 한국문화예술교육진흥원(2015).

③ 기업 연계 문화예술교육

최근 기업이 문화예술활동에 자금이나 시설을 지원하는 활동을 의미하는 메세나 기업 구성원을 위한 자체적인 기업의 문화예술활동, 지역 활성화를 위한 지역 내 민간 기관들의 문화예술활동이 늘어나고 있는 추세이다. 국악 분야로는 사물놀이, 난타 등을 포함하는 도제식 국악교육과 감상 분야를 통한 문화예술 향유, 소속원의 소통과 단결, 문화예술 향유 등를 목적으로 하는 국악교육이 이루어지고 있다.

④ 농산어촌 이동형 문화예술교육 '움직이는 예술정거장'

문화적 기반이 취약한 농산어촌 및 도서 지역 등 문화소외 지역을 대상으로 찾아가는 문화예술교육프로그램을 운영하여 문화향유 격차를 해소하는 데 목적을 두고 있다. 다양한 예술 장르와 방법론을 활용하여 참여자에게 자신의 일상을 새롭고 낯설게 볼 수 있는 경험을 제공하는 프로그램을 지향한다. 특히, 섬마을 주민들의 의료서비스를 지원하는 병원선과 연계하여 운영되는 '움직이는 예술선'은 전남 섬 지역의 주민들을 방문해 일상의 물건 속에서 잊혀진 기억을 떠올리는 체험 시간을 제공하는 국악 교육프로그램이라는 점에서 주목할 만하다.

(2) 서울문화재단

서울문화재단에서는 10년 전부터 서울시민예술대학을 운영하고 있는데, 개인의 예술적 역량을 더욱 향상시키고자 하는 시민을 대상으로 전문성을 강화한 예술교육프로그램들을 시행하고 있다. 서울시민예술대학은 평생학습의 기회를 확대하고 삶의 질을 높이기 위해 단기형, 연속형, 심화 과정의 단계별 체계를 갖추고 있다. 만 19세 이상의 서울 시민이면 누구나 참여할 수 있다. 예술을 단순히 체험하기만 하는 일반적 수준의 교육프로그램과 차별화하여 예술에 대한 관심을 토대로 예술 분야에 대해 깊이 있게 배우고 창작활동의 욕구를 실현시킬 수 있도록 전문성 있는 프로그램들을 운영하고 있다. 연극, 무용, 문학 등 다양한 문화예술 체험을 위한 19개의 프로그램이 현재 운영 중이다. 서울문화재단 주철환 대표이사는 "서울시민예술대학은 지난 10년간 추진된 서울문화재단 예술교육사업의 경험과 노하우를 집약해 콘텐츠를 개발하고, 서울시 곳곳에 예술교육 효과를 확산시키는 플랫폼"이라며, "향후 예술대학 등 협력기관 발굴을 통해 시민 중심의 예술교육을 실현하는 데 앞장설 것"이라고 밝혔다. 이 중 2016년 상반기에는 '시조로 깨봄나' 수업이 북촌국악 체험공방인 '국악사랑'에서 15주간 진행되었다. 국악 전문가들이 일반 서울 시민들에게 국악과 시조를 교육했고, 최종적으로 각자 배운 것을 공연하는 워크숍 시간을 가졌다.

서울문화재단은 세 공간에서 각각의 특성을 가진 예술교육, 예술치유사업을 운영하고 있다. 관악어린이창작놀이터에서는 6~13세 어린이를 대상으로 차별화된 예술 프로그램을 지원하고 있다. 서서울예술교육센터는 서울시가 조성하는 권여결 예술교육센터 1호로, 국내 최초의 상주형 예술가교사가 플랫폼 '예술놀이 랩(LAB)'을 운영함으로써 서울시 창작공간에 이어 레지던시 개념의 새로운 예술교육공간 모델을 구축하고 있다. 상주형 예술가교사가 랩에서 연구·개발한 콘텐츠를 바탕으로 서울 서남권 학교 및 지역 연계 프로그램을 운영할 예정이다. 서울예술치유허브는 프로젝트 입주 공모에서 선정된 단체들과 함께 예술적 경험을 통해 이상의 회복을 지향하는 일반 성인 대상의 '예술보건소'를 운영하는 한편, 콜센터상담원, 청소년 미혼모 등 특수한 환경에 처한 사회적 위기계층의 정서적 회복을 지원하는 '예술마음치유'를 운영하고 있다.

2. 청장년 국악 교육프로그램 개발의 실제

청장년 대상의 국악 교육프로그램은 최종적으로 개발되기까지 여러 절차와 과정을 거치게 된다. 청장년 학습자들은 국악 교육프로그램을 취미, 취업, 부업 활동, 여가 선용, 친구 사귀기, 사회 참여 및 봉사, 자격증 취득, 지식과 정보 습득 등 다양한 이유로 참여한다. 학력 수준, 참여 기간, 직업, 성별 등에 따라 국악 교육프로그램의 참여 이유는 제각각이지만, 대부분의 경우 여가 선용의 목적으로 가장 많이 참여하는 것으로 나타났다(홍은주, 2011). 이는 국악 교육프로그램이 인간의 삶의 질 향상과 직접적인 연관을 갖는다고 결론지을 수 있다. 이처럼 청장년의 학습자들은 다양한 목적과 특징을 갖고 프로그램에 참여하기 때문에 이를 만족시킬 수 있는 프로그램의 개발을 위해서는 세부적인 절차와 과정이 필요하다.

청장년 학습자들의 국악 교육프로그램 개발은 프로그램을 기획하고 분석하는 과정, 이를 바탕으로 프로그램을 설계하는 과정, 학습자의 교구·교재에 적합한 교수 매체의 선정 등을 개발하는 과정, 그리고 이를 실행하고 평가하는 과정을 거친다. 이 장에서는 각각의 과정에 대해 보다 구체적으로 살펴보고자 한다.

1) 청장년 국악 교육프로그램 개발의 기획과 분석

(1) 기획

기획은 프로그램 개발의 기본적인 방향을 정하고, 세부계획의 모형을 결정하기 위한 과정이다. 김진화(2001)는 창조성과 현실성, 논리성이라는 세 가지의 준거를 제시하면서 프로그램 기획은 이를 모두 겸비해야 한다고 말했다. 윤옥한(2014)은 프로그램 개발의 기본 원리를 다음과 같이 제시하였다.

첫째, 창조성이다. 프로그램 개발은 기존 프로그램을 뛰어넘는 독창성이 가미된 차별점이 필요하다. 둘째, 현실 가능성이다. 아무리 좋은 프로그램이라도 운영할 수 있는 현실적 가능성에 부딪힌다면 프로그램의 개발이 무의미하다. 따라서 현장에 대한 파악, 예산 등에 대한 분석 또한 중요할 것이다. 셋째, 논리성이다. 프로그램 개발은 명확한 타당성을 근거에 두고 과학적이고 합리적이며 체계적으로 구성되어야 된다. 넷째, 성과 지향이다. 프로그램은 뚜렷한 목적을 달성하기 위해 개발되므로 프로그램에 참여하는 학습자에게 긍정적인 영향을 끼칠 수 있도록 구성하여야 한다.

예를 들어, 서울 지역과 인천 지역의 평생교육시설에서 국악 교육프로그램에 참여하고 있는 40세 이후의 중년기 성인 학습자들을 대상으로 조사한 자료를 살펴본 결과, 참여자의 성별은 여성이 89.6%의 비율로 남성보다 높은 참여율을 보였고, 연령은 40대 이상에서 60대 미만이 80%로 가장 높은 비율을 차지하였으며, 학습자들 중 국악 교육프로그램을 3년 이상 지속한 사람들이 35.7%로 가장 높은 비율을 차지했다(홍은주, 2011). 이러한 조사는 국악교육을 받는 청장년 대상자들의 일반적인 정보이다. 이 조사를 토대로 프로그램 학습자 층의 특성을 예측할 경우, 학습자 중 많은 인원이 노화에 의한 자연스러운 신체 반응의 지연은 있지만 인지 능력은 뛰어난 특징을 갖고 있을 것이라 유추할 수 있다. 또한 장기적으로 교육프로그램에 참여하는 학습자들의 비율이 가장 높게 도출된 것으로 보아 국악에 대한 관심과 흥미를 자체적으로 가지고 있는 경우가 많다고 판단할 수 있다. 그리고 가정에 소속되

어 있는 경우가 많은 40~50대의 경우에는 교육을 받고 각 가정으로 돌아가 재교
육을 할 수 있다는 가능성을 가지고 있다. 뿐만 아니라 교육을 받은 사람들끼리 커
뮤니티를 만들고, 지속적으로 새로운 사람을 불러오기 때문에 교육이 끊이지 않고
이어질 수 있으며, 그 과정에서 새로운 프로그램을 자체적으로 개발할 여지도 있을
것임을 짐작할 수 있다.

하지만 이 경우는 말 그대로 일반적인 정보에 근거하여 예측된 기획과 설계에 해
당한다. 실제 프로그램이 운영되는 기관의 특징과 환경에 따라 연령층에 변수가 있
을 수도 있으며, 국악에 대한 관심도가 미미할 수도 있기 때문이다. 따라서 프로그
램의 기획과 분석을 구성하는 경우에는 일반적으로 추측할 수 있는 정보를 토대로
하되, 프로그램이 운영될 지역 및 기관의 특수한 특징 역시 사전에 면밀하게 파악
할 필요가 있다.

앞에서 말한 기본 원리에 근거하여 프로그램의 필요성에 대한 검토와 추진 여부
를 위해 〈표 8-3〉을 살펴보자.

〈표 8-3〉 국악 교육프로그램 개발의 필요성 검토를 위한 체크리스트

	내용
1	이 국악 교육프로그램을 왜 개발해야 하는가?
2	이 국악 교육프로그램을 통해 얻고자 하는 궁극적인 목적은 무엇인가?
3	기존에 유사한 국악 교육프로그램이 존재하지는 않았는가?
4	기존의 국악 교육프로그램과는 어떠한 차이점이 있는가?
5	이 국악 교육프로그램이 실현화된다면 어떠한 성과를 예상할 수 있는가?

(2) 분석

국악 교육프로그램을 개발하기 위해서는 기획과 함께 프로그램이 요구되는 환경
과 상황에 대한 분석, 잠재적 학습자에 대한 분석, 요구 분석이 필요하다.

① 환경 및 상황 분석

프로그램을 개발하기에 앞서서 필수적으로 파악해야 할 환경과 상황에 관하여
인지하는 것을 의미한다. 이와 같은 과정을 통해 프로그램의 실현 가능성과 효과적

인 운영방안을 예측할 수 있다.

- 기관의 분석 – 기관의 설립 목적, 주요 업무, 시설환경 등 프로그램을 실행하는 데 관련된 조직의 모든 변인을 분석해 보는 것은 성공적인 프로그램을 만드는 데 필수요건이다(가영희 외, 2011).
- SWOT 분석 – SWOT는 기관 내부의 강점과 약점, 기관 외부 환경의 기회와 위협 요인을 분석하는 것을 의미한다. 〈표 8-4〉를 살펴보자.

〈표 8-4〉 기관 내부환경 분석의 예시

	강점(strength)	약점(weakness)	해결 방안
행정	• 소수 인원으로 의사결정이 용이하여 신속한 업무 처리가 가능함	• 한 사람에게 과도한 업무가 편중됨 • 개개인에게 높은 전문직 능력을 요구함	• 자원봉사자 활용 및 실습생 활용
조직	• 조직 구성원의 전문성이 강함 • 회원제로 체계적이고 소속감 있는 관리	• 건강상의 이유 등 개인적인 사정으로 중도에 포기하는 경우가 생김	• 교육생 선발 시 신중하게 검토 • 가족적인 분위기 조성을 위해 모임 지원
재정	• 정부의 지원금 보조	• 관련 기관의 증가로 지원금의 수혜 폭 감소 우려 • 지원금만으로 운영예산 충당 부족	• 기업체 및 개인의 후원금을 유치하여 극복 • 중산층의 교육생에게는 회비를 받아 예산 확보
프로그램	• 전문지식을 갖춘 조직원이 많으므로 맞춤 프로그램 개발이 용이 • 전문적인 교수자 보유	• 실력 있는 교수자는 높은 인건비를 지급해야 함	• 지속적인 상담관리 • 차량운행 • 복지 마인드가 있는 전문적인 교수자 섭외

출처: 김용현 외(2013).

〈표 8-5〉 외부환경 분석

환경변화 요인	기회(opportunity)	위협(threat)	대응방안
지역적 요인	• 아파트 밀집지역 • 교통이 편리 • 인근 지역과의 접근성 용이	• 교통이 편리하여 프로그램 수강을 위해 인근 인지도 높은 기관으로 유출 우려	• 질 높은 프로그램 개발 • 홍보 강화
환경적 요인	• 유아교육기관이 많음 • 중산층이 많음	• 문화센터 등 유사기관이 많음	• 취업 위주의 프로그램임을 강조한 홍보
사회문화적 요인	• 다양한 복지시설이 있음	• 맞벌이 부부가 많아서 여성의 참여 기회가 제한될 수 있음	• 취업 유아교육기관에 자신의 자녀도 같이 돌볼 수 있도록 배려
재정적 요인	• 정부의 정책적 지원으로 재정 확보 용이	• 관련 기관이 많아서 큰 기관에 대한 재정의 편중이 우려됨	• 지역 기업의 후원 유도 • 관련 기관과의 긴밀한 연계를 위한 적극적 노력
타 기관과의 연계	• 복지기관 간 교류가 활발하므로 정보 공유 용이	• 각 기관의 운영이 바쁘므로 타 기관 프로그램에 무관심	• 상호 도움을 줄 수 있도록 각 기관과의 활발한 교류 노력

출처: 김용현 외(2013).

② 잠재적 학습자 분석

잠재적 학습자 분석은 잠재적으로 학습자가 될 수 있는 대상자들의 분석으로, 개발할 프로그램의 학습자가 누가 될 것이며, 교육 수준, 연령, 생활 환경 등은 어떠한지에 대해 조사하는 것을 의미한다. 이 분석을 토대로 잠재적 학습자의 교육 요구를 예측하여 프로그램의 효율성을 높이는 데 목적이 있다.

③ 요구 분석

요구 분석은 프로그램을 운영하며 실제 발생할 수도 있고, 문제가 되지 않을 수도 있는 불확실한 문제를 예측하고, 이를 해결할 수 있는 가장 적절한 방안을 모색하며 제안하는 활동을 의미한다(박성익, 2015). 즉, 요구 분석이란 앞서 제시한 것처럼 현재 상태와 바람직한 상태 간의 격차를 결정하고, 그것의 본질과 원인을 점검하며 미래 활동을 위한 우선순위를 찾는 체계적인 과정과 절차를 의미한다(안원현, 홍은실, 2017). 이 분석을 위해 활용될 수 있는 질문의 예시를 살펴보자.

〈표 8-6〉 학습자 요구 분석의 예시

번호	내용
1	국악을 배우셨다면 얼마나 배우셨습니까? A. 1달 미만　　　B. 6개월 미만　　　C. 1년이상　　　　D. 2년 이상
2	국악을 배우셨다면 어디서 배우셨습니까? A. 지인　　　　　B. 민간 기관　　　C. 국-공립 운영기관　　D. 기타
3	만약 국악을 배워봤다면 해당 프로그램의 만족도는 어떻습니까? A.만족한다.　　　B.보통이다.　　　C. 불만족스럽다.
4	다음 중 학습해보고 싶은 프로그램이 있다면 체크해주시길 바랍니다. A. 사물놀이　　　B. 민요　　　　　C. 가야금　　　　D. 기타

이러한 분석이 끝나면 분석을 토대로 파악된 다양하고 많은 아이디어 중에서 가장 중요시되는 요소를 선정한다. 이때 기관의 한정된 환경 등을 고려하여 우선적으로 고려되어야 할 것을 위계화시켜 순차적으로 결정해 나가야 한다. 이를 우선순위 설정이라고 한다(주용국, 홍은실, 2013).

2) 청장년 국악 교육프로그램 개발

기획과 분석 단계가 종료되면 우선순위 항목에 따른 의사 결정을 토대로 프로그램의 목표를 설정하게 된다. 이를 바탕으로 교육내용의 선정, 교육방법의 결정, 교수매체 등의 선정 과정을 거치며 프로그램을 설계할 수 있다.

(1) 프로그램의 목표 설정 및 진술

프로그램 개발을 위해서는 목표를 설정하고 진술을 정해야 한다. 교육목표는 프로그램 종료 후에 학습자가 습득해야 할 지식, 기능, 태도를 말한다(김한별 외, 2010). 목표는 프로그램이 지향하고자 하는 바를 명확하게 인지할 수 있고, 학습자가 프로그램을 올바르게 인지할 수 있도록 하는 역할을 한다. 또한 프로그램의 평가에 관한 기준이 된다.

(2) 프로그램 내용의 선정과 조직

프로그램의 목표가 설정되면 학습자들이 그 학습 목표를 효율적으로 수행할 수 있도록 학습자의 특성에 맞게 조직된다. 이 과정 중에서 검토해야 할 내용을 〈표 8-7〉에서 살펴보자.

〈표 8-7〉 교육프로그램 내용 선정 시 검토 사항

	내용
1	교육목표와 일관성 있는 내용으로 구성되었는가?
2	하나의 활동에 여러 가지 목표가 내포되어 있는가?
3	어떠한 목표를 달성하기 위해 융통성 있는 활동을 선정하였는가?
4	선정된 교육내용이 학습자의 특성에 맞게 타당하게 구성되었는가?
5	교육내용의 지식이 참신하고 신뢰할 만한가?
6	전이가치와 활용범위가 큰 내용인가?
7	교육내용이 학습자의 탐구활동을 이끌어 낼 수 있는가?
8	기본적·실제적 지식의 넓이와 균형이 적절하게 구성되어 있는가?
9	프로그램 내용이 기존의 경험과 중복되어 흥미를 잃게 구성되어 있지는 않은가?
10	프로그램 내용이 실현가능성이 있는가?

출처: 가영희 외(2011); 김주건 외(20006).

(3) 교수방법의 선정

교육내용이 선정되었으면 이를 어떠한 방법으로 교육할 것인지를 선정하여야 한다. 교수방법은 교육목표의 달성 여부에 영향을 끼칠 수 있으므로 효과적인 교육을 위해서는 교수자와 학습자의 역동적 상호작용을 극대화하는 것이 좋다(노혜란 외, 2013).

교수방법은 크게 강의형, 개인교수형, 실험형, 토론형, 자율학습형으로 구분 지을 수 있다. 물론 여러 가지 교수방법이 중복될 수도 있다. 교수자는 효과적인 학습 목표의 달성을 위해 여러 가지 교수방법을 면밀하게 살펴보고 선정해야 한다.

(4) 교수매체의 선정

교육방법이 정해지면 효과적인 교육을 위해 교수매체를 활용하게 된다. 교수매체는 매개적 보조 기능과 정보 전달 기능, 학습 경험 구성 기능, 교수 기능을 제시하는데, 교수내용을 전달하는 수단으로서의 매체를 인식하는 것이 아니라 학습자의 지식 구성 과정을 촉진시키는 도구로서의 매체의 기능이 강조된다(조규락, 김선연, 2006). 여기에는 학습자의 이해를 돕는 시청각 자료, 기자재, 학습환경뿐만 아니라 인적 자원까지도 포함한다. 교수자는 학습자의 특성을 고려하여 학습 목표를 효과적으로 수행하기 위해 논리적이고 체계적으로 교수매체를 활용하여야 한다.

3) 청장년 국악 교육프로그램 개발의 실제

앞서 언급하였던 청장년 국악 교육프로그램의 기획과 분석, 설계 과정을 참고하여 직접 프로그램을 개발해 보자. 시민들을 대상으로 프로그램을 구성 및 개발하고자 한다.

(1) 기획과 분석의 실제

앞서 언급했던 것처럼, 프로그램 개발에서 가장 먼저 해야 할 것은 기본 원리에 준거하여 프로그램의 필요성에 대한 검토와 추진, 그리고 분석을 시행하는 것이다. 이 과정은 개발되어야 할 프로그램을 위한 일반적인 정보와 프로그램이 실제 운영될 고유적인 정보를 함께 고려한 상태에서 진행되어야 한다.

〈표 8-8〉 국악 교육프로그램 개발의 필요성 검토를 위한 체크리스트 실전

	내용
1	이 국악 교육프로그램을 왜 개발해야 하는가? → 일반 시민이 보다 쉽게 문화예술활동에 대한 갈증을 해소할 수 있도록 국악을 중심으로 구성된 융합형 예술참여 프로그램을 만들고자 한다.
2	이 국악 교육프로그램을 통해 얻고자 하는 궁극적인 목적은 무엇인가? → 그동안 학교, 직장, 가사의 고된 업무에 치여 나도 모르게 잊고 있었던 나의 예술 본능을 일깨우고 나를 찾는 시간을 갖기 위해
3	기존에 유사한 국악 교육프로그램이 존재하지는 않았는가? → 도제식 국악교육은 존재하지만 개발하고자 하는 장르화의 융합 프로그램은 살펴볼 수 없다.
4	기존의 국악 교육프로그램과는 어떠한 차이점이 있는가? → 학습자가 능동적으로 학습 내용을 탐구하는 '창의적 예술활동'을 수행할 수 있도록 프로그램을 구성하였다. 또한 탐구활동을 좀더 구체화하고 단순화하는 과정을 통하여 학습자들이 프로그램을 어렵게 느끼지 않고 차근차근 사고할 수 있도록 구성하였다.

(2) 설계의 실제

환경 및 상황 분석, 잠재적 학습자 분석, 요구 분석을 통해 학습자에 대해 파악하고 프로그램을 설계한다. 다음은 프로그램을 운영할 기관을 대학 내 평생교육기관으로 예를 들어 기관 내부환경을 분석해 보자.

분석을 토대로 많은 요구 중에서 가장 중요시되는 요소를 선정한다. 이때 기관의 특성에서 살펴볼 수 있는 안정적이나 폐쇄적인 학습자환경, 행정 연구관들의 한정적인 협의 구조 등을 고려하여 우선적으로 고려되어야 할 것을 위계화시켜 순차적으로 우선순위를 결정해 나가야 한다.

〈표 8-9〉 설계의 실제 - 대학 내 평생교육기관의 분석

	강점(strength)	약점(weakness)	해결방안
행정	• 각 사업마다 행정 연구관이 배치되어 있음 • 체계적인 시스템을 구축하고 있음	• 담당자 외 해당 사업에 대한 이해가 부족함	• 담당자 외 타 행정 연구관의 지속적인 교류

조직	• 조직 구성원의 전문성이 강함 • 체계적이고 안정성 있는 교육생들이 구축되어 있음	• 새로운 교육생 모집에 한계가 있음	• 외부 연계기관에 협조 요청
재정	• 교내 회계과에서 재정을 관리하고 있어 체계적인 회계 관리가 가능	• 세부적이고 면밀한 재정 관리를 요함	• 회계 관리 시 교내와의 지속적인 협의 필요
프로그램	• 전문지식을 갖춘 조직원이 많으므로 맞춤 프로그램 개발이 용이 • 전문적인 교수자 보유	• 실력 있는 교수자는 높은 인건비를 지급해야 함	• 보조강사들의 적극적인 활용

출처: 홍은주(2011).

(3) 개발의 실제

개발을 위해서는 먼저 프로그램의 목표를 설정하고 진술을 정해야 한다. 교육내용이 선정되었으면 이를 어떠한 방법으로 교육할 것인지를 선정하여야 한다. 교육방법이 정해지면 효과적인 교육을 위해 어떠한 교수매체를 활용할지 학습자의 특성을 고려하여 학습 목표를 정하게 된다.

시민들을 대상으로 개발된 〈표 8-10〉의 프로그램은 학습자가 능동적으로 학습 내용을 탐구하는 '창의적 예술활동'을 수행할 수 있도록 1차시의 프로그램을 구성한 예시이다. 먼저 '정보 제공'을 통해 새로운 정보를 학습자에게 전달한다. 이후 각 주제에서 제시되는 '질문하기'를 통해 예술창작을 촉매하고 독려할 수 있도록 하고, 예술 소재를 '돌아보는 과정'을 마련하여 경험한 지식을 다시 한 번 생각해 보면서 스스로 이를 이해하고 소화할 수 있도록 한다. 이 과정을 통해 학습자가 능동적으로 학습 내용을 탐구하는 '창의적 예술활동'을 수행할 수 있도록 프로그램을 구성하였다.

〈표 8-10〉 시민들을 대상으로 구성된 〈세종대왕과 함께하는 풍류 여행〉 중 '안녕하세요? 세종대왕님'의 세부교육과정안

개요	'안녕하세요? 세종대왕님' 이번 차시는 초성카드와 단어카드, 작품 영상물(태평성대)를 교육소재로 활용하여 세종대왕의 업적을 종합적으로 살펴볼 수 있다. 교육 소재의 정보를 얻고, 탐색하는 과정을 통해 학습자 스스로 지식을 구성하고, 창작물을 도출해 내는 것에 목적을 둔다.
영역	감상, 탐구, 창작, 신체 표현

학습 주제	세종대왕의 업적을 살펴보고, 이를 소재로 창작물을 도출하기
학습 목표	1. 세종대왕의 업적을 종합적으로 살펴볼 수 있다. 2. 작품의 탐색을 통해 표현방법을 이해하고, 이를 기반으로 학습자 스스로 창작물을 도출해 낼 수 있다.
준비물	'영산회상' 음원, 초성카드, 단어카드, '태평성대' 영상
도입	• 동기유발 -초성카드의 초성을 움직임으로 표현해 보기 - 교수자는 조별로 초성카드를 나누어 주고, 몸을 활용하여 한글을 자유롭게 표현할 수 있도록 한다. - 전체 조와 표현활동을 공유하는 과정을 통해 다른 조들은 어떠한 관점으로 초성을 움직임으로 표현하였는지 살펴본다. 〈활동 예시〉 제시된 한글의 초성을 움직임으로 표현하는 모습

전개	◇ 활동 1 – 질문하기를 통한 카드(맥락정보) 탐색 1) 세종대왕의 업적이 기재되어 있는 단어카드를 나누어 준 뒤, 각각의 정보를 제 공한다. 2) "제공된 카드의 정보 중 인상 깊었던 내용은 무엇인가요?"라고 질문을 한 뒤, 조 별로 인상 깊었던 맥락정보(단어카드의 정보)를 파악하도록 한다. ◇ 활동 2 – 작품의 탐색 및 창작활동 1) '태평성대' 작품 중 일부의 영상을('영산회상' 악곡을 활용하여 구성된 3분 정도 의 작품) 보여 준다. 2) '영산회상'의 정보를 제공하고, '태평성대'의 무용수들이 음악에 맞추어 어떻게 무엇을 표현하는지를 탐구하도록 한다. 3) 탐구활동 이후, 조별로 어떠한 특이점을 찾아냈는지 공유한다. ◇ 활동 3 – 사전에 제공된 단어카드를 무용으로 표현   〈활동 예시〉 정간보를 '영산회상'에 맞추어 무용으로 표현하는 모습
정리	• 정리 – 어떻게 카드의 내용을 표현하였나요? – 왜 그렇게 카드의 내용을 표현하였나요? – 조별로 창작활동에 관한 이야기를 공유한다. – 교수자는 다음 차시의 교육내용을 예고한다.

3. 청장년 국악 교육프로그램 개발 실습

청장년 대상의 국악 교육프로그램 1차시 세부활동을 개발하여 보자. 다음 양식에 맞추어 구체적인 활동목표에 따라 단계별로 설계해 보도록 하자.

1) 기획 및 분석

2) 설계

프로그램 내부환경 분석

	강점(strength)	약점(weakness)	해결방안
행정			
조직			
재정			
프로그램			

프로그램 외부환경 분석

환경변화 요인	기회(opportunity)	위협(threat)	대응방안
지역적 요인			
환경적 요인			
사회문화적 요인			
재정적 요인			
타 기관과의 연계			

3) 개발

프로그램 1차시 세부계획서

개요	
영역	

학습 주제	
학습 목표	
준비물	
도입	
전개	
정리	

토의 주제

1. 기업에서 활용되고 있는 청장년 대상 국악 교육프로그램 사례를 찾아보자.

2. 지역의 국공립 기관에서 활용할 수 있는 청장년 국악 교육프로그램을 개발해 보자.

참고문헌

가영희, 성낙돈, 김수현, 장청옥(2011). 교과교육론. 서울: 동문사.

김용현, 김종표, 문종현, 이복희(2013). 평생교육프로그램개발론. 경기: 양서원.

김주건(2004). 교육학 탐구. 서울: 형설출판사.

김진화(2001). 평생교육 프로그램개발론. 서울: 교육과학사.

김희선, 장윤희(2016). 사회문화예술교육으로서의 국악교육 전개와 과제. 국악교육연구, 10(2), 33-52.

김한별, 박소연, 유기웅(2010). 평생학습을 위한 프로그램 개발 및 평가. 경기: 양서원.

노혜란, 박선희, 최미나(2012). 교육방법 및 교육공학. 경기: 교육과학사.

문화체육관광부(2018). 문화예술교육 종합계획(2018-2022). 세종: 문화체육관광부.

안원현, 홍은실(2017). 문화예술교육프로그램 개발의 이론과 실제. 서울: 동문사.

윤옥한(2014). 평생 프로그램 개발. 경기: 양서원.

조규락, 김선연(2006). 교육방법 및 교육공학. 서울: 학지사.

조형은(2010). 구성주의적 접근을 통한 학습자 중심 문화예술교육 연구: 우리나라 문화예술교육을 중심으로. 중앙대학교 석사학위논문.

주용국, 홍은실(2013). 교육프로그램 개발의 이론과 실제. 서울: 동문사.

한국문화예술교육진흥원(2015). 2015 지역기반 사회문화예술교육프로그램 사례분석. 서울: 한국문화예술교육진흥원.

홍은주(2011). 평생교육시설에서의 국악 교육프로그램 운영 연구. 단국대학교 대학원 박사학위논문.

서울특별시교육청 평생학습포털 에버러닝 홈페이지 2018.
　　http://everlearning.sen.go.kr/intro/lifelongedu.jsp

제9장

노년문화예술교육
국악 교육프로그램 개발

곽은아

이 장에서는 노년 국악 교육프로그램의 현황과 그에 따른 문제점을 파악하고, 노년층의 지적 능력 및 학력 향상에 따른 국악 교육프로그램 개발의 새로운 방향성을 제시하고자 한다. 또한 교육 대상의 특징에 맞추어 교육프로그램 개발을 실행하도록 한다.

1. 노년 국악 교육프로그램의 현황

의학 기술의 발달로 인한 수명 연장으로 전 세계적으로 노인 인구의 비율이 높아지면서 노년층 삶의 질 향상에 대한 중요성이 부각되고 있다. 이 장에서는 노년 인구의 삶의 질을 높이기 위한 방법 중 하나인 평생교육프로그램으로서의 국악 교육프로그램의 중요성을 인지하고, 우리나라 노년층에 대한 이해와 함께 국악 교육프로그램의 현황과 그 문제점을 파악해 보고자 한다.

1) 노년의 생활정책 및 통계 현황

우리나라는 「국민기초생활보장법」에 따라 보호 대상, 즉 노년층을 65세 이상으로 규정한다. 서구나 북미 지역의 경우에도 일반적으로 65세 이상을 노년층으로 간주하지만, 이는 나이상의 수치를 기준으로 둔 것일 뿐 실질적으로 경제활동에서 물러나게 되는 50대 후반에서 60대 초반 이후의 인구를 노년층으로 인식한다. 또한 1951년에 이루어진 국제노년학회에서는 '인간의 노령화 과정에서 나타나는 생리적·심리적·환경적 변화 및 행동의 변화가 상호작용하는 복합 형태의 과정에 있는 자'를 노인으로 정의하여 사람마다 노화에 대한 차이가 생길 수 있음을 시사하였다(정종보, 2012). 이것은 나라 혹은 지역, 학자들마다 '노년'에 대한 정의를 다르게 하고 있으며, 그에 대한 기준은 절대적이지 않음을 보여 주기도 한다. 총 인구 중 65세 이상이 차지하는 비율이 7% 이상일 때를 고령화 사회, 14% 이상일 때를 고령 사회, 20%를 넘어서면 초고령 사회로 분류하게 된다.

〈표 9-1〉은 통계청(2015)에서 발표한 우리나라의 연도별 65세 이상의 인구 구성비이다.

〈표 9-1〉 우리나라 65세 이상의 인구 구성비

연도	1960	1965	1970	1975	1980	1985	1990	1995	2000	2005	2010	2015
비율	3.7%	3.3%	3.3%	3.5%	3.9%	4.3%	5.0%	5.9%	7.3%	9.3%	11.3%	13.2%

출처: 통계청(2015).

총 인구 가운데 노인 인구의 비율이 7%를 넘어선 시점은 2000년도이며, 2017년에는 65세 이상의 고령자는 전체 인구의 13.8%로 10년 전에 비해 약 4.5% 정도 증가하였다(통계청, 2017). 이러한 증가 추세는 빠르게 진행되어 2060년에는 41.0%로 늘어날 것으로 전망된다. 연령별로 살펴보면 65~69세와 70~79세는 비중이 감소하는 반면, 80세 이상의 비중은 지속적으로 증가할 전망이다. 인구 고령화 현상의 급속화에 대한 대비가 없다면 넓게는 국가적 차원에서, 좁게는 개인적 차원에서도 여러 가지 손실을 초래할 수 있다. 이를 극복하고 노년층과 함께하기 위해서는 노년 생활의 긍정적인 측면을 최대한 이끌어 내야 한다.

일반적으로 노년기에 대한 인식은 의존(dependence), 질병(disease), 무능력(disability), 우울감(depression) 등의 부정적 인식이 강하고, 노년에 대한 초기 연구들 역시 노화의 부정적 측면만 주로 연구되었다(전명수, 2012). 하지만 연령이 높아지면서 그들이 겪어 온 성숙한 경험, 현대 사회 노년층의 향상된 경제력 및 지식 수준을 고려했을 때, 인생의 새로운 전환기로 받아들이고 사회의 구성원 중 하나로 발돋움할 수 있도록 하여 '성공적인 노화(successful aging)'를 이룰 수 있도록 대안을 마련해야 한다.

노년층의 정신적·문화적 측면에서 삶의 질을 높이기 위한 방안 중 하나로 평생교육프로그램을 꼽을 수 있다. 이화정 등(2003)에 따르면 평생교육프로그램이란 지역사회의 교육문제를 인식하고, 그것을 해결하기 위한 교육계획을 수립하여 그 계획의 목표를 효과적으로 달성하기 위해 실천하는 구체적이고도 총체적인 평생교육 활동을 의미한다. 또한 지역사회에서 이루어지는 성인들의 모든 교육적 활동, 조직이나 기관의 평생교육 수행을 위한 모든 능력, 특정 인구집단을 위해 설계된 교육적 활동 등을 포함한다(이화정 외, 2003). 특히, 음악을 이용한 교육은 정서적 안정에 가장 많이 활용되는 활동으로 고령화 사회에서 노년기에 당면할 수 있는 여러 문제를 해결하는 데 도움을 줄 수 있다(권순호, 2010). 음악 교육프로그램을 통해 노인들은 심리적 안정 혹은 평소에 표현하지 못했던 감정들을 표출해 낼 수 있고, 악기를 사용하거나 악보를 암기하면서 신체적 능력과 인지 능력의 발달을 도모할 수 있다.

우리나라의 노인 복지시설은 노인주거복지시설, 노인의료복지시설, 노인여가복지시설, 노인보호전문기관, 노인일자리지원기관 등이 있다. 이 중 노인들이 여가를 즐기는 복지시설은 노인복지관, 경로당, 노인교실, 노인휴양소가 있는데, 2016년 기준 전국의 66,787개소의 여가복지시설 중 경로당이 65,044개소로 압도적으로 많은 비중을 차지하였다(통계청, 2017). 경로당은 일부 교육프로그램이 운영되기도 하지만 사랑방의 역할이 더 크다고 볼 수 있다. 서울시의 경우에는 경로당이 3,295개소에 이르는데 반해 교육을 중점적으로 실시하는 노인종합복지관은 32개소에 불과하다.

[그림 9-1]은 경로당과 노인종합복지관 이용자 현황을 조사한 것으로, 70대를 기점으로 노인종합복지관 이용이 서서히 줄어들면서 80대와 90대에서는 현저히 떨어지는 것을 볼 수 있다. 이는 나이가 들수록 먼 거리를 이동하는 것이 힘들어지기 때문으로 나이가 많거나 몸이 불편한 노인들이 교육프로그램에 참여할 수 있도록 경로당에서의 프로그램 운영이 많아져야 할 필요가 있다.

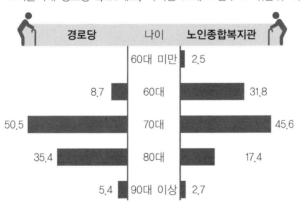

※서울시내 경로당 3,295개소, 복지관 32개소 전수 조사(단위: %)

경로당	나이	노인종합복지관
	60대 미만	2.5
8.7	60대	31.8
50.5	70대	45.6
35.4	80대	17.4
5.4	90대 이상	2.7

[그림 9-1] 경로당과 노인종합복지관 이용자 현황[1]

출처: 서울시 '2014 경로당 및 노인종합복지관 이용안내 조사'

2) 국악 교육프로그램의 현황

노인을 대상으로 한 교육프로그램은 노인복지관, 경로당, 노인교실 등 여러 기관에서 실시되고 있다. 이들 기관에서는 음악교육을 비롯하여 체육, 언어, 컴퓨터 등

---

1) 서울시 '2014 경로당 및 노인종합복지관 이용실태 조사'에 나타난 그림을 재표현한 것이다.

많은 과목이 이루어지고 있다. 노년층을 대상으로 한 국악 교육프로그램 개발에 앞서 현재 시행 중인 노년 국악 교육프로그램의 현황을 살펴보고자 한다. 〈표 9-2〉는 지역별로 운영하고 있는 노인복지관의 평생교육프로그램들 중 국악 교육프로그램의 현황을 조사한 것이다.

〈표 9-2〉 지역별 노인종합복지관의 노년 국악 교육프로그램 현황[2]

지역	복지관명	프로그램
서울시	서초구립 중앙노인종합복지관	사물놀이, 우리 가락 민요와 장구, 우리 가락 동아리, 퓨전난타공연단
	마포노인종합복지관	민요교실, 장구한바탕동아리, 민요동아리, 난타동아리, 신명나는 풍물동아리
	서울노인복지센터	민요, 가야금
	강서어르신종합복지관	얼쑤 민요교실, 장구교실(기초, 심화)
경기도	일산노인종합복지관	가락장구, 한뫼누리예술단
	분당노인종합복지관	민요교실
	김포노인종합복지관	풍물(사물놀이)
	남양주시노인복지관	고고락 전통놀이, 풍물동아리, 민요, 풍물
	양평군노인복지관	사물, 민요장구, 민요
부산시	노인종합복지관	시조와 시조창, 난타(모듬북), 장구, 민요, 사물놀이
	중구노인복지관	난타교실, 장구교실
	금정구노인복지관	민요
	영도구노인복지관	민요, 장구
	강서노인종합복지관	난타, 전통놀이
전라남도	장흥군노인복지관	농악, 헬스난타
	진도노인복지관	난타교실, 장구교실, 민요교실
	목포시노인복지관	국악, 북, 장구
	여수시노인복지관	풍물
	나주시중부노인복지관	사물놀이, 판소리/민요

2) 각 복지관 홈페이지 참조.

앞의 노인종합복지관들의 경우에는 평생교육프로그램을 복지문화대학교, 평생교육프로그램, 한 살매 프로그램, 시니어대학 등 다양한 이름으로 운영되고 있다. 기본적으로 노인종합복지관은 회원가입 후에 평생교육프로그램을 신청할 수 있고, 프로그램 운영 기간은 짧게는 3개월부터 최대 1년으로 구성된다. 대부분의 노인복지관에서는 민요, 사물놀이, 난타 등의 국악 교육프로그램을 진행하고 있고 서울과 경기도의 일부 노인복지관에서는 노인들의 자발적인 참여로 이루어지는 동아리 프로그램을 진행함으로써 평생교육프로그램에서 배운 내용을 생활화할 수 있도록 지원하고 있다. 그리고 부산 노인종합복지관에서는 '시조와 시조창' 프로그램이 개설되어 있는데, 월요일에서 목요일까지 매일 각 1개 반씩 개설된 것으로 보아 수요가 높은 것으로 파악된다. 이는 다른 지역에서 찾아보기 힘든 프로그램이므로 국악교육 콘텐츠가 더욱 다양해질 수 있다는 가능성을 시사한다고 볼 수 있다.

〈표 9-2〉에 나타난 노인종합복지관의 개설 과목을 통해 노인 국악 교육프로그램의 문제점을 제시하면 다음과 같다. 첫째, 대부분 교육프로그램의 수강 참여 인원이 20명에서 50명 사이로 한 명의 강사가 교육의 효율성을 높이기 어려운 환경이다. 실기 수업은 이론 수업에 비해 강사와 수강생의 상호작용에 민감한 만큼 구성원의 비율을 낮게 조정하여 교육 효과를 증대할 수 있는 학습환경을 조성해야 한다. 둘째, 프로그램의 내용으로 풍물 및 장구 관련 과목과 민요 관련 과목이 대부분이었다. 국악의 범주 안에서 교육프로그램을 다양하게 구성할 수 있음에도 불구하고 선택의 범주가 협소하며, 노년층의 지적 수준이 높아지고 있는 시점에서 교육 대상의 학습 욕구를 충족시키기에는 역부족한 수준이다. 셋째, 대부분이 취미·여가 목적의 교육프로그램으로 단순하게 운영이 되고 있고, 오디션을 통해 선발 인원으로 구성되어 공연 등의 대외 활동을 하는 전문성 강화 목적의 교육프로그램은 거의 찾아볼 수 없었다. 인간의 평균 수명의 증가와 함께 노년층의 재사회화 혹은 지적 능력 사회 환원을 위해서는 복지 위주의 노인교육[3]에서 탈피하여 노인 개개인의 전문성을 강화할 수 있는 프로그램을 마련하도록 해야 한다.

이렇듯 앞으로 노년 국악 교육프로그램의 질적 향상을 위해 교육의 환경 재정비,

---

3) 신미식(2007)에 따르면 지금까지 시행되어 온 노인 대상 교육은 노인들의 외로움이나 신체적 유약함을 탈피할 수 있도록 돕는 정도의 수준으로, 복지 위주의 노인교육으로 교육프로그램의 주체가 아닌 객체로서 수동적으로 참여하는 것이 주류임을 알 수 있다.

교육프로그램의 다양화에 따른 교육프로그램 선택의 폭 확장, 노년 재사회화의 기반을 마련하기 위한 전문성이 강화된 프로그램 확충을 지향해야 한다.

2. 노년 국악 교육프로그램 개발의 실제

노년 계층을 대상으로 하는 교육프로그램은 목적에 따라 크게 세 가지로 나눠 볼 수 있다. 첫 번째는 취미 · 여가 활동, 두 번째는 정신적 · 신체적 건강 유지에 도움을 주는 것, 세 번째는 국악의 전문성 함양을 목적으로 하는 것이다. 앞서 노년 국악프로그램의 현황을 살펴본 것과 같이 현재는 취미 · 여가를 학습 방향으로 두고 있는 프로그램이 대부분이며, 사물놀이나 민요를 배우는 프로그램이 주류를 차지하고 있다. 하지만 노년층의 신체적인 상황을 고려하여 교육프로그램을 실기영역과 감상영역으로 설정할 수 있다. 더 나아가 국악에 소질을 보이는 노년 계층을 대상으로 학습을 체계화시켜 봉사 혹은 공연 등의 대외 활동을 목적으로 프로그램을 개발할 수 있다.

1) 취미 · 여가 활동 목적의 노년 국악 교육프로그램 개발

(1) 가창 및 기악 영역의 프로그램 개발
① 분석
■ 학습자 분석
• 인지 기능과 신체 기능에 현저한 차이가 없는 만 65세 이상의 노인
• 노인들은 각자의 집에서 거주하며 프로그램이 있을 때 도보나 대중교통을 이용하여 참여함.

■ 교육 환경 분석
• 노인종합복지관: 무료 또는 저렴한 요금으로 노인의 각종 상담에 응하고, 건강 증진, 교양 · 오락, 기타 노인의 복지 증진에 필요한 편의 제공을 목적으로 하는 시설

② 설계 및 개발

■ 목표 설정

• 현 시대의 노인들은 노년의 삶을 살지만, 마음은 청춘이고 의욕이 넘치며 많은 사람과의 관계에서 자신감 넘치는 삶을 지향한다. 그러한 노년의 삶에 국악 교육이 도움이 될 수 있는 여러 형태의 교육을 마련할 수 있도록 한다.

• 이 프로그램 개발에서는 가요 중심의 노래교실에서 많은 어른이 즐겁게 노래하는 것을 볼 때 국악적 요소를 지닌 가요를 교육의 소재로 활용하여 즐겁게 노래할 수 있으면 좋겠다는 바람으로 국악가요의 학습을 목표로 설정하였다. 이를 통해 어렵게만 느껴지던 과거의 국악이 아닌 우리 일상의 삶에 녹아 있는 국악을 접하고 학습함으로써 국악과 친해지고 잘 표현할 수 있는 자신감을 지니게 한다.

■ 교육 계획

• 국악적 요소를 잘 표현하여 창작된 국악가요를 조사한다. 장단 또는 사설 중심으로 수업의 가능성이 있으며, 노인들이 이미 알고 있는 노래나 학습이 가능한 소재를 조사하여 수업을 설계한다. 노인들이 국악가요로서 국악을 이해하고 가수와 관련된 이야기, 그 노래가 유행했던 시절의 이야기를 하면서 국악을 접할 때 강사와 노인들 간의 친밀감은 더욱 증진될 것이다(예를 들어, 산도깨비-슬기둥, 어디로 갈거나-김영동, 칠갑산-주병선, 노들강변. 군밤타령, 달타령-김부자, 한오백년-조용필, 홀로아리랑-서유석 등).

■ 수업환경

• 수업 장소의 크기, 활용할 수 있는 기자재, 악기 구비 여부 등(윤명원 외, 2018)

• 기관/프로그램명: 노인복지관/ '락락' 국악가요교실

• 교육 장소: 노인복지관 내 강의실

• 학습 대상 및 인원: 만 65세 이상 30명

• 교육기간: 12차시 / 주 1회 90분

■ 교육주제: 국악가요 부르기

• 프로그램명: '락락(樂樂)' 국악가요 교실

   – 樂은 노래 악, 좋아할 요, 즐길 락과 같은 많은 뜻을 내포하고 있다. 락락은
   음악을 좋아하고 즐김으로써 정신적 · 신체적 건강을 도모하고자 하는 의미
   에서 프로그램을 '락락'이라 하였다.

■ 차시별 주요내용: 총 12차시

〈표 9–3〉 실기영역 프로그램 차수별 계획 예시

차시	학습 주제	주요 활동	수업 자료
1	오리엔테이션	• 강사 및 참여자 소개하기 • 프로그램 내용 안내하기 • 규칙 정하기 • 반장 정하기	• 강의계획서
2	대장금OST 〈오나라〉 임세현	• 자연스러운 발성 연습하기 • 대장금 드라마 이야기 나누기 • 노랫말의 뜻 알아보기 • 신체 표현하며 노래 부르기	• 악보 자료, 음원, 강사 용 장구
3	〈칠갑산〉 주병진	• 자기 고향 소개하기 • 노래 부르기 • 각자 고향의 명소로 노랫말 바꾸어 노래 부르기	• 악보 자료, 음원, 강사 용 장구
4	〈갑돌이와 갑순이〉	• 어린 시절에 친했던 친구 이름 이야기하기 • 노래의 내용 살펴보기 • 신체 표현하며 노래 부르기	• 악보 자료, 음원, 강사 용 장구, 과거 결혼식 사진 자료
5	〈어디로 갈거나〉 김영동	• 노래 감상하기 • 반주악기 가야금, 대금 알아보기 • 듣고 따라 부르기	• 악보 자료, 음원, 강사 용 장구, 가야금 사진 자료
6	〈가시버시사랑〉 이병욱 작곡	• 자기 결혼식 풍경 이야기하기 • 노랫말의 뜻 알아보기 • 노래에 어울리는 신체 표현하며 노래 부르기	• 악보 자료, 음원, 강사 용 장구
7	〈한오백년〉 조용필	• 노래를 감상하고 느낌 이야기 나누기 • 노래 듣고 따라 부르기 • 다른 강원도 민요 찾아 들어 보기	• 악보 자료, 음원, 강사 용 장구, 강원도 민요 음원

8	〈노들강변〉 김부자	• 노래를 감상하고 반주악기 피리 알아보기 • 노래 부르기 • 다른 경기민요 찾아 들어 보기	• 악보 자료, 음원, 강사 용 장구, 경기민요 음 원
9	〈홀로아리랑〉 서유석	• 아리랑 종류 이야기 나누기 • 노랫말의 뜻을 생각하며 노래 듣고 부르기 • 소고 치며 노래 부르기	• 악보 자료, 음원, 강사 용 장구
10	〈100세 인생〉 이애란	• 노래 부르기 • 모둠을 나누어 노랫말 바꾸기 • 노랫말 바꾸어 노래 부르기	• 악보 자료, 음원, 강사 용 장구, 노랫말 바꾸 기 활동지
11	발표회 준비	• 발표할 곡 정하기(독창, 중창, 합창 등) • 발표 순서 및 의상 정하기 • 초대장 만들기	• 악보 자료, 음원, 강사 용 장구, A4용지, 네 임펜, 색연필, 편지봉 투 등
12	발표회	• 리허설하기 • 독창, 중창, 합창 발표하기 • 동영상 녹화하여 공유하기	• 무대, 조명, 보면대, 마이크 등

③ 실행 및 평가

■ 세부수업지도안

[지도안 9-1] 가창 및 기악 프로그램 세부계획 예시

기관명	노인복지회관	장소	소강당
차시	9차시	수업시간	90분
프로그램명	'락락(樂樂)' 국악가요 교실	학습인원	30명
수업주제	홀로아리랑	준비물	PPT 자료, 장구, 소고, 〈홀로아리랑〉 음원
학습 목표	1. 〈홀로아리랑〉을 노래 부를 수 있다. 2. 노래에 어울리게 소고를 치며 노래 부를 수 있다.		
기대 효과	• 〈홀로아리랑〉은 우리의 땅 '독도'와 우리 민족의 염원인 '통일'을 가사 속에 내 포하고 있어 노래를 부르면서 노인들에게 향수를 불러일으키고 역사적 자긍심 을 고취시킬 수 있다. • 노래 부르기를 통해 호흡 및 발성 능력을 강화한다. • 동료들과 함께 활동에 참여함으로써 친밀감과 행복감을 경험한다.		

학습 단계	교수·학습 활동	준비물(·) 및 유의점(✓)
도입	• 인사하기 - 인사를 나눈다. • 학습 내용 및 목표 제시 - 학습 내용과 목표를 제시한다. 동기유발 - 아리랑의 종류를 이야기 나눈다. - 〈홀로아리랑〉을 감상하고 관련된 경험을 이야기 나눈다.	✓도입 단계에서 학습자들의 분위기 및 건강상태를 파악한다.
전개	• 제재곡 알아보기 - 〈홀로아리랑〉이 작곡된 배경을 알아본다. - 노랫말을 살펴본다.(1절은 독도, 2절은 금강산과 설악산, 3절은 백두산과 한라산) - 노랫말에 제시된 독도, 설악산, 백두산 등의 사진 자료를 보면서 관련 경험을 이야기 나눈다. - 노랫말이 주는 의미를 이야기 나눈다. • 제재곡 익히기 - 네 마디씩 듣고 따라 부른다. - 강사의 장단에 맞추어 노래 부른다(1마디를 세마치장단으로 연주하거나 4마디를 중모리장단으로 연주한다). - 노래가 익숙해지면 AR에 맞추어 부르다가 MR에 맞추어 부르는 것으로 확장한다. - 다양한 방법으로 모둠을 나누어 노래 부른다. • 소고로 장단 치며 노래 부르기 - 소고의 주법을 익힌다. - 세마치장단의 기본박을 치며 노래 부른다(첫 박에 세를 강조한다). - 소고로 장단을 치며 노래 부른다. | 1		2		3	
---	---	---	---	---	---
(〉)					| 	큰 글씨로 잘 보이게 악보를 제시한다. ✓소고치기는 다양한 방법으로 창작하는 것으로 확장할 수 있다. • 〈홀로아리랑〉 음원 • PPT 활용

	– 소고로 치며 신체운동을 한다.		

1	2	3
첫 박을 치고	왼손을 앞으로 구부리고	오른손을 앞으로 구부리고
1	2	3
첫 박을 치고	왼손을 옆으로 올리고	오른손을 옆으로 올리고

정리	• 발표하기 - 모둠을 나누어 소고를 치며 노래 부르기를 발표한다. (동영상과 사진을 찍어서 동료들과 공유한다) - 수업 내용을 정리하고 차시예고를 한다.	✓동영상이나 사진으로 기록을 남기는 것은 학습자들의 동의를 반드시 얻어야 한다.
평가 및 마무리	1. 〈홀로아리랑〉을 노래 부를 수 있는가? 2. 노래에 어울리게 소고를 치며 노래 부를 수 있는가?	

(2) 감상영역의 프로그램 개발

① 분석

■ 학습자 분석

• 신체영역: 노인들의 건강상태가 실기영역의 활동을 수행하기 어려움.

• 인지영역: 교육수준이 높고 새로운 분야에 관한 지적 욕구가 있음.

■ 교육 환경 분석

• 컴퓨터, 빔프로젝터, 음향 사용이 가능

② 설계 및 개발

■ 목표 설정

• 사회적 · 역사적 · 문화적 맥락 속에서 국악곡을 감상함으로써 인문학적 지식
의 습득 및 음악적 이해력을 함양하여 삶의 질을 높인다.

■ 교육계획

• 국악의 다양한 장르를 감상할 수 있도록 정악 및 민속악의 기악곡, 성악곡 등
을 폭넓게 조사하고 수집한다. 각 악곡의 역사적 · 지역적 · 문화적 배경을 더
쉽게 설명할 수 있도록 그림 자료, 사진자료, 동영상 자료 등을 준비한다.
(예를 들어, ① 1~4차시 지역에 따른 성악곡 및 굿음악, ② 5~8차시 궁중음악 중 제
례악, 연례악, 군악, 정가, ③ 9~12차시 창작국악, 판소리 눈대목, 농악과 사물놀이,
창극)

■ 교육주제: 국악곡 감상하기
• 프로그램명: 국악에서 삶을 찾다

■ 차시별 주요내용: 총 12차시

〈표 9-4〉 감상영역 프로그램 차수별 계획 예시

차시	학습 주제	주요 활동	수업 자료
1	오리엔테이션	• 강사 및 참여자 소개하기 • 프로그램 내용 안내하기	• 강의계획서, 참여자 명부
2	지역별 민요 (경기, 서도)	• 민요의 분류법 알아보기 • 경기민요와 서도민요를 비교하며 특징 알아보기 • 〈아리랑〉과 〈몽금포타령〉 노래 부르기	• 민요지도 사진 자료, 악보 자료, 경기와 서도명창 동영상 자료, 강사용 장구
3	지역별 민요 (남도, 동부)	• 남도민요와 동부민요를 비교하며 특징 알아보기 • 〈진도아리랑〉과 〈밀양아리랑〉 노래 부르기	• 민요지도 사진 자료, 악보 자료, 남도와 동부 명창 동영상 자료, 강사용 장구

4	지역별 굿음악	• 경기도, 황해도, 전라도, 경상도와 강원도의 무악권 알아보기 • 충청도 은산별신제, 강원도 강릉단오제, 제주도 제주 칠머리당 영등굿, 전라도의 씻김굿 감상하기	• 지역별 굿음악 동영상 자료, 사진 자료
5	제례악	• 유교사상과 제례악의 관계 알아보기 • 종묘제례악의 절차와 의미 알아보기 • 문묘제례악, 종묘제례악 감상하기	• 각 제례악 동영상 자료, 사진 자료
6	궁중정재와 연례악	• 당악정재와 향악정재 알아보기 • '포구락'과 '향발무' 감상하기 • 음악에 맞추어 기본 춤사위 익히기(앉아서 손만 움직이기)	• 정재 동영상, 대풍류 음원
7	군대음악	• 군대음악의 쓰임 알아보기 • '대취타' 감상하기 • '대취타'의 악기 음색 구별하기	• 대취타 악기 음원, 동영상
8	가곡과 시조	• 풍류방의 성악곡 알아보기 • 외우고 있는 시조 읊어 보기 • 가곡과 시조 감상하기 • 평시조 〈동창이〉 초장 노래 부르기	• 가곡과 시조 동영상, 평시조 〈동창이〉 음원, 가락선 악보
9	판소리 눈대목	• 판소리의 발생 및 역사적 배경 알아보기 • 추임새 익히기 • 추임새를 하며 홍보가 '제비노정기', 적벽가 '새타령', 수궁가 '고고천변', 춘향가 '춘향모친과 어사 이몽룡의 상봉 대목', 심청가 '눈 뜨는 대목' 등을 감상하기	• 판소리 눈대목 동영상 및 음원, 소리북, 부채
10	창극	• 창극이 발생한 배경과 구성요소 알아보기 • 창극 '춘향전'의 주요 장면 감상하기 • 〈사랑가〉 노래 부르기	• 창극 '춘향전' 동영상, 〈사랑가〉 사설 악보, 소리북
11	농악과 사물놀이	• 지역별 국가무형문화재로 지정된 농악 알아보기 • 농악과 사물놀이의 악기 편성 알아보기 • 소고로 삼채장단 연주해 보기	• 농악 동영상, 농악에 사용하는 악기 사진 및 음원, 소고, 강사용 꽹과리
12	창작국악	• 창작국악이 시작된 시대적 배경 알아보기 • 황병기의 〈침향무〉를 감상하고 느낌 이야기 나누기 • 씽씽밴드의 〈난봉가〉를 감상하고 느낌 이야기 나누기	• 황병기 〈침향무〉, 씽씽밴드의 '난봉가' 음원 및 동영상

③ 실행 및 평가

■ 세부수업지도안

[지도안 9-2] 감상영역 프로그램 세부계획 예시

기관명	노인종합복지회관	장소	소강당
차시	6차시	수업시간	90분
프로그램명	국악에서 삶을 찾다	학습인원	30명
수업주제	궁중정재와 연례악	준비물	PPT 자료, 정재 동영상, '현악영산회상' 음원, 활동지

학습 목표	1. 연례악의 종류와 쓰임을 알 수 있다. 2. '현악 영산회상'의 악기 편성과 악기의 음색을 구분할 수 있다.
기대 효과	사회적 · 역사적 · 문화적 맥락 속에서 국악곡을 감상함으로써 인문학적 지식의 습득으로 지적 욕구를 해소할 수 있고, 음악적 문해력을 함양하여 생활 속에서 국악을 향유할 수 있도록 도움을 주어 삶의 질을 높인다.

학습 단계	교수 · 학습 활동	준비물(·) 및 유의점(✓)
도입	• 인사하기 - 인사를 나누면서 참여자들의 건강상태를 확인한다. • 학습 내용 및 목표 제시 - 학습 내용과 목표를 제시한다. • 동기유발 - 조선시대 왕의 하루를 감상하고 궁중의 모습에 관해 이야기 나눈다. (역사채널 e 왕의 하루 https://www.youtube.com/watch?v=FLQxBeDso20)	✓도입 단계에서 학습자들의 분위기 및 건강상태를 파악한다. • 컴퓨터, 스피커
전개	• 감상하기 - 궁중음악 중 연례악의 사용처를 설명한 후 '현악 영산회상'을 감상한다. • 악기 편성 알아보기 - '현악 영산회상'에 나타나 있는 악기를 소개한다. - 각 악기의 음색을 듣는다. • 악기 그림 그리기 - 가야금, 거문고, 대금, 해금, 피리의 스케치만 그려진 활동지를 나누어 준다. - 가야금, 거문고 등의 현악기는 줄을 직접 그리고, 피리, 대금 등의 관악기는 지공을 직접 그리도록 한다.	✓악기 모양은 진한 색으로 테두리를 그려서 뚜렷하게 잘 보일 수 있도록 하고, A4 용지 한 장에 하나의 악기가 들어갈 정도의 크기로 준비한다.

	(악기 그림에 색칠하는 활동으로 확장할 수 있다)	✓악기의 음색을 잘
	• 악기 연주방법 탐색하기	들고 구분할 수 있
	- 가야금, 거문고는 그림을 보면서 연주하는 자세를 탐	도록 좋은 음질의
	색한다.	음원을 준비한다.
	- 대금, 피리, 소금 등은 A4 용지를 말아서 풀로 붙인 후	악기별 음원
	대금 피리 형태를 만들고 연주하는 자세를 알려 준다	
	(단소나 소금 등의 관악기가 준비되면 연주를 체험해	• 악기 그림 활동지
	보는 것도 좋은 방법이다).	
	• 악기 음색 구분하기	
	- 가야금, 거문고, 해금, 대금, 피리 등의 소리를 들려 줌	
	으로써 이 악기들이 지니는 음색에 대하여 이해를 할	
	수 있도록 설명해 준다.	
	- 무작위로 순서를 정해 음원을 들려 준 후 악기알아맞	
	히기 놀이를 진행한다(쉽게 답을 맞힐 수 있도록 강사	
	는 여러 개의 힌트를 준비하여 알려 준다).	
정리	• 학습 정리하기	✓음악이나 악기의 음
	- 연례악과 민속악 중 산조, 시나위 등을 들려 주고 궁중	색을 구분할 때에는
	음악 중 연례악을 찾을 수 있는지를 확인한다.	차이가 매우 커서
	- 악기 사진을 제시하고 악기 이름 맞히기를 한다.	쉽게 알아맞힐 수
	• 차시예고	있도록 해야 한다.
	- 다음 시간에 학습할 내용을 미리 제시하여 원활한 수	• 악기 사진, 음원
	업을 할 수 있도록 준비하게 한다.	
평가 및 마무리	1. 연례악의 종류와 쓰임을 아는가?	
	2. '현악 영산회상'의 악기편성과 악기의 음색을 구분할 수 있는가?	

2) 정신적·신체적 건강 유지 목적의 노년 국악 교육프로그램 개발

노인의 정신적·신체적 건강 유지를 목표로 한 국악 교육프로그램은 대부분 음악치료 분야에서 많은 연구가 이루어지고 있으므로 음악치료 분야의 학술지 게재 논문을 재구성하는 것으로 국악 교육프로그램을 제시하고자 한다. 다음은 정신적·신체적 건강 유지 목적의 노년 국악 교육프로그램 개발 중 실기영역의 프로그램 개발 단계를 분석-설계 및 개발-실행 및 평가로 나누어 설정하였다.[4]

---

4) 박경호, 김현정(2017)의 연구를 재구성하여 제시함.

(1) 정신적 건강 유지를 목적으로 한 국악 교육프로그램

① 분석

■ 학습자 분석

- 청각장애가 없고 의사소통이 가능한 만 65세 이상의 노인 8명
- 독거노인이란 만 65세 이상으로 배우자나 자녀 등 다른 친척과 동거하지 않고 혼자 사는 노인을 의미한다.

■ 교육 환경

- 대구광역시 N구에 위치한 S사회서비스관리센터

② 설계 및 개발

■ 목표 설정

- 민요 중심의 프로그램을 구성하여 독거노인의 우울감을 감소하고 자아존중감의 향상을 목표로 한다.

■ 교육 계획

- 차시별 교육 주제를 제재곡이나 개념으로 구성하지 않고 정서적 · 심리적 단계로 구성하였다. 크게 초기, 중기 I, 중기 II, 후기 단계로 나누고, 초기 단계에서는 친밀감 형성을 목표로, 중기 I 단계에서는 소속감 및 안정감 증진을 통한 우울 감소를 목표로 제재를 구성하였다. 그리고 중기 II 단계에서는 감정 표출을 통한 우울 감소를 목표로, 후기에서는 자기 표현력 증진과 성취감 경험을 통한 자아존중감 향상을 목표로 제재를 구성하였다.

■ 수업환경

- 수업 장소의 크기, 활용할 수 있는 기자재, 악기 구비 여부 등
- 기관: S사회서비스관리센터
- 교육 장소: 기관 내 강의실
- 학습 대상 및 인원: 만 65세 이상 독거노인 8명
- 교육기간: 12차시 / 주 2회 45분

- ■ 교육주제: 민요 부르기
- • 프로그램명: 민요로 떠나는 여행

- ■ 차시별 주요내용: 총 12차시

〈표 9-5〉 정신 건강 유지영역 프로그램 차수별 계획 예시

단계 및 목표	차시	주요 활동	준비물	활동의 이유
초기 친밀감 형성	1	• 밀양아리랑으로 인사노래 만들기 • 밀양아리랑 개사를 통한 자기소개하기 〈예시〉 1인: 날 좀 보소~ 날 좀 보소~ 날 좀 보소~ 내 이름은 ○○○예요~ 반갑습니다~	장구 스피커 음원	• 민요는 전통적이고 서민적인 노래로 누구나 쉽게 따라 부를 수 있기 때문에 활동에 대한 거부감이 없이 쉽게 접근할 수 있다. • 빈 칸에 자신의 이름과 별명을 넣어 노래를 만드는 활동을 통해 집단원 간에 친밀감을 형성할 수 있다.
	2	• 사물을 이용하여 세마치장단에 맞추어 구조화된 즉흥연주하기	장구 북 꽹과리 징 스피커 음원	• 구조화된 음악치료는 노인에게 상황에 대한 예측성을 통해 안정감과 편안함을 제공한다. 이를 통해 노인에게 편안한 환경에서 방어를 줄이고 친밀감을 형성하도록 돕는다.
중기 I 소속감 및 안정감 증진을 통한 우울감 감소	3	• 세마치장단을 손으로 무릎을 치며 배우기 • 짝과 호흡을 맞추어 손장단 치기	가사지 장구 스피커 음원	• 노래를 통한 치료활동은 자기인식을 하도록 하여 자기 언어로의 자연스러운 표현을 이끈다. 이를 통해 자신의 감정을 자연스럽게 표출하며 우울감을 감소시킬 수 있다.
	4	• 꽃타령 부르기 • 좋아하는 꽃의 이름으로 호칭 바꾸기 • 개사한 꽃타령을 부르며 서로 지지하기	가사지 장구 스피커 음원	• 개사활동으로 인한 성공적 경험은 성취감을 느끼게 한다. 이러한 성취감은 우울을 감소시킬 수 있다. • 집단원 간의 지지활동은 고립된 노인으로 하여금 사회성 활동의 기회를 제공하여 우울감을 감소시킬 수 있다.

	5	• 한오백년을 칭찬하는 노래로 개사하기 • 노래를 부르며 서로 지지하기	가사지 장구 스피커 음원	• 함께 노래 부르는 경험은 타인과의 상호교류를 도우며 개개인을 하나의 응집력 있는 전체로 통합시킨다. 이를 통해 노인의 사회적 고립감을 감소시켜 우울감을 감소시킬 수 있다.
	6	• 닐리리야에 맞추어 다양한 손뼉치기 배우기 • 노래에 맞추어 그룹별 손뼉치기	가사지 장구 스피커 음원	• 장단은 특별한 악기가 없이 손장단이나 무릎장단이 가능하다. 이를 이용한 그룹활동은 상호 간의 지지 경험을 통해 노인의 사회적 고립감을 감소시켜 우울감을 감소시킬 수 있다.
	7	• 색깔 악보를 보며 핸드벨 연주하기 • 장단에 맞추어 핸드벨 연주하기	가사지 장구 스피커 음원	• 악기연주는 상호작용, 사회성 계발, 대인관계 증진, 정서 자극과 이완, 성공감, 사회기술향상에 도움을 준다. 이를 통해 노인의 사회적 고립감을 감소시켜 우울감을 감소시킬 수 있다.
중기 II 감정표출을 통한 우울감 감소	8	• 여행을 주제로 개사하여 노래 부르기 • 메기고 받는 형식으로 그룹을 나누어 사물악기 연주하기	장구 북 꽹과리 징 스피커 음원	• 가사 만들기는 감정을 경험, 확인, 표현, 교류하며 감정적 행동의 조절, 변형을 촉발시키기 위해 구성되는데, 집단 안에서의 내면적 세계를 탐색하여 볼 수 있을 뿐만 아니라 개인의 내면세계 또한 탐색하도록 한다. 내면의 탐색 중 '지지적 수준' 단계에서 내담자의 긍정적 경험을 유도함으로써 우울감을 감소시킬 수 있다. • 악기연주는 구조적인 활동 중 하나로, 음악활동에 적극적으로 참여하도록 유도한다. 몰입의 경험은 노인으로 하여금 절정 경험을 통해 내면의 우울을 표출 및 해소할 수 있게 한다.
	9	• 직접 빨대피리를 만들고 불기	장구 빨대피리 스피커 음원	• 노래를 부르며 자유롭게 연주하는 행위는 대상자가 풀어 내지 못한 감정을 해소하고 표출할 수 있는 기회를 제공한다. 또한 카타르시스를 경험하도록 하여 문제를 수용하고 해결하려는 의지를 길러 준다. 이를 통해 우울감을 감소시킨다.

	10	• 미리 준비한 가사지의 빈 곳들을 주제로 개사하기 • 한 소절씩 돌아가며 노래하면서 악기연주로 받아 주기	장구 북 꽹과리 징 스피커 음원	• 민요는 지은이가 없이 사람들의 입에서 입으로 전해져 내려오는 전통 노래를 의미하고, 오랜 기간 전해져 오면서 변형되고 다듬어져서 민족의 고유한 감정들을 자연스럽게 나타낸다. 이러한 감정 표출의 기회를 통해 노인의 우울감을 감소시킨다.
후기 자기표현력 증진과 성취감 경험을 통한 자아존중감 향상	11	• 노래에 맞는 간단한 율동 배우기 • 율동과 악기연주 그룹으로 나누어 상호 간에 지지하기	장구 북 꽹과리 징 스피커 음원	• 즉흥연주는 동시적 상징과 직접적인 행동을 나타내는 것으로, 어떤 특정한 인식이 없이 감정적인 에너지의 해소를 통해 강한 감정의 표현과 정신적 자유를 제공하여 자기 표현력을 증진 시키고 성취감을 경험할 수 있다.
	12	• 노래에 맞게 4음절로 개사하기 • 메기고 받는 형식으로 서로 지지하며 노래 부르기	장구 북 꽹과리 징 스피커 음원	• 노래 만들기 중에서 가사를 바꾸어 부르거나 곡을 만들어 부르는 활동은 자신의 생각을 자발적으로 표현하게 함으로써 자존감을 높인다.

출처: 박경호, 김현정(2017).

(2) 치매노인의 신체 건강 유지를 목적으로 한 국악 교육프로그램[5]

① 분석

■ 학습자 분석

• 장기요양보호등급의 만 65세 이상의 치매노인

• 시각 · 청각 기능의 손실이 없고 관절의 불편함 없이 일상생활이 가능한 노인

■ 교육 환경 분석

• 요양원: 질병이나 기능장애, 심신쇠약으로 자립해서 살기 힘들거나 간호를 받아야 하는 병약한 노인들이 거주함으로써 의료보호와 복지서비스를 제공받는 통합적 시설을 의미함(사회복지학사전, 2009)

---

5) 주민애, 박혜영(2017)의 연구를 재구성하여 제시함.

② 설계 및 개발

■ 목표 설정

• 국악장단을 활용한 다양한 활동을 제공하여 요양원에 거주하는 치매노인들의 상지 기능(관절 기능)의 유지에 도움을 준다.

■ 교육 계획

• 4주간 주 3회, 40분씩 총 12차시의 수업을 계획하였다. 노인들이 잘 알고 있는 우리나라의 대표적인 민요와 그 장단을 활용하여 치매노인들이 상지 기능을 활용할 수 있도록 다양한 활동을 구성하였다. 국악기뿐만 아니라 시설에서 보유하고 있는 서양악기(셰이커, 마라카스 등), 공, 바구니 등 생활 주변에서 쉽게 구할 수 있는 생활도구를 활용한 활동으로 구성하여 노인들이 쉽게 활동에 참여할 수 있도록 하였다.

■ 수업 환경

• 수업 장소의 크기, 활용할 수 있는 기자재, 악기 구비 여부 등

• 기관: 요양원

• 교육 장소: 기관 내 강의실

• 학습 대상 및 인원: 만 65세 이상 치매노인 13명

• 교육기간: 주 3회, 40분씩 총 12차시

■ 교육주제: 국악장단을 활용하여 상지 운동하기

• 프로그램명: 얼씨구 국악 한마당

■ 차시별 주요내용: 총 12차시

〈표 9-6〉치매노인 신체 건강 유지영역 프로그램 차수별 계획 예시

회기	수업 주제	주요 활동
1	강강술래 (중중모리장단)	1. 대형을 원으로 만들어 착석 후 스카프를 하나씩 쥐어 옆 사람에게 전달한다. 2. 전달된 스카프를 음악에 맞춰 강사의 지시에 따라 위아래로 흔든다. 3. 옆 사람의 스카프와 연결을 한다. 4. 〈강강술래〉에 맞추어 강사의 지시에 따라 앞으로 올렸다 내리기, 당겼다 놓기의 신체활동을 한다. * 느린 박으로 시작하여 점차적으로 빠르게 진행한다.
2	닐리리야 (굿거리장단)	1. 대형을 원으로 만들어 착석 후 바구니에 담긴 마라카스(쉐이커, 콩주머니 등)를 집어 옆 사람에게 전달한다. 2. 강사의 지시에 따라 양팔을 앞으로 올렸다 내리기를 한다. 3. 음악에 맞추어 강사의 지시에 따라 한 명씩 마라카스를 자유롭게 연주한다.
3	도라지타령 (세마치장단)	1. 음악에 맞추어 강사가 제시하는 장단을 모방하며 몸타 활동을 한다(1인 · 2인 활동). 2. 도라지 타령을 들으면서 바구니에 담긴 마라카스(셰이커, 콩주머니 등)를 집어 옆 사람에게 전달한다. 3. 음악에 맞추어 강사가 제시하는 장단을 모방하며 신체에 마라카스를 마찰하면서 연주한다(1인 · 2인 활동).
4	쾌지나칭칭나네 (굿거리장단)	1. 대형을 원으로 만들어 착석 후 음악에 맞춰 신체활동을 한다. 2. 은박지를 제공한다. 3. 두 그룹으로 나누어 한 그룹은 파라슈트(큰 보자기)를 잡고, 또 다른 그룹은 은박지를 뭉쳐 만들어 던져 넣는다(그룹활동은 번갈아 가면서 진행한다). 4. 파라슈트를 잡은 그룹원은 강사의 지시에 따라 양팔을 상하좌우로 움직인다.
5	군밤타령 (자진모리장단)	1. 대형을 원으로 만들어 착석 후 강사가 제시하는 장단과 음악에 맞춰 바구니에 담긴 공을 옆사람에게 전달한다. 2. 강사가 제시하는 장단과 음악에 맞춰 주어진 공을 집어 강사가 들고 있는 바구니에 양팔을 사용해 올려 던진다.
6	갑돌이와 갑순이 (굿거리장단)	1. 대형을 원으로 만들어 착석 후 음악을 감상하며 강사가 제공하는 풍선 박스를 옆으로 전달하면서 원하는 풍선을 쥐어 올린다. 2. 주어진 방울을 풍선에 넣고 풍선을 불어 크게 만든다. 3. 〈갑돌이와 갑순이〉 노래 가사에 맞는 이야기를 나누고 풍선에 자신만의 갑돌이와 갑순이를 그린다.

		4. 음악과 강사가 제시하는 장단에 맞춰 두 팀으로 나눈 뒤 풍선을 이용하여 양팔을 들어 유지하는 신체 활동을 한다.
7	풍년가 (굿거리장단)	1. 대형을 원으로 만들어 착석 후 음악에 맞춰 강사의 지시에 따라 신체활동을 한다. 2. 1인씩 돌아가면서 네 가락의 윷을 정돈한다. 3. 네 가락의 윷을 상하로 높이 던져 바닥에 떨어뜨리며 윷놀이 게임을 진행한다.
8	꽃타령 (자진모리장단)	1. 대형을 원으로 만들어 착석 후 바구니에 담긴 꽃을 집어 옆 사람에게 전달한다(얇은 꽃줄기가 있는 모형 꽃을 준비한다). 2. 〈꽃타령〉에 맞추어 강사의 지시에 따라 모눈 모양의 바구니 구멍에 꽃을 꽂는다.
9	통영개타령 (자진타령장단)	1. 대형을 원으로 만들어 착석 후 음악에 맞춰 강사의 지시에 따라 몸타를 한다. 2. 주어진 소고를 옆으로 전달한다. 3. 〈통영개타령〉에 맞추어 강사의 지시에 따라 소고를 연주한다. 4. 〈통영개타령〉에 맞추어 소고를 상하좌우로 움직이면서 연주한다.
10	아리랑 (세마치장단)	1. 대형을 원으로 만들어 착석 후 〈아리랑〉에 맞추어 강사의 지시에 따라 몸타를 한다(머리 뒤·어깨·등 치기). 2. 주어진 소고를 옆으로 전달한다. 3. 〈아리랑〉에 맞추어 강사의 지시에 따라 소고를 연주한다. 〈아리랑〉 부분에서는 소고를 치지 않고 양팔을 옆으로 올려 좌우로 흔든다.
11	진도아리랑 (세마치장단)	1. 대형을 원으로 만들어 착석 후 〈진도아리랑〉에 맞추어 강사의 지시에 따라 몸타를 한다(머리 뒤·어깨·옆구리 치기). 2. 주어진 소고를 옆으로 전달한다. 3. 〈진도아리랑〉에 맞추어 강사의 지시에 따라 상하좌우, 머리 뒤, 양옆으로 몸을 움직이면서 연주한다.
12	밀양아리랑 (세마치장단)	1. 〈밀양아리랑〉에 맞추어 강사가 제시하는 장단에 자유롭게 몸타 활동을 한다(1인·2인·전체 활동). 2. 주어진 소고를 옆으로 전달한다. 3. 〈밀양아리랑〉에 맞추어 강사의 장단을 모방하여 소고를 연주한다. 4. 〈밀양아리랑〉에 맞추어 강사의 장단에 자유롭게 활동을 만들어 그룹원과 함께 연주한다.

출처: 주민애, 박혜영(2017).

③ 실행 및 평가

■ 차시별 수업 단계와 활동내용

〈표 9-7〉치매노인 신체 건강 유지영역 프로그램 세부계획 예시

단계	주요활동	목표	활동의 이유
도입 (5분)	시작 노래 및 상지이완 활동	• 스트레칭을 통한 신체 이완 과 동료들과 강사와 지속적 인 눈맞춤을 통한 관계 형성 • 느린 멜로디와 일정한 박자 에 맞춰 상지근육을 이완	• 원을 대형으로 만들어 전체 대상자와의 집단 활동임을 인지하게 하고, 강사와의 눈맞춤을 통해 활동에 집중할 수 있도록 도와 강사와 의 신뢰감 형성 • 개인 또는 옆 사람과의 상호 교류적인 신체이 완 활동을 통해 상지 기능 증진을 위한 활동 과 상지 촉각 자극 및 상호 교류 촉진
본 활동 (30분)	국악장단을 활용한 활동	• 규칙적인 장단의 사용으로 대상자들의 반복적인 상지 신체활동	• 규칙적인 장단의 사용은 참여자의 반복적인 신체활동을 유도하며 친숙함과 안정감을 제 공함 • 익숙한 곡의 제공은 대상자에게 친숙한 감정 을 유발하고 신체활동에 참여를 용이하게 함
마무리 (5분)	마침 노래 및 상지이완 활동	• 느린 멜로디와 일정한 박에 맞춘 상지 이완 활동	• 지속적이고 일정한 박을 느린 템포로 제공하 여 참여자의 동작에 대한 시작점을 명료하게 충분히 제시함으로써 상지 근육의 긴장을 이 완할 수 있도록 함

출처: 주민애, 박혜영(2017).

3) 전문성 함양 목적의 노년 국악 교육프로그램 개발

다음은 전문성 함양 목적의 노년 국악 교육프로그램 개발로 '가야금 연주단을 위한 국악 교육프로그램'을 예로 제시하였다.

(1) 가야금 연주단을 위한 국악 교육프로그램

① 분석
■ 학습자 분석
- 인지 기능과 신체 기능에 현저한 차이가 없는 만 65세 이상의 노인
- 국악에 대한 관심도와 열의가 있는 60~70대 대상

■ 교육 환경 분석
- 노인종합복지관: 무료 또는 저렴한 요금으로 노인의 각종 상담에 응하고, 건강 증진, 교양 · 오락, 기타 노인의 복지 증진에 필요한 편의 제공을 목적으로 하는 시설

② 설계 및 개발
■ 목표 설정
- 가야금을 집중적으로 학습하여 연습에 따른 성취감을 가지게 하고, 연주단원으로서 공연에 참여할 수 있도록 한다.

■ 교육 계획
- 가야금의 쓰임, 소리 탐색, 주법 익히기, 연주곡 익히기 등의 단계로 구성하여 간단한 악곡을 연주할 수 있도록 구성한다. 이 수업은 가야금에 처음 입문하는 단계로, 이 단계를 완료하면 점차 심화된 단계로 진입하여 전문성을 향상시킬 수 있도록 구성한다.
- 1~4차시는 〈아리랑〉을 통해 12줄의 음 구성을 파악하고 왼손 주법을 연습한다. 5~8차시는 〈군밤타령〉을 2중주의 형태로 학습한다. 4주차까지의 연습이

버거웠던 어른이 계신다면 2중주에서 조금은 단순하지만 장단의 맛이 느껴지는 리듬선율을 연주하게 하고, 다른 한 팀은 주선율을 연주하게 하여 함께 음악을 만들어 가는 즐거움을 지니게 한다. 이 곡 또한 동일한 선율의 반복이라는 민요의 특징을 지니고 있어 곧 익숙해질 것이다. 9주차부터는 국악의 맛이 나는 시김새 연습을 위해 〈새타령〉 〈진도아리랑〉을 연주한다. 11~12차시는 발표를 통해 가족과 지인을 대상으로 공연을 시연한다. 이를 통해 노인들은 성취감과 만족감을 느낄 수 있다.

■ 수업 환경
• 수업 장소의 크기, 활용할 수 있는 기자재, 악기 구비 여부 등(윤명원 외, 2018)
• 기관: 노인복지관
• 교육 장소: 노인복지관 내 강의실
• 학습 대상 및 인원: 만 65세 이상 10명
• 교육기간: 12차시 / 주 1회 90분

■ 교육주제: 가야금 연주하기
• 프로그램명: 실버 가야금 연주단 '금실홍실'

■ 차시별 주요내용: 총 12차시

〈표 9-8〉 가야금 연주단을 위한 국악 교육프로그램 차수별 계획 예시

차시	학습 주제	주요 활동	수업 자료
1	오리엔테이션	• 강사 및 참여자 소개하기 • 프로그램 내용 안내하기 • 규칙 정하기 • 반장 정하기	• 강의계획서
2	주법 익히기	• 가야금의 쓰임 알아보기 • 가야금의 음색 탐색하기 • 기본 주법 익히기	• 가야금, 강사용 장구, 악보 자료

3	아리랑 연주 (1/2)	• 아리랑을 통해 국악에 나타나는 5음 음계 익히기 • 후렴구 연주 배우기	• 가야금, 강사용 장구, 악보 자료
4	아리랑 연주 (2/2)	• 나머지 악보 익힌 후 합주하기	• 가야금, 강사용 장구, 악보 자료
5	군밤타령 2중주 (1/4)	• 노래 부분에 해당하는 파트 I의 연주방법 익히기 • 파트 I 합주하기	• 가야금, 강사용 장구, 악보 자료
6	군밤타령 2중주 (2/4)	• 반주 부분에 해당하는 파트 II의 연주방법 익히기 • 파트 II 합주하기	• 가야금, 강사용 장구, 악보 자료
7	군밤타령 2중주 (3/4)	• 두 팀으로 나누어 장단에 맞춰 파트 I·II 연주하기 • 파트 I·II 합주하기	• 가야금, 강사용 장구, 악보 자료
8	군밤타령 2중주 (4/4)	• 지난 시간에 배운 내용과 다른 파트를 장단에 맞춰 연주하기 • 파트 I·II 합주하기	• 가야금, 강사용 장구, 악보 자료
9	새타령 연주	• 시김새 중 꺾는소리 배우기 • 새타령을 익히며 꺾는소리 연주하기	• 가야금, 강사용 장구, 악보 자료
10	진도아리랑 연주	• 시김새 중 농현 배우기 • 진도아리랑을 익히며 농현과 꺾는소리 연주하기	• 가야금, 강사용 장구, 악보 자료
11	발표회 준비	• 발표할 곡 정하기(독주, 중주, 합주 등) • 발표 순서 및 의상 정하기 • 초대장 만들기	• 악보 자료, 음원, 강사용 장구, A4용지, 네임펜, 색연필, 편지봉투 등
12	발표회	• 리허설하기 • 독주, 중주, 합주 발표하기 • 동영상 녹화하여 공유하기	• 무대, 조명, 보면대, 마이크 등

③ 실행 및 평가

■ 세부수업지도안

[지도안 9-3] 가야금 연주단을 위한 국악 교육프로그램 세부계획 예시

기관명	노인종합복지회관	장소	소강당
차시	5차시	수업시간	90 분
프로그램명	실버 가야금 연주단 '금실홍실'	학습인원	6명
수업주제	군밤타령	준비물	가야금, 강사용 장구, 악보 자료
학습 목표	1. 집어 뜯기, 동시 뜯기 주법 익히기 2. 자진모리장단 이해하기		
기대 효과	합주를 통해 협동성과 자신감을 증진시킬 수 있다.		

학습 단계	교수ㆍ학습 활동	준비물(ㆍ) 및 유의점(✓)
도입	• 인사하기 - 인사를 나누면서 참여자들의 건강상태를 확인한다. • 전시 복습하기 - 지난 시간에 학습한 내용을 복습한다. • 학습 내용 및 목표 제시 - 학습 내용과 목표를 제시한다.	✓도입 단계에서 학습자들의 분위기 및 건강 상태를 파악한다.
	• 주법 익히기 - 2-1주법을 이용한 집어 뜯는 연주법을 익힌다. - 1번-2번 손가락 혹은 1번-3번 손가락을 이용하여 동시에 뜯는 연주법을 익힌다. • 노래 부분에 해당하는 '파트Ⅰ'과 반주 부분에 해당하는 '파트Ⅱ'를 나누어 연습한다. 〈파트Ⅰ 악보 예시〉 	✓한 자세로 오래 앉아 있으면 불편함을 느낄 수 있으므로 쉬는 시간을 주어 스트레칭을 하게 하고 자세를 바꿀 수 있도록 한다.

전개	〈파트 II 악보 예시〉 • 파트 I · II를 합주를 해 본다. • 서로 파트를 바꾸어 합주를 해 본다.	✓ 서로 파트를 바꾸어 연주 및 합주를 해 본다. • 악보 자료
정리	• 학습 정리하기 – 악기 연주법을 잘 숙지하였는지 확인한다. – 학습한 음악선율을 잘 기억하는지 천천히 연주해 본다. • 차시예고 – 다음 시간에 학습할 내용을 미리 제시하여 원활한 수업을 할 수 있도록 준비하게 한다.	✓ 음악이나 악기의 음색을 구분할 때에는 차이가 매우 커서 쉽게 알아맞힐 수 있도록 해야 한다. • 악기 사진, 음원
평가 및 마무리	1. 연주에 대한 의견을 나누고 격려를 해 준다. 2. 다음 차시 수업에 대한 예고를 한 번 더 언급한다.	

3. 노년 국악 교육프로그램 개발 실습

1) 분석

학습자 분석	
교육 환경 분석	

2) 설계 및 개발

목표 설정	
교육 계획	
수업 환경	• 기관: • 교육 장소: • 학습 대상 및 인원: • 교육기간:
교육 주제	

• 프로그램명:

■ 차시별 주요내용: 총 8차시

차시	학습 주제	주요 활동	수업 자료
1			
2			
3			
4			

5			
6			
7			
8			

3) 실행 및 평가

■ 세부수업지도안

기관명		장소	
차 시		수업시간	
프로그램명		학습 인원	
수업주제		준비물	
학습 목표			
기대 효과			
학습 단계	교수·학습 활동		준비물(·) 및 유의점(✓)
도입			

전개		
정리		
평가 및 마무리	1.	

토의 주제

1. 노년기의 특징을 이해하고 대상별 특징을 구분해 본다.

2. 노년 대상 국악교육에 활용될 수 있는 제재곡과 프로그램을 구상해 본다.

3. 노년 대상 국악 교육프로그램 계획서를 작성해 본다.

참고문헌

권순호(2010). 노인들의 놀이 문화로서의 음악 활동의 효과성에 관한 소고. 음악연구, 44, 29-53.

김성기, 김현정(2014). 음악치료기술2: 인간이해 중심으로. 서울: 지식공감.

권영애(2009). 민요 중심의 음악치료 프로그램이 노인 우울과 생활만족도에 미치는 효과. 명지대학교 사회교육대학원 석사학위논문.

박경호, 김현정(2017). 민요 중심 음악치료가 독거노인의 우울 감소 및 자아존중감 향상에 미치는 효과. 인문과학연구, 53, 261-290.

박부경(2017). 평생교육 적용을 위한 노인음악교육모델 개발 및 타당화. 숭실대학교 대학원 박사학위논문.

박수정(2003). 정서장애 청소년의 자기표현력 향상을 위한 음악치료적 접근: Song Psychotherapy를 이용한 질적 연구 중심으로. 이화교육논총, 13, 281-290.

백수미(2012). GIM and MI training in Korea: Culture and clinical aspects 예술교육치료연구소 창립 3주년 기념 국제학술대회 자료집. 이화여자대학교 교육대학원 예술교육치료연구소, 17-28.

백희영(2015). 노인건강 교육프로그램 개발을 위한 소도구운동 효과검증에 관한 연구. 한양대학교 대학원 박사학위 논문.

서울시(2014). 2014 경로당 및 노인종합복지관 이용실태 조사.

신미식(2007). 평생교육으로서 한국노인교육의 발전방향-노인교육담론을 중심으로-. 평생교육학연구, 13(1), 1-24.

이승진(2009). 노래심리치료를 통한 십대 미혼모의 자기수용에 관한 연구. 이화여자대학교 석사학위논문.

이화정, 양병찬, 변종임(2003). 평생교육프로그램 개발의 실제. 서울: 학지사.

장석준(2010). 경로대학 활성화를 통한 전인적 노인교육에 관한 연구. 장로회신학대학 목회전문대학원 박사학위논문.

정종보(2011). 성공적 노후 교육프로그램의 수요도 및 효과성에 대한 연구. 호서대학교 대학원, 박사학위논문.

정태이(2017). 고등학생의 노인교육 교수학습방법에 따른 교육 효과성 비교분석. 경성대학교 대학원 박사학위논문.

정현주(2006). 음악치료 기법과 모델. 서울: 학지사.

전명수(2012). 노인 평생교육 참여 동기유형이 성공적 노화에 미치는 영향: 교육만족도의 매개효과. 호서대학교 대학원, 박사학위논문.

주민애, 박혜영(2017). 국악장단을 이용한 음악치료가 치매노인의 상지기능 향상에 미치는 영향. 한국콘텐츠학회논문지, 17(1), 222-232.

최병철, 문지영, 문서란, 양은아, 김성애, 여정윤(2015). 음악치료학(3판). 서울: 학지사.

최유선(2002). 정신지체 청소년의 자아존중감 향상을 위한 음악의 치료적 접근방법. 이화교육논총, 12, 487-501.

최유주(2008). 다문화 음악교육을 위한 교수-학습 방안연구: 세계 민요를 중심으로. 경희대학교 교육대학원 석사학위논문

통계청(2015). 2015 고령자통계.

통계청(2017). 2017 고령자통계.

Boxill, E. H. (1998). 발달장애인을 위한 음악치료. 서울: 이화여자대학교 출판부.

제10장
교재·교구의 중요성

윤명원

1. 교재·교구의 정의 및 분류
2. 교재·교구의 개발 이론
3. 교재·교구의 활용 사례

교육 대상의 효과적인 학습을 위한 적절한 교재와 교구의 필요성 및 교재·교구 제작 사용의 중요함을 이해한다. 교재·교구의 개념 및 교육적 가치와 중요성, 교재·교구의 분류, 교재·교구에 관련된 기초 이론, 교재·교구의 활용사례 등에 대해 살펴본다.

1. 교재 · 교구의 정의 및 분류

1) 교재 · 교구의 정의

(1) 정의

교재 · 교구는 교육의 목표를 효과적으로 달성하기 위해 선택된 언어적 · 비언어적 도구이다. 언어적인 것은 교재, 비언어적인 것은 교구라고 하여 구별하기도 한다. 또한 교재는 교육을 하는 데 필요한 재료이고, 교구는 도구로서 표본, 모형, 칠판, 패도 등이라고 정의할 수 있다(표준국어대사전, 네이버 백과사전).

교육현장에서는 여러 가지 구체물로 된 자료가 교수매체로 활용되고 있다. 매체(media)는 라틴어의 medius에서 유래된 말로서 between, 즉 맺어 주는 역할, 다리의 의미를 갖고 있다. 일반적으로 매체는 메시지의 운송 수단을 제공하는 자료와 장치를 말하며, 의사소통의 학문적인 대두와 함께 송신자와 수신자 사이에 메시지를 전달하는 하나로 의미가 정착되었다. 교수매체는 일반적인 매체 개념보다는 수업 실제에서 그 수업의 목표를 달성하기 위하여 학습자에게 일정한 정보와 메시지를 전달하는 것을 염두에 두는 교수를 위한 매체를 뜻한다. 교수매체에는 교과서를 포함한 모든 인쇄매체, 실물, 표본, 영화 영상, TV, 게시판, 컴퓨터, 게임 및 놀이기구 등이 포함된다.

오늘날 교육공학의 발전은 우리의 교육체제에 상당한 변화를 가져오게 하여 이제 교수매체는 보조물이 아니라 체제 속의 구성요소로서 매체 그 자체보다는 매체를 활용하는 방법 내지는 환경까지 고려하는 것으로 정착되고 있다. 따라서 교수매체는 교수–학습이라는 전달 과정에서 학습 내용을 전달하는 매체로서 교재나 재료에 한정된 것이 아니라 매개체의 이용방법, 전달방법 등 방법론적인 측면이 포함된 광범위한 개념으로 인식되고 있다(김정규 외, 2010).

(2) 교재 · 교구의 중요성

교사의 교과 교재 연구는 수업활동에 대한 구체적이고 실천적인 교수방법으로 매우 필수적이다. 수업을 계획하는 데 포함되는 구체적인 내용들은 교육목표의 설정, 활동내용의 선정 및 조직, 학습자의 선행 경험 정도의 파악, 활동방법 및 활동유형의 선정, 교수매체 및 교구의 선정, 발문 기술의 탐색, 활동의 전개계획, 평가계획 등 사전계획을 수립하는 활동의 일체가 포함된다(정용부, 2012). 또한 교사는 교육현장에서 학생들의 전인적 발달의 최적화, 즉 음악교육의 효율성을 극대화하기 위한 수업설계, 수업전략 수립 및 수업의 구체적인 실천 기술에 이르기까지 일련의 수업 과정에 따른 최적의 수업방법을 탐구해야만 한다.

교사가 수업을 성공적으로 이끌어 내기 위해서는 첫 번째 '수업을 어떻게 구성할 것인가?', 두 번째 '문제를 어떻게 해결할 것인가?', 세 번째 '어떠한 학습 도구를 활용할 수 있을까?'에 대하여 생각하여야 한다. 세 번째 지도 방법에 관한 내용이 보조적인 학습 도구의 활용이다. 여기서 "무엇을 가지고, 즉 어떠한 매체를 사용하여 이 학습 과정을 효과적으로 구성할 수 있을까?"라는 질문이 던져진다. 이러한 질문은 무엇보다도 교사들이 수업 중에 사용할 적절한 학습 도구를 연구하고 개발하여 효과적인 학습을 이끌어 보자는 의도에서 출발한다. 교사는 자신의 수업을 성공적으로 이끌기 위하여 모든 학습 도구를 수업 전에 준비해 놓아야 한다(민경훈 외, 2017).

특히, 교과서는 국가교육과정을 구체화한 정보의 집약체이자 학습자와 교수자가 의사소통을 하도록 만드는 중요한 매개체로서의 역할을 한다. 뿐만 아니라 우리나라에서는 교과서가 우수하여야 학교에서 바람직한 교육활동이 이루어질 것이며, 교과서는 교육현장을 넘어 사회적으로 매우 중요한 기능을 가진다고 인식되고 있다. 실제로 교과서의 내용은 학교 성적이나 각종 입시와 직결되기 때문에 우리나라에서의 교과서는 다른 학습 자료와 비교할 수 없이 높은 위상을 갖고 있다. 이 같은 우리나라 교과서의 위상과 역할의 중대성을 감안해 보면 교과서에 담겨질 정보의 내용과 함께 그 정보의 표현방식 또한 매우 중요하다. 특히, 감각적인 영상매체에 지속적으로 노출된 학생들에게 인쇄 매체인 교과서가 이러한 중요한 역할을 성공적으로 달성하기 위해서는 정보가 쉽고 명확하게 전달되도록 조직되어야 하며, 학습의 흥미를 유발하고 이해를 증진시킬 수 있도록 제시되어야 한다(강선영, 2018).

교사의 능력과 수업 결과에 지대한 영향을 미치는 교수방법과 교수매체로서의 교수학습 모형의 활용은 무엇보다 중요하며, 교사에게는 적절한 교수학습 모형의 선정 능력이 요구된다(김미숙, 2015). 효율적인 음악수업을 위해서는 교육목표가 명확해야 하고, 적합한 교수방법이 필요하며, 그에 따른 교육 환경이 조성되어야 한다. 음악수업에 영향을 미치는 교수방법과 교수매체의 선택에 따라 수업의 효율성과 교사의 전문성이 다른 결과로 나타난다(김미숙, 2015).

2) 교재 · 교구의 분류

교재 · 교구 자체는 대개 복합 기능을 가지고 있기 때문에 여러 가지 분류 기준을 세워 다양하게 분류할 수 있다. 헐록(Hurlock, 1972)은 교재 · 교구를 영유아의 발달을 중심으로 신체 발달, 언어 발달, 인지 발달 및 정서 사회성 발달을 촉진하는 것으로 분류하였다. 매터슨(Matterson, 1974)은 창의적 놀이, 상상놀이, 모험놀이의 세 가지 놀이에 따라 교재 · 교구를 분류하였고, 여기에 자연놀이 자료, 조작과 협동자료, 기타 음악자료와 도서를 추가하여 설명하였다. 이 외에도 연령에 따른 분류, 흥미영역에 의한 분류(언어 · 수 · 과학 · 음률 · 미술 · 책보기 · 소꿉 · 조작 · 나무토막 · 실외놀이 영역 등), 재료에 의한 분류(자연물을 이용한 것, 일상용품이나 폐품을 이용한 것, 상품화된 것), 생활주제별 분류(나와 유치원, 가족과 이웃, 계절, 건강한 몸과 마음, 동물, 지구와 환경, 교통기관, 기계와 도구, 우리나라와 다른 나라, 특별한 날들 등), 제작 주체에 따른 분류(교사가 제작한 교재 · 교구, 상품화된 교재 · 교구), 감각 기능에 따른 분류(시각, 청각, 시청각), 활동 형태에 의한 분류(개별 활동교재, 집단 활동교재) 등이 있다(박찬옥 외, 2009).

(1) 경험의 구체성과 추상성에 따른 분류

시청각 교육학자 데일(Edgar Dale)은 교재 · 교구를 활용한 학습 경험의 종류를 구체성과 추상성 정도에 따라 분류하였다. 학습 활동의 유형이나 내용, 집단 형태 등에 가장 적합한 경험과 그 경험을 충분히 하도록 하는 교재를 선정해야 하며, 여러 유형의 경험을 복합적으로 사용할 수도 있다.

(2) 시각 · 청각 동원에 따른 분류

학교 교육기관에서 활용할 수 있는 시청각 교재 · 교구를 시각, 청각, 시청각으로 분류한 것이다.

〈표 10-1〉 시각·청각 동원에 따른 분류

감각기능	시각을 주로 하는 것	청각을 주로 하는 것	시청각을 주로 겸하는 것
교재·교구의 예	게시판, 융판, 그림, 만화, 신문, 표본, 사진, 모형, 그림으로 된 궤도, 그림책, 디오라마 실물, 그래프, 지구의, 포스터, 무성(8mm)영화	녹음 자료(녹음기, 레코드 플레이어 등), 라디오 방송, 여러 가지 악기, 동화 듣기 등	녹음된 슬라이드 세트, 발성 영화, 인형극, 그림 이야기, 견학, TV 등

출처: 김정규 외(2014).

(3) 기기와 자료에 따른 분류

교재·교구의 종류를 기기와 자료 두 가지로 구분하여 제시하였다.

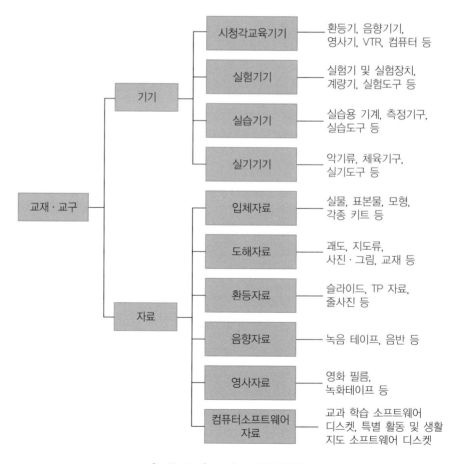

[그림 10-1] 교재·교구의 종류

출처: 김정규 외(2014).

(4) 제작 주체에 따른 분류

① 교사가 제작한 교재 · 교구

교사가 직접 제작한 교구는 견고성에서는 상업화된 것보다 못한 경향이 있으나, 활동 주제, 학생들의 수준, 제시 시기 등에 더욱 알맞으며, 무엇보다도 교사 자신이 교재 · 교구의 활용방법에 통달해 있다는 장점이 있다. 또한 여러 가지 소재를 활용하여 창의적인 방법으로 교재 · 교구를 제작할 수 있으므로 교재 · 교구를 활용하는 학생의 감각에 자극적일 수 있으며, 창의적인 사고를 길러 줄 수 있다. 그러나 제작을 계획할 때 세심히 연구하여 활용의 효율성을 높이고 매력적일 수 있도록 제작하여야 한다. 또한 보관 관리가 잘될 수 있도록 보관함을 만들거나 크기를 조절할 수 있도록 하는 데 신경을 써야 한다.

② 상품화된 교재 · 교구

상품화되어 있는 교재 · 교구가 학습 활동에 적절하고 재사용의 가치가 있다면 구입하여 활용하는 것이 바람직하다. 시중에 상품화되어 있는 값비싼 교재 · 교구를 활용하는 것만이 교재 · 교구로서의 효과가 있는 것도 아니며, 또한 교사가 학습에서 필요로 하는 모든 교재 · 교구를 직접 제작해야만 가치가 있는 것도 아니다. 교재 · 교구를 제공하는 궁극적인 목적, 즉 교수 목적에 부합되는 교재 · 교구의 제공에 있다. 기관의 재정 한도 내에서 적절한 교재 · 교구를 물색하여 구입하거나, 주변의 실물 교재 · 교구를 수집하거나, 학생의 가정과 연결하여 각 가정에 있는 교재 · 교구를 활용할 수도 있다. 시간과 노력, 경비를 최소화하는 한도 내에서 필요한 교재 · 교구를 직접 제작해야 하는 것은 당연하다.

2. 교재 · 교구의 개발 이론

1) 시청각적 경험을 강조

음악 교재 · 교구 활용의 당위성은 직관을 사용하고 직접 경험을 하며 상호작용을 한다는 것이다. 페스탈로치(Johann H. Pestalozzi)의 인간발달의 원리와 교육 원리, 피아제(Jean Piaget)의 인지이론을 바탕으로 하는 수업원리, 데일의 경험의 원추이론과 브루너(Jerome S. Bruner)의 표상양식이론 등에서 강조한 시청각적 경험의 중요성에서 음악 교재·교구 활용의 당위성을 찾을 수 있다(김미숙, 2015).

(1) 데일의 경험의 원추이론

데일은 진보주의 교육에 바탕을 두고 현대적인 시청각 교육을 체계화시킨 사람으로서, 대표적인 저서로는 『시청각 교육방법(Audiovisual Methods in Teaching)』(1954)이 있다. 그는 인간이 하게 되는 모든 경험은 현실 그 자체와 같은 수준인 직접적이고, 목적적인 경험에서부터 점차 간접성의 정도가 높아져 마지막에는 언어, 기호와 같이 아주 추상적이며 고안된 경험에 이르는 원추의 모양을 하게 된다고 하였다.

데일(Edgar Dale)

1900년에 태어난 데일의 작업은 21세기 교육 기술자들에게 계속해서 영향을 주고 있다. 데일은 노스 다코타 농장에서 자랐는데, 바그너(Wagner, 1970)에 따르면 그는 탁월한 경력을 통해 스칸디나비아 조상의 노골적 사고 습관과 강한 직업윤리를 유지했다. 가족 농장과 작은 농촌 학교에서 교사로 일하면서 데일은 노스다코타 대학에서 통신 교육 과정을 통해 부분적으로 학사 및 석사 학위를 받았다.

그 후 1929년에 시카고 대학교에서 박사 학위를 받았다. 이스트만 코닥 컴퍼니(Eastman Kodak Company)에 합류하여 영화에서 배우는 초기 연구 중 일부를 공동 작업했다. 흥미롭게도 이러한 초기 연구 중 많은 부분이 영화와 다른 매체의 학습을 비교하기 위해 고안된 실험적인 것이었지만 나중에 데일은 그러한 연구에 대해 두드러진 표현을 했다. 드바니와 버틀러(De Vaney & Butler, 1996)에 따르면 데일은 자신의 다작 장학금 외에도 제임스 철(Jeanne Chall)과 제임스 핀(James Finn)을 포함한 오하이오 주립대학교(1929~1973) 교수로서 오랜 기간 동안 박사 과정 학생들의 뛰어난 간부를 지냈다. 데일은 또한 1937~1938년까지 교육통신기술협회(AECT)로 알려진 전문 협회인 전국교육협회(NEA) 산하의 '시각 교육국(Division of Visual Instruction)' 회장을 역임했다.

『교육의 시청각 방법(Audiovisual Methods in Teaching』(1946)의 초판에서 데일은 구체적인 개념을 추상적 연속체와 시청각 매체 옵션에 연관시키는 '경험의 원뿔'을 개발함으로써 경험을 통한 학습의 연속성에 대한 존 듀이(John Dewey)의 개념을 확장했다. 데일은 콘을 시각적 유추(visual analogy)로 보았는데, 이는 언론에 대한 교육의 처방보다는 '구체적인 것에서 추상으로의 학습 경험의 진행'을 보여 주었다(위키 백과 참조).

원추의 저변에는 직접적 경험이 놓이며, 다음에는 고안된 경험, 극화, 영화, 시연, 견학, 전시, 텔레비전, 영화, 녹화테이프, 녹음테이프나 라디오, 시각적 기호의 순서가 되며, 원추의 제일 높은 꼭지에는 언어적 기호가 자리 잡게 된다. 이 경험의 원추 개념은 시청각 교육의 수준을 분류하는 데 공헌을 하였으나, 현재로서는 크게 활용되지는 않는다.

어떤 경험의 종류에서나 결국 핵심이 되는 것은 의미의 전달인데, 의미는 단순한 매체로만 이루어지는 것이 아니라 매체에 담겨지는 통신 또는 메시지의 내용과 형식, 표현기법 등에 달려 있기 때문이다. 그에 의하면 시청각 자료란 '의미를 전달하기 위해서 주로 읽기에 의존하는 감각적 자료'이며, 시청각 교육은 '전 세계를 교실 안으로 끌어들이는 방법'이다.

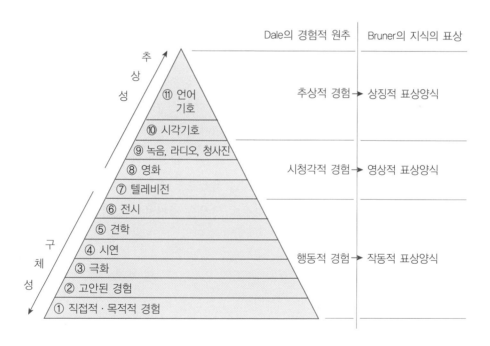

[그림 10-2] Dale과 Bruner의 경험과 지식의 개념도 비교

출처: 이성흠 외(2013)를 재구성함.

(2) 브루너의 표상양식이론

브루너(Jorome S. Bruner)는 "학습의 준비성과 관련하여 어떤 교과든지 지적으로 올바른 양식으로 표현하면 어떤 발달 단계에 있는 어린이에게도 효과적으로 가르칠 수 있다."라는 가설을 제시하였다. 브루너는 이 이론적 근거를 피아제의 지적 발달 이론에 두고 어린이는 발달 단계에 따라 각각 특이한 방법으로 지각한다고 보았다. 그는 지적 발달 단계는 곧 사물이나 현상의 구조를 파악하는 상이한 방식을 나타내는 것에 불과하므로 '학습의 준비성'은 각각의 발달 단계의 특이한 지각 양식에 맞게 학습 내용의 구조를 표현하는 것이라고 하였다.

브루너의 표상(표현)양식은 행동적, 영상적, 상징적이다. 행동적 표상이란 어린 유아가 자신과 환경과의 직접적인 접촉 행위를 통하여 세상에 대한 지식을 획득하여 가는 것과 같은 것을 말한다. 영상적 표상은 세상을 알아 가기 위해 사용되는 책략으로, 대상에 대한 정신적 상(image)을 사용하는 형태를 의미한다. 상징적 표상은 언어와 같은 가장 효율적인 상징적 체계가 이용되어 사고 속에서 무한한 조작이 가능한 수준을 의미한다. 브루너의 '지식의 표상양식'은 학습자의 정신적 조작의 특징을 나타내는 것으로, 데일은 학습자에게 제시되는 자극의 특성을 강조하였는데 브루너의 행동적 표상은 데일의 행동적 경험, 영상적 표상은 시청각적 경험, 상징적 표상은 상징적 경험과 유사하다.

브루너는 교수 과정에 사용될 교구를 간접적 경험을 위한 교구, 모형도구, 극화도구, 자동화 교구 등 네 가지로 분류하여 설명하였다. 브루너는 교사가 사용하는 교구는 학습자의 경험 범위를 확장하고, 학생들의 학습 내용에 내재해 있는 구조를 이해하도록 도와주며, 학습 내용의 중요성을 극적으로 강조하는 기능을 가지고 있다고 하였다. 그러나 교구 그 자체가 교수의 목적을 결정하는 것이 아니라고 지적

브루너

브루너(Jerome S. Bruner, 1915~2016)는 미국의 교육 심리학자이다. 듀크 대학에서 문학 공부를 하였으나, 후에 사회 심리학을 연구하였다. 1941년에 나치스 선전 기술에 관한 논문을 발표하고는 박사 학위를 받았으며, 후에 미국심리학협회 회장이 되었다. 1960년에 『교육의 과정(Process of Education)』이 출판되면서부터 교육계의 관심을 끌기 시작하였다. 이 책은 1960년 매사추세츠주에서 35명의 학자가 모여 초중등학교에 있어서의 과학교육의 개선에 관한 회의를 열었을 때 의장으로 활약한 브루너가 그 성과를 바탕으로 기술한 것이다. 그의 연구는 가르치는 이론·교육 내용·교육 방법·교육 제도 등 여러 분야에 걸쳐 있다. 저서로 『교육론』『학습 연구』『인지 발달 연구』 등이 있다.

하였다.

그림, 사진, 비디오, 오디오, 오버헤드 프로젝터, 슬라이드 등의 시청각적 자료 그 자체로 교수의 목적을 달성하고자 하는 것은 바람직하지 않다. 시청각 교구들이 아무리 완벽한 것이라고 해도 다른 교수 방법과 관련을 맺지 못한다면 학습자는 소극적인 경험만 하게 된다. 따라서 여러 교구가 적절히 통합되어 다양한 교수 전략과 함께 사용되어야 하며, 교사의 교수 테크닉과 교수 내용의 통달을 중요하게 생각하여야 함을 이야기하였다.

(3) 음악 교과서의 정보시각화 분석 모형

교과서를 통해서는 학생들이 실제로 소리를 들을 수 없으므로 '악보'라는 이미 관습화된 시각화 방식이 교과서에도 사용되어 있을 것이라고 기대하였다. '행위·지침'은 눈에 보이는 사실을 시각화해야 하므로 학생들이 접했을 때 즉시적으로 이해할 수 있도록 매우 구체적인 유형으로 시각화하고 있었다.

시각화의 가장 구체적인 유형은 '사진'이며 사실적으로 그린 '삽화'도 구체적인 시각화에 포함된다. '과정'은 눈에 보이지는 않지만 순차적인 정보의 속성이 잘 드러나야 하므로 학습자가 단계적으로 학습을 할 수 있도록 시각화되어 있을 것으로 제시하였다. '역사'는 시간이 경과함에 따라 나타나는 변화를 드러내는 것이 중요하므로 연표와 같은 방식의 시각화가 필요하며, 연표 방식이 아닐 경우에도 시간의 흐름이 드러나도록 시각화되어야 한다. '일반 개념'은 정보가 그래픽과 함께 표현된 다이어그램과 같은 인포그래픽과 텍스트의 설명이 기대되며, '태도'는 단순히 텍스트로 설명하는 것보다는 태도 변화의 상태를 그래픽으로 보여 주는 것이 기대된다(강선영, 2018).

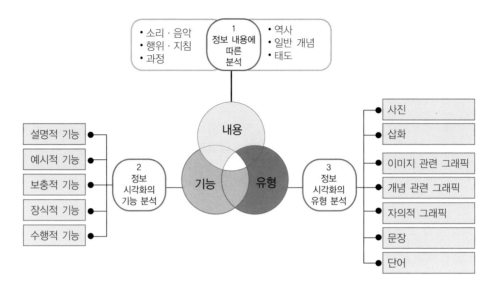

[그림 10-3] 음악 교과서의 정보시각화 분석 모형

출처: 강선영(2018).

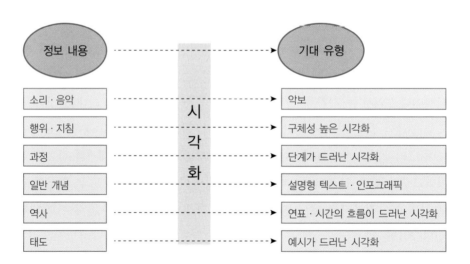

[그림 10-4] 정보 내용에 따른 시각화 분석 모형

출처: 강선영(2018).

2) 학습 모형의 적용을 강조

교사가 선택하는 교수학습 모형에 따라 수업의 매체 사용 여부를 결정해야 한다.
교수학습 모형은 학생들의 학습을 증진시키고 교사들이 보다 효과적인 전문가가 되는 것을 돕기 위하여 설계되었다. 음악 교수학습 모형을 선정할 때에는 먼저 각 모형이 가지고 있는 효과성의 규모와 종류를 결정하고, 언제 어떻게 다양한 조합의 모형들을 사용할지, 그리고 어떤 학습 전략이 특정한 단원과 수업, 학습 집단에 우선적으로 적용될 수 있는지를 판단해야 한다.

학습의 유형과 진도를 고려하여 적절하게 이 모형들이 사용되었을 때 어느 정도 생산성을 갖게 되는지도 판단해야 한다. 교사는 교수학습 모형에 필요한 학급을 조직할 수 있으며, 또한 이에 필요한 자료들을 구할 수 있는지 여부와 학생활동을 적절하게 포함하고 있는지, 이 교수학습 모형의 적용으로 야기되는 모든 문제들을 해결할 수 있는지 또한 고려해야 한다(김미숙, 2015).

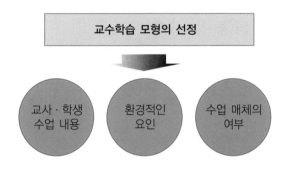

[그림 10-5] 교수학습 모형의 선정과 수업매체 관계도

출처: 민경훈 외(2017).

3) 음악, 신체동작, 언어가 결합된 기초음악을 강조

오르프(Carl Orff)는 어린이들에게 음악을 가르치기 위해 음악, 신체동작, 언어가 결합된 '기초음악(elementare musik)'의 개념을 창안하였다. 오르프는 리듬을 음악교육의 출발점으로 보았으며, 말하기, 노래 부르기, 신체동작, 악기 연주, 듣기를 통하여 음악을 탐색하고 경험하게 되었다. 오르프 교수법은 음악, 신체동작, 말이 결합된 '원초적 음악(elementary music, primitive music)'의 개념에 근거하고 있다. 원초적 음악은 인간 내면에 지니고 있는 음악에 기초하며, 그로부터 자발적 음악활동이 이루어지도록 배려하는 데 최대한 주목한다(민경훈 외, 2017).

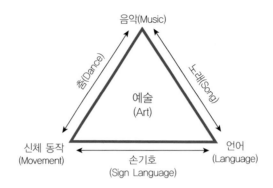

[그림 10-6] 음악, 신체동작, 언어가 결합된 기초음악의 개념
출처: 민경훈 외(2017).

3. 교재·교구의 활용 사례

1) 오르프 악기 활용 사례[1]

(1) 신체 타악기

신체 타악기는 신체를 이용하여 연주하는 것을 말하는데, 손가락 튕기기(finger snapping), 손뼉치기(clapping), 무릎치기(knee slapping), 발구르기(stamping) 등의 방법이 있다.

(2) 무선율타악기

무선율타악기는 금속을 재료로 하여 만든 '금속울림타악기', 나무를 재료로 하여 만든 '나무울림타악기', 가죽을 재료로 하여 만든 '가죽울림타악기' 등으로 나눌 수 있다.

---

1) 민경훈 외(2017)의 '제10장 오르프 교수법'을 참고하여 재구성함.

〈표 10-2〉 무선율타악기의 종류

악기재료	재료에 따른 타악기 종류
금속울림	핑거심벌 / 카우벨 / 윈드차임 / 에너지차임 / 트라이앵글 / 아고 고벨
나무울림	템플블럭 / 손잡이 캐스터네츠 / 물고기 우드블럭 / 쉐케레 / 뮤지컬스푼 / 멀티톤 블럭 / 귀로 / 클레이브스
가죽울림	젬베이 / 봉고&스탠드 / 오션드럼 / 콩가 / 사운드쉐잎 / 핸드쉐이커

출처: 한국 오르프 음악교육 연구소.

(3) 선율타악기

선율타악기는 오르프가 1920년대에 개발한 건반 타악기로 화음을 주고받거나 음악에 맞추어 멜로디를 연주하는 등 앙상블 연주에 쓰인다. 소프라노/알토/베이스로 음역을 세분화하여 넓은 음역과 다양한 음색을 연주할 수 있다. 음판(bar)을 분리할 수 있어 필요한 건반만 세팅하여 연주할 수 있다.

〈표 10-3〉 선율타악기의 종류

종류	악기 형태	특징
글로켄슈필 (종금)		- 유럽의 악기가 원형이다. - 부드럽고 울림이 없는 소리를 내며, 빠른 멜로디를 연주하거나 장식적인 리듬, 화려함을 더해 주는 파트 연주에 적합하다.
실로폰 (목금)		- 아프리카의 악기가 원형이다. - 소리가 건조하고 역동적이며, 빠른 리듬이나 느린 리듬 모두에 적합하다. - 힘차고, 추진력이 있고, 나무채를 사용했을 때 훨씬 또렷하다.
메탈로폰 (철금)		- 인도네시아의 악기가 모델이다. - 길게 울려 퍼지면서 부드럽고 신비한 느낌을 주는 것이 특징이다. - 감미롭고 풍부하며, 화려한 느낌의 소리이다.

출처: 민경훈 외(2017).

(4) 관악기와 현악기

관악기 중에는 선율성부를 연주하는 리코더가 가장 많이 사용된다. 소프라니노 리코더, 소프라노 리코더, 알토 리코더, 테너 리코더, 베이스 리코더 등 다양한 종류의 리코더가 있다. 화성의 바탕을 만들 수 있는 현악기로는 우쿨렐레, 기타 등이 가장 많이 사용되며, 첼로, 비올라, 첼로의 전신인 감바 등도 사용된다.

〈표 10-4〉 관악기와 현악기

구분	종류
관악기	소프라노 리코더, 알토 리코더, 테너 리코더, 베이스 리코더
현악기	기타, 첼로, 감바

출처: 민경훈 외(2017).

(5) 오르프 음악극

다양한 오르프 악기를 활용하여 국악 제재곡과 함께 음악극을 구성할 수 있다. 오르프 음악극은 말하기(말장단으로 굿거리장단 익히기), 노래하기(제재곡을 일부 편곡하여 부르기), 신체 표현(〈산도깨비〉 가사를 신체로 표현하기), 악기 연주(론도 형식의 즉흥연주) 등을 총체적으로 활용하고 있다(민경훈 외, 2017). 귀로, 마라카스, 심벌즈 등을 활용한 학습자들의 즉흥연주와 함께 창의적으로 음악극을 만들고, 장단 익히기와 론도형식의 음악극 전개는 오르프적 접근으로 국악에 친근하게 다가갈 수 있음을 보여 준다.

[지도안 10-1] 오르프 음악극 사례 '산도깨비'

[주제] 음악극 〈산도깨비〉
[대상] 초등학교 5학년
[학습 목표] 이야기를 말리듬 만들기와 즉흥연주 등 창의적 음악극 형태로 표현할 수 있다.
[도입]
◉ 굿거리장단 익히기
• 무릎과 바닥치기로 굿거리장단 익히기
• 말리듬으로 굿거리장단 익히기
[전개]
◉ 산도깨비 가사와 음악을 듣고 신체 표현하기

가사 1	달빛어스름 한밤중에 깊은 산길 걸어가다 머리에 뿔 달린 도깨비가 방망이 들고서 에루화 둥둥
가사 2	깜짝 놀라 바라보니 틀림없는 산도깨비 에구야 정말 큰일 났네 두 눈을 감고 에루화 둥둥
가사 3	저 산도깨비 날 잡아갈까 가슴소리는 콩당콩당 걸음아 날 살려라 꽁지 빠지게 도망 갔네

◉ 즉흥연주 시 사용할 악기를 다 함께 탐색하기
◉ 가사와 악보를 살펴보고 굿거리장단에 맞추어 말장단 만들기

◉ 론도 형식의 음악극 구성 설명하기

　A 인트로 + 굿거리장단 1 + 주멜로디 연주와 노래 + 굿거리장단 1

　B 도깨비팀의 말리듬 + 신체 표현 + 즉흥연주

　A 굿거리장단 1 + 주멜로디 연주와 노래 + 굿거리장단 1

　C 콩당콩당팀의 말리듬 + 신체 표현 + 즉흥연주

　A 굿거리장단 1 + 주멜로디 연주와 노래 + 굿거리장단 1

　D 방망이팀의 말리듬 + 신체 표현 + 즉흥연주

　A 굿거리장단 1 + 주멜로디 연주와 노래 + 굿거리장단 1 + 난타

◉ 팀 별 말리듬과 즉흥연주 탐색하기

[정리]

◉ 음악극을 표현한 후 상호 평가하기

출처: 민경훈 외(2017).

2) 플립러닝(flipped learning) 음악학습 사례

　플립러닝은 '거꾸로 교실' '역진행 학습' '반전 학습'이라고도 하는데, 기존의 전통적인 수업형식을 뒤집는 것이다. 학생들은 교수자가 제공한 온라인 영상을 사전에 학습하고, 교실 안에서는 과제풀이, 팀별활동, 토론, 질의응답 등의 학생 중심의 다

양한 학습 활동을 하는 수업 방식이다. 이때 교수자의 역할은 온라인 동영상 강의자, 학습 코치, 수업 설계자, 학습 촉진자 등이다(민경훈 외, 2017). 플립러닝은 미리 학습한 수업내용에 대한 이해를 통해 학습자의 수업 참여도를 향상시키고 만족도도 높여줄 뿐 아니라 학습자들의 능동적인 학습참여를 이끌어 낼 수 있다.

〈플립러닝 음악학습 사례〉

○○예술고등학교 음악과 1학년의 전공 '음악이론' 수업을 담당하게 된 박 교사는 매주 음악이론 개념 설명을 약 10분 정도 분량의 사전 동영상으로 담고자 한다. 자신의 컴퓨터 앞에서 셀프 카메라를 실행해 제작하는데, 학생들이 학교 홈페이지의 수업자료에서 쉽게 다운받아 시청할 수 있도록 한다. 이 수업에서는 동영상 강의 시청 여부를 확인하기 위해 간단한 퀴즈를 물어본다. 그리고 수업은 이미 배운 개념을 적용할 수 있는 실습문제 풀이 위주로 진행하는데, 이때 모둠별 토론과 발표를 유도하고, 개별지도가 필요한 학생들에게는 따로 피드백을 제공한다.

출처: 민경훈 외(2017), p. 64.

3) SNS 활용방안 사례

SNS는 소셜네트워크서비스(Social Network Services)의 약자로서 페이스북, 트위터, 인스타그램 등의 웹 기반 서비스를 지칭한다. 대부분의 SNS는 네트워크, 커뮤니케이션, 미디어 공유 등 많은 기능을 가지고 있어 최근 사회적 · 문화적으로 큰 영향력과 파급 효과를 보여 주고 있다(민경훈 외, 2017). SNS를 활용한 수업은 교사와 학습자간의 상호작용을 통해 학습 몰입도를 높여줄 뿐 아니라 학습 성과에도 긍정적인 영향을 줄 수 있다.

[그림 10-7] 교육에 활용 가능한 각종 SNS

출처: 민경훈 외(2017).

> **〈페이스북에 음악극 홍보페이지 만들기-학교 축제 공연〉**
>
> 1. 교사는 학생들이 공연할 음악극을 홍보할 수 있도록 학교 축제 몇 주 전에 수업을 진행한다.
> 2. 모둠별로 음악극에 관련된 사진 자료, 리허설 동영상 등을 활용하여 음악극 공연 홍보 페이지를 제작한다.
> 3. 각 모둠에서 제작한 홍보페이지를 페이스북 계정에 올리도록 한다.
> 4. 교실의 TV 모니터를 통해 각 모둠이 올린 페이스북 홍보 페이지를 보며 평가하는 시간을 갖는다.

출처: 민경훈 외(2007), p. 221.

4) QR코드 활용방안 사례

QR코드는 많은 정보를 담고 있어서 누구나 스캔하여 각종 정보를 쉽게 얻을 수 있다. QR코드 만들기 사이트를 이용하면 자신만의 QR코드를 만들 수 있어 학교에서 이를 활용하여 학생들이 필요한 웹사이트, 이미지, 동영상, 연락처 등의 학습 자료를 보다 간편하게 제공할 수 있다(민경훈 외, 2017). QR코드를 활용한 수업은 학생의 학습 동기와 흥미를 유발하여 창의성을 향상시킬 수 있다. 또한 시간과 장소에 제약받지 않고 학습자가 자신의 주도하에 수업내용을 선택하여 학습할 수 있다.

> **〈QR코드로 미션 수행하고 QR코드가 들어간 학습보고서 작성하기〉**
>
> – 작곡가들과의 가상인터뷰 프로젝트 –
>
>
>
> QR코드 미션 내용:
> 작곡가 _____ 에 대하여 조사하고, 그 내용을 바탕으로 가상 인터뷰를 수행하시오. 인터뷰 동영상을 제작하여 QR코드에 넣은 후 이를 학습보고서에 포함시키시오.
> (A모둠-바흐, B모둠-베토벤, C모둠-슈만, D모둠-스트라빈스키).
>
> 1. 교사는 QR코드 제작 사이트에 접속하여 각 모둠의 미션을 QR코드로 제작하고, 이를 출력한다.
> 2. 수업시간에 출력된 QR코드를 각 모둠에게 배부한다.
> 3. 학생들은 QR코드 스캐너가 다운로드된 스마트기기로 모둠별 미션을 확인한다.
> 4. 교사는 미션 수행에 필요한 내용을 강의한다(수행 내용에 대한 설명, 각 작곡가에 대한 조사방법, 가상인터뷰 수행방법, QR코드 제작방법, 학습보고서 작성방법 등).
> 5. 학생들은 스마트패드 등을 사용하여 작곡가에 대하여 검색하고 조사한다.

6. 모둠 안에서 작곡가 역할, 인터뷰 진행자, 동영상 촬영기사 등의 역할을 정하여 미션을 수행한다.
7. 동영상 파일을 QR코드에 넣고 학습보고서에 QR코드를 집어넣어 QR코드 스캐너를 사용하면 동영상을 확인할 수 있도록 학습보고서를 작성한다.
8. 학습보고서가 완성되면 다른 모둠의 학습지를 바꿔 가며 읽어 보고, QR코드를 풀어 가상인터뷰 동영상을 보는 시간을 갖는다.

출처: 민경훈 외(2007), p. 222.

5) 앱(App) 활용방안 사례

앱은 스마트폰에 설치하여 여러 기능을 하는 응용 프로그램으로서 수업에 활용할 수 있는 앱은 무궁무진하다. 앱을 활용하여 악기 연주, 음악 기보, 리듬 창작, 작곡 등 많은 음악 활동이 가능하다(민경훈 외, 2017). 기관 및 개인과 단체 등에서 국악 수업에 활용할 수 있는 앱을 연구 및 개발하고 있다. 앱으로 해금, 가야금, 편경 등을 연주하고, 사물놀이 합주를 하는 등 앱의 활용도가 높아지고 있다. 국악교육에 효과적으로 활용할 있는 우수하고 다양한 앱이 꾸준히 개발될 것을 기대한다.

〈표 10-5〉 음악수업에 활용 가능한 어플리케이션의 예

운영체제				특징	영역
Android		IOS			
플레이 우쿨렐레	산조가야금	플레이 우쿨렐레	산조가야금	피아노, 우쿨렐레, 기타, 드럼, 장구 등 다양한 악기 연주	기악
리얼 드럼	리얼 피아노	리얼 드럼	리얼 피아노		
리얼 기타	장구	리얼 기타	장구		

				비트나 코드를 창작할 수 있고, 저장과 재생이 가능	창작
코디터(코드 에디터)	뮤직 메이커 잼	가라지 밴드	뮤직 스튜디오		
유튜브	실내악 시리즈	유튜브	클래식 음악1 (마스터 컬렉션)	다양한 장르의 음악감상	감상
음악용어사전		클래식 음악과 교향곡 사전		여러 가지 음악 용어 설명	이해

출처: 민경훈 외(2017).

6) 국악 교육 사례

(1) 2015 예술교육이 바뀐다 '정조 화성행차도의 국악 따라잡기'(2015)

조선시대는 유교사상이 중심을 이루던 시기로, 궁중음악과 춤은 유교사상의 정치적 목적을 이루는 데 보조수단으로 여겨지기도 하였다. '춘앵전'은 효명세자가 모친 순원황후의 40세 탄신을 축하하기 위해 만든 춤이다. 춤의 형식이나 절차를 가르치기보다는 효명세자가 어머니를 위해 만든 그 마음, 즉 효를 주제로 잡아 수업한 것이다. 부모님을 향한 마음이라는 본질이 이를 표현하는 형식과 절차가 시대에 따라 변화될 수 있음을 학생들에게 느끼게 해 주었다. '행차도에 보이는 국악과 춤'이라는 소주제로 이루어진 3회차 수업 동안에 아이들은 '포구락' '처용무' '춘앵전'의 세 가지 춤을 배웠다. 춤을 배우는 활동에 한삼, 가야금 등의 다양한 교구가 활용되었다.

[그림 10-8] '정조 화성행차도의 국악 따라잡기' 수업 사진

출처: 한국문화예술교육진흥원 아르떼 365 수록 기사.

(2) '예술반찬으로 행복밥상을 차립니다'(2015)

예술을 목적으로 삼는 예술교육과 교육을 목적으로 하는 교육예술의 차이를 어떻게 생각하는지에 대해 이진 예술강사는 전자를 과정 중심, 후자에 대해서는 결과 중심이라고 표현했다. 아마도 '관계의 중요성'을 강조했던 그의 수업과도 관련성이 있을 것이다. 한편, 수업시간에는 타악기뿐만 아니라 가야금, 아쟁 등 여러 악기와 색찰흙이 등장한다. 악기를 직접 만져 보고 연주해 본다. 그리고 그 촉감과 소리, 색을 기억하고 색찰흙으로 만들어 본다. 아이들은 거의 모든 감각을 동원해서 국악과 만나고 있는 것이다. 그렇게 국악과 밀접한 관계를 형성하도록 수업을 설계한다.

관계를 만들어 가는 과정 속에서 관찰하게 되고 알아가는 것이다. 이진 예술강사는 수업을 통해 자신과 국악, 자신과 아이들, 자신과 예술교육 등을 알아가고 있다고 했다. 그리고 '알아가기'를 통해 상대방을 존중하는 가치와 예술교육의 신념을 실천한다.

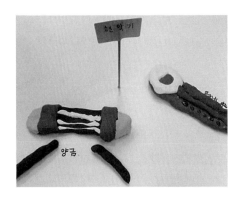

[그림 10-9] '예술반찬으로 행복밥상을 차립니다'의 활동 결과물

출처: 한국문화예술교육진흥원 아르떼 365 수록 기사.

(3) '금동이와 떠나는 이야기가 있는 국악여행'

이 프로그램은 주제별 교과통합을 통한 창의적 체험활동 프로그램으로서, 국악과 이야기를 소재로 하고 있다. 창의적 체험활동 안에서 국악이 단순한 교과 수업이 아닌 다양한 체험활동을 할 수 있도록 여러 가지 활동을 넣어 구성하였으며, 이야기를 통해 학생들이 쉽고 재미있게 국악에 대해 접근할 수 있도록 프로그램을 개발하였다.

다양한 체험활동이 이루어지기 위해서는 한 교과만의 수업이 아닌 타 교과와의 연계와 통합을 필요로 한다. 이에 이 프로그램에서는 타 교과와의 통합을 통한 수업을 전제로 하였으며, 주제 중심의 통합교육을 그 방법으로 하고 있다.

[그림 10-10] '금동이와 떠나는 이야기가 있는 국악여행' 수업자료

출처: 국악교육연구모임 희망타래 보고서.

(4) 교실국악기

'교실국악기'는 국립국악원에서 유아 및 초등학생들이 국악을 쉽고 재미있게 연주할 수 있도록 만들었다. 즉각적으로 소리가 발생하는 교실국악기의 제작 및 보급으로 유·아동의 국악 흥미유발 및 학습동기가 부여 되도록 개발되었다. 교실국악기는 타악기와 유율타악기로 구성되어 있으며, 아박, 향발, 운라를 모티브로 만들어졌다. 특히 운라는 '솔, 라, 도, 레, 미' 5음 음계로 구성되어 우리 음악의 음계를 배울 수 있다. 교실국악기는 다양한 장단과 음계를 연주하며 음악적 감성 역량을 신장 시킬 수 있을 뿐 아니라 향발무나 아박무 등 무용 수업에도 활용할 수 있다. 뿐만 아니라 노래와 함께하는 음악극의 반주 악기로도 활용이 가능하다. 이와 같이 교실국악기는 기악활동, 가창활동, 감상활동, 창작활동 등 다양한 활동영역에서 사용할 수 있다. 교실국악기와 함께 악·가·무를 골고루 경험하며 국악 중심의 통합교육을 실현할 수 있다.

[그림 10-11] 교실국악기 아박, 향발, 운라

출처: 국립국악원.

이 장에서는 교재·교구의 정의 및 분류, 교재·교구의 개발 이론, 교재·교구의 활용 사례 등을 중점적으로 살펴보며 교재·교구의 중요성에 대해서 알 수 있었다. 교재·교구의 중요성을 이해하는 것은 교재·교구의 선정 및 제작, 교재·교구의 활용방안을 모색하여 교육의 효과를 높일 수 있는 중요한 바탕이 될 것이다.

토의 주제

1. 교재 · 교구의 분류방법에 대하여 간단하게 설명해 보자.

2. 교재 · 교구 제작 활용의 중요성에 대해 토론해 보자.

3. 국악교육에 활용되고 있는 국악 교재 · 교구의 사례에 대해 소개하고, 앞으로 어떻게 활용해 나가는 것이 좋을지 창의적인 아이디어를 발표해 보자.

참고문헌

강선영(2018). 음악 교과서의 정보시각화 분석 모형 개발. 학습자중심교과교육연구, 18(15), 83-112.

권덕원, 황병훈, 송정희, 박주만(2012). 국악교육론. 경기: 교육과학사.

김미숙(2015). 음악 교재 · 교구 활용의 당위성과 방향 모색. 예술교육연구, 13(1), 101-114.

김정규, 이광자, 조정숙(2010). 교과교재연구 및 지도법. 경기: 정민사.

김혜윤, 김길숙(2016). 교재 · 교구 연구. 서울: 창지사.

김희선(2017). 4차 산업혁명과 인공지능시대 전통예술의 미래 전망과 과제. 한국예술연구, 16, 5-26.

민경훈, 김미숙, 김선미, 김신영, 김영미, 김지현, 이가원, 장근주, 조대현, 조성기, 주희선, 현경실(2017). 음악 교수학습방법. 서울: 학지사.

박찬옥, 지성애, 이창미, 조형숙(2009). 보육프로그램 교재·교구 활용 방안. 서울: 보건복지가족부, 중앙대학교 산학협력단.

오인경, 최정임(2005). 교육프로그램 개발 방법론. 서울: 학지사.

윤명원, 임미선, 이용식, 신은주, 이진원, 허윤정, 강혜인, 박지영, 정모희, 곽은아, 신응재, 강선하(2018a). 국악교육론. 서울: 학지사.

윤명원, 곽은아, 강혜인, 박소현, 박지영, 정모희, 황부남, 이영주, 배영진(2018b). 국악 교수 · 학습방법. 서울: 학지사.

이성흠, 이준, 구양미, 이경순(2013). 교육방법 및 교육공학(3판). 경기: 교육과학사.

정용부(2012). 유아 교과교재연구 및 지도법. 서울: 학지사.

최정숙(2011). 2011년 오르프 뮤직센터 상반기 정규 기본과정 과제. -음악극 '산도깨비'-

한국문화예술교육진흥원(2012). 2011 문화예술교육 교육표준개발연구-국악. 서울: 한국문화예술교육진흥원.

아르떼 365 www.arte365.kr

오르프 스튜디오 cafe.daum.net/orffstudo

한국 오르프 음악교육 연구소 www.orff.org

제11장
교재 · 교구의 제작 실습 I

이선미

교재·교구의 제작 실습은 실습 1, 실습 2로 나누어 구성하였다. 이 장의 실습 1은 유아 및 아동·청소년 대상의 교재·교구 제작 실습으로 구성하였다. 교재·교구 개발 절차를 알아보고, 그에 따른 체계적인 계획을 세워 교육목표를 효과적으로 달성하기 위한 교재·교구의 선택 및 제작을 통해 전문성을 높이는 것은 물론 각 주제에 맞게 활용할 수 있도록 한다.

1. 유아 대상 교재 · 교구의 제작 실습

유아 대상의 교재 · 교구 제작에 있어서 유아의 흥미와 발달 수준을 고려하여야 하며, 주제 및 활동 유형 파악, 활동 목표 및 내용 설정, 관련 교재 · 교구 검토 및 다양한 재료의 이해가 필요하다. 누리과정에 기초하여 유아의 발달영역과 생활영역을 고려하여 교재 · 교구를 제작하여 보자.

1) 유아 대상 교재 · 교구의 개발

만 3~5세 유아들을 위한 교재 · 교구의 개발은 생활주제를 중심으로 이루어진다. 유아교육기관의 종류와 특성 등에 따라서 혹은 수업을 진행하는 교사에 따라서 생활주제가 다르게 선정되기도 하며, 동일한 생활주제여도 다른 형태로 조직되어서 전개될 수 있다(최일선 외, 2013). 일반적으로 이 시기의 유아들을 위한 교육은 생활주제를 중심으로 전개되므로 생활주제 중심의 교재 · 교구 개발에 대해 알아보자.

유아 대상의 교재 · 교구를 제작할 때 첫 번째로 생활주제를 살펴본 후 주제에 따라 활동을 선정하게 되면 교재 · 교구를 선정하거나 제작하게 된다. 생활주제 중심 교재 · 교구 개발을 위한 절차를 그림으로 나타내면 [그림 11-1]과 같다.[1]

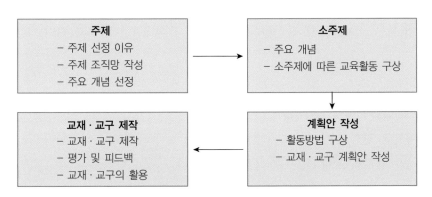

[그림 11-1] 주제에 따른 교재 · 교구 개발 절차적 모형

출처: 최일선 외(2013).

---

1) 최일선 외(2013)에서 제시한 '주제에 따른 교재 · 교구 개발을 위한 절차적 모형'을 국악 교재 · 교구 개발을 위한 모형으로 재구성함.

유아 대상의 교재 · 교구를 개발하고 준비 및 제공하는 교사는 다음과 같은 사항을 고려하여야 한다(교육과학기술부, 보건복지부, 2012).

- 유아의 발달 수준에 적합하면서 안전하고 위생적인 교재 · 교구를 제공한다.
- 오감각을 자극할 수 있는 자료를 제공하고 수집한다.
- 유아가 다양한 목적을 위해 활용할 수 있는 자료를 충분히 제공한다.
- 교사가 직접 제작한 교재 · 교구와 상품화된 교재 · 교구를 골고루 사용한다.
- 유아의 흥미를 이끌어 낼 수 있는 방법으로 교재 · 교구를 소개하고, 활동 전 · 중 · 후에 면밀히 검토하고 관리해야 한다.
- 편견 없는 자료를 사용하고 자료를 사용하는 데 있어 공정해야 한다.
- 최소의 노력과 경비로 최대의 효과를 낼 수 있는 것이어야 한다.

이와 더불어 교재 · 교구를 효율적으로 제작하기 위해 구체적인 계획을 세워야 한다. 제작 비용, 소요시간, 재료, 적절성, 크기, 견고성, 안전성 등을 고려하여 제작 계획안을 작성해야 한다. 교재 · 교구 제작 계획안은 다른 예비 교사들에게 교재 · 교구를 제작하면서 어떤 재료를 준비해야 하고, 어떻게 교구를 제작하는지에 대해 알 수 있도록 도와주며, 어떻게 활용되는지를 알게 해 준다. 또한 계획안을 모아 자료집을 만들면 유아들에게 필요한 교재 · 교구를 찾는 데 도움을 줄 수 있다(김혜윤 외, 2016). 계획안에는 활동명, 교재 · 교구명, 활동목표, 대상 연령, 제작방법, 활동방법 등을 구체적으로 작성한다. 구체적인 작성내용은 다음과 같다(임경옥 외, 2018).

(1) 활동명과 교재 · 교구명

활동명은 활동의 주제나 활동방법의 특징이 잘 드러나도록 작성한다. 교재 · 교구명에는 제작한 교재 · 교구의 이름을 작성한다.

(2) 활동목표와 대상 연령

활동목표는 교육과정 관련 요소와 관계되는 것으로, 제작 의도 및 활동방법을 통해 기대되는 효과를 명료화하여 구체적으로 작성한다. 대상 연령에는 교재 · 교구를 직접적으로 활용할 대상 연령을 정하여 작성한다.

(3) 제작재료

계획한 교재 · 교구를 제작하는 데 필요한 재료는 그 이름과 양을 구체적으로 작성한다.

(4) 제작방법

제작의 순서와 흐름에 따라 구체적으로 작성한다. 제작 과정은 번호를 이용하여 순서를 표시하거나 참고가 될 만한 사진 자료를 붙여 넣는 등 제작 과정을 쉽게 파악할 수 있도록 한다.

(5) 활동방법

교재 · 교구를 유아에게 보여 줌과 동시에 어떻게 흥미를 이끌어 내고, 어떠한 방법으로 활동을 전개시켜 나갈 것인지를 계획한다. 이때 사후 활동과 연결될 수 있는 활동도 함께 작성하면 더욱 좋다.

(6) 사진

필요에 따라 교재 · 교구의 제작 과정을 사진으로 넣거나 제작된 교재 · 교구의 완성 사진을 첨부한다.

2) 유아 대상 교재 · 교구의 실제

앞서 살펴본 교재 · 교구 개발의 절차, 고려해야 할 점, 계획안 작성 내용을 바탕으로 교재 · 교구 제작을 위한 계획안을 살펴보자.

다음은 생활주제 '우리나라'에 따른 '우리나라의 노래와 춤 경험하기' 소주제에 해당하는 활동으로, 유아들의 사물놀이 수업에 활용하는 사물악기동화 교재 · 교구 계획안이다. 국악동화 '사물악기가 된 도깨비'에 몰입할 수 있고 유아들의 흥미와 호기심을 유발할 수 있도록 융판그림책 교구를 제작하여 활용하는 내용을 체계적으로 작성한다. 이에 대한 구체적인 내용을 살펴보면 다음과 같다.

[지도안 11-1] 교재·교구 계획안의 예(사물악기가 된 도깨비 그림책)

활동명	사물놀이 이야기	교구명	사물악기가 된 도깨비 그림책
활동목표	1. 사물놀이에 관심을 가진다. 2. 사물놀이에 사용되는 악기의 종류와 악기의 상징을 말할 수 있다.	대상 연령	만 5세
내용			
제작방법	재료: 사물악기 그림(꽹과리, 장구, 북, 징- 크기: 13.5cm×17.5cm) 각 1장, 융판놀이책(8P), 얼굴 모양 펠트 4개, 펠트지(갈색, 노랑), 검은색 네임펜, 벨크로테이프(까슬이), 펠트 날씨 모형(비, 구름, 바람, 번개 각각 2개)		

| 제작방법 | 〈사물놀이 악기〉
1. 사물악기 사진 자료를 수집한다.
2. 사물악기 사진을 프린트하여 13.5cm×17.5cm 크기로 오린 뒤 코팅한다. 코팅의 마감 처리는 둥글게 해 주며 뒤쪽에 벨크로테이프(까슬이)를 붙인다.
3. 날씨 펠트 모형에서 비, 구름, 바람, 번개를 각각 2개씩 준비한다(직접 제작하여도 좋다).

〈도깨비〉
4. 얼굴 모양 펠트 4개를 준비한다.
5. 얼굴에 도깨비의 다양한 표정을 네임펜으로 그려 준다.
  (도깨비 참조-미드나잇블루 blog.naver.com/violetdust31/60171753201)
6. 펠트지를 오려 도깨비 뿔을 만들어 붙인다.

〈용〉
7. 용 그림 자료를 활용하여 직접 그리거나 출력하여 코팅한다.

〈그림책〉
8. 융판놀이책을 준비한다.
9. 사물악기, 도깨비, 용을 모두 만든 후, 동화 내용에 맞추어 융판놀이책에 배치한다. |

활동방법	1. 사물놀이에 대해서 이야기 나눈다. 2. 사물놀이 악기 관련 동화 '사물악기가 된 도깨비'를 '사물악기가 된 도깨비 그림책'을 활용하여 들려 준다. 3. 동화를 들은 후 유아들과 이야기 나눈다. 4. 그림책을 활용하여 날씨와 사물놀이 악기를 연결해 본다.
사진	〈사물악기가 된 도깨비 그림책〉

3) 유아 대상 교재·교구 실습

교재·교구 제작 계획안을 작성한 후 제작을 위한 재료를 준비하여 교재·교구를 제작, 발표해 보자.

〈표 11-1〉 유아 대상 교재·교구 개발 계획안

활동명		교구명	
활동목표		대상 연령	
내용			
제작방법	재료:		
활동방법			
사진			

2. 아동 · 청소년 대상 교재 · 교구의 제작 실습

아동 · 청소년 대상 교재 · 교구를 제작할 때에는 아동 · 청소년의 흥미와 교육과 정을 고려하여야 하며, 단원 및 학습 목표 달성, 활동 목표 및 내용 등에 대한 체계 적인 계획을 세워야 한다. 더불어 관련 교재 · 교구의 검토 및 다양한 재료의 이해, 교재 · 교구의 이해가 필요하다.

1) 아동 · 청소년 대상 교재 · 교구의 개발

아동 · 청소년 대상 교재 · 교구의 개발에 있어서 우선 아동 · 청소년의 학습특성, 음악적 능력 등을 파악한다.[2] 그 후 학습자의 능력 및 학습 진도, 학습목표에 따라 교재 · 교구를 개발한다. 교재 · 교구 개발을 위한 절차를 그림으로 나타내면 [그림 11-2]와 같다.

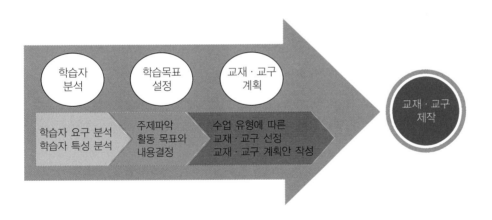

[그림 11-2] 교재 · 교구 개발을 위한 절차

아동 · 청소년 대상의 교재 · 교구를 선정 및 개발할 때에는 다음과 같은 사항을 고려하여야 한다(김미숙 외, 2015).

---

2) 아동 · 청소년 학습자의 특성에 대해서는 윤명원 외(2018)의 『국악 교수 · 학습방법』의 '아동 · 청소년 대상의 이해' 145~150쪽 참조.

- 교재·교구가 학습자의 능력 및 학습 진도에 알맞은 것인가?
- 학습방법을 다양화하고 향상시키는 데 도움을 주는가?
- 학습 목표와 과제 수행에 적합한가?
- 학습 내용을 효율적으로 제시하고 전달해 주는가?

교재·교구 제작을 효율적으로 계획하기 위해서는 구체적인 계획을 세워야 한다. 앞서 유아 대상의 교재·교구 제작에서 살펴보았듯이, 아동·청소년 대상 교재·교구 제작 계획안에 있어서도 제작 비용, 소요시간, 재료, 적절성, 크기, 견고성, 안전성 등을 고려하여 작성해야 한다. 계획안에는 활동주제, 교재·교구명, 활동목표, 대상 학년, 제작방법, 활동방법 등을 구체적으로 작성한다. 구체적인 내용은 다음과 같다.

(1) 제재(곡)명

개발하는 교재·교구의 관련 제재(곡)명을 작성한다. 그에 따른 교과 내용 및 방법을 계획한 후 교재·교구 개발 계획안을 작성한다.

(2) 교재·교구명

교재·교구명에는 제작한 교재·교구의 이름을 작성한다.

(3) 학습 목표와 대상 학년

학습 목표는 학습자들이 수행할 행동을 구체적으로 작성한다. 개발 및 제작한 교재·교구의 기대되는 효과가 연계성을 갖도록 작성한다. 대상 학년에는 교재·교구를 직접적으로 활용할 대상 학년을 작성한다.

(4) 제작 재료와 제작방법

계획한 교재·교구를 제작하는 데 필요한 재료는 그 이름과 양을 구체적으로 작성한다. 제작의 순서와 흐름에 따라 구체적으로 작성한다. 제작 과정은 번호를 이용하여 순서를 표시하거나 참고가 될 만한 사진 자료를 붙여 넣는 등 제작 과정을 쉽게 파악할 수 있도록 한다.

(5) 활동방법

교재 · 교구를 보여 줌과 동시에 어떻게 흥미를 이끌어 내고, 어떠한 방법으로 활동을 전개시켜 나갈 것인지를 계획한다. 이때 사후 활동과 연결될 수 있는 활동도 함께 작성하면 더욱 좋다.

(6) 사진

필요에 따라 교재 · 교구의 제작 과정을 사진으로 넣거나 제작된 교재 · 교구의 완성 사진을 첨부하거나 활동사진을 넣어 준다.

2) 아동 · 청소년 대상 교재 · 교구의 실제

아동 · 청소년 대상 교재 · 교구에 대해서는 제재곡 〈산도깨비〉 수업에 활용할 수 있는 '발장단판'을 만드는 교재 · 교구 계획안을 통해 살펴보고자 한다. 〈산도깨비〉 노래를 듣고 따라 부른 후, 〈산도깨비〉에 해당하는 굿거리장단의 구음을 익혀 연주 할 수 있도록 '발장단판'을 사용하여 아동 · 청소년의 예술성 및 창의성을 향상시킬 수 있도록 작성한다. 이에 대한 구체적인 내용을 살펴보면 다음과 같다.

[지도안 11-2] 교재·교구 계획안의 예(발장단판)

제재(곡)명	산도깨비	교구명	발장단판
학습 목표	1. 굿거리장단의 구음을 익혀 연주할 수 있다. 2. 노래와 함께 굿거리장단을 발장단판에서 연주할 수 있다.	대상 학년	5학년
내용			
제작방법	재료: 펠트지 11장(보풀방지용 43×36cm, 검은색 1장, 흰색 5장, 그 외 컬러 5장), 가위, 글루건총, 글루건심		

〈발장단판 제작〉
1. 검은색 펠트지와 흰색 펠트지를 오려서 장구 부호인 '덩' '쿵' '덕' '더러러러' '기덕' 등을 만든다.

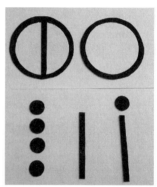

2. 9장의 펠트지를 글루건을 이용하여 3칸씩(3cm×3cm) 연결한다.
3. 컬러 펠트지 위에 다음 위치대로 장구 부호를 붙인다.

○		┃
	◐	
┃		⋮

활동방법	1. 장구의 부호와 구음을 읽으며 굿거리장단을 무릎장단으로 익힌다. 2. 굿거리장단을 '발장단판' 위에서 연주한다. 3. 모둠원이 한 장단씩 나누어 '발장단판' 위에서 연주하거나 노래를 부른다. 4. 모둠원의 역할을 바꾸어 연주한다. 5. '발장단판'에서 연주하며 제재곡을 부른 소감을 이야기한다.
사진	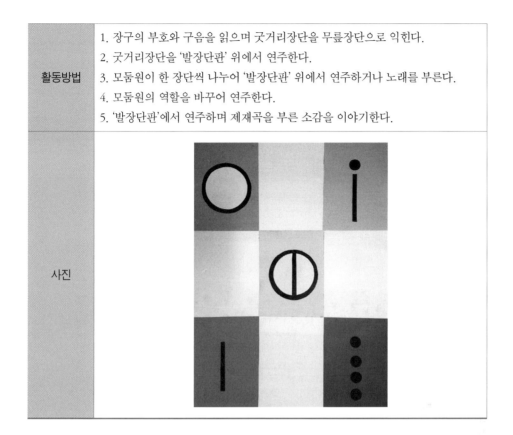

3) 아동·청소년 대상 교재·교구 실습

교재·교구 제작 계획안을 작성한 후 제작을 위한 재료를 준비하여 교재·교구를 제작하여 발표해 보자.

〈표 11-2〉 아동·청소년 대상 교재·교구 계획안

제재(곡)명		교구명	
학습 목표		대상 학년	
내용			
제작방법	재료:		
활동방법			
사진			

이 장에서는 유아와 아동·청소년을 위한 교재·교구의 개발 절차, 교재·교구 개발 시 고려해야 할 점, 교재·교구 계획안 작성 내용 등을 살펴보았다. 유아는 생활주제에 따른 교재·교구를 개발하는 방법을 제시하였으며, 아동·청소년은 학습목표에 따른 교재·교구 개발방법을 제시하였다. 교재·교구의 선정과 활용은 전문성을 높여 줄 뿐 아니라 국악수업을 보다 효과적으로 진행하는 데 도움이 될 것이다. 교사의 교재·교구의 제작을 발판으로 더 많은 대상이 다양하게 접근할 수 있는 교재·교구의 개발 및 활용을 기대해 본다.

토의 주제

1. 국악 교재·교구 활용의 장점은 무엇인지 토론해 보자.

2. 유아 대상으로 전래동요 한 곡을 선택한 후 선택한 전래동요 활동을 위한 교재·교구를 제작해 보자.

3. 아동·청소년을 대상으로 종묘제례악 활동을 위한 교재·교구 제작 계획안을 작성하여 발표해 보자.

참고문헌

강혜인, 최은주, 박혜영, 이미혜, 이선미, 김한나(2013). 날아라 유아국악. 서울: 민속원.

교육과학기술부, 보건복지부(2012). 5세 누리과정 교사용 지침서. 세종: 교육과학기술부·보건복지부.

김미숙, 현경실, 민경훈, 장근주, 김영미, 조성기, 김지현, 조대현, 송주현, 박지현, 최윤경, 김지현(2015). 음악과 교재 연구-음악교육 교재·교구 개발 및 활용-. 서울: 학지사.

김민경, 허희옥, 조미헌, 김미량, 이옥화(2006). 초등교재연구. 경기: 교육과학사.

김정규, 이광자, 조정숙, 한애향(2014). 교과교재 연구 및 지도법. 경기: 정민사.

김혜윤, 김길숙(2016). 교재·교구 연구 및 지도법. 서울: 창지사.

오연주, 이지영, 손진실(2015). 교재·교구의 이론과 실제. 서울: 창지사.

윤명원, 곽은아, 강혜인, 박소현, 박지영, 정모희, 황부남, 이영주, 배영진(2018). 국악 교수 · 학습방법. 서울: 학지사.

이선미(2018). 융합적 사고 함양을 위한 국악교육 연구-음악도상자료 활용방안을 중심으로-. 국악교육연구, 12(1), 147-167.

임경옥, 박지은, 김미정(2018). 장애영유아 보육교사, 특수교사, 통합교사를 위한 특수교구교재 제작. 서울: 학지사.

최일선, 박해미, 이진화(2013). 영유아 교사를 위한 교과 교재 연구 및 지도법. 서울: 교육아카데미.

☞ **참고자료**

[예시 11-1] 개발된 교재・교구의 활용 예시

 해금 퍼즐	• 만드는 방법 흰색의 종이 퍼즐(지름 17cm) 위에 유성매직, 사인펜 등으로 해금을 그려서 '해금 퍼즐'을 만든다. • 활동방법 해금에 대해 알아보는 활동에서 해금 퍼즐 맞추기, 해금의 구조 탐색하기 등에 활용할 수 있다. <div align="right">개발자: 이선미</div>
 꼬마향발	• 만드는 방법 우유 뚜껑의 평평한 면에 접착테이프로 고무줄을 붙이거나 단추 구멍에 고무줄을 끼워 꼬마향발을 만든다. • 활동방법 향발의 모양과 소리를 탐색하거나 창작국악동요 〈향발춤〉 〈꼭두각시〉 등 향발춤 활동에 활용할 수 있다. <div align="right">개발자: 박혜영</div>
 잠자리	• 만드는 방법 다양한 재료(EVA판, 철사 등)를 이용하여 잠자리 형태를 만들어 준 후 눈알을 붙여 잠자리를 완성한다. • 활동방법 전래동요 〈잠자리 꽁꽁〉 〈장굴레 떼떼〉 등 잠자리 관련 노래 부르기 활동에 활용할 수 있다.
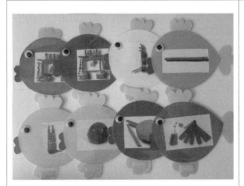 국악기 카드	• 만드는 방법 물고기의 몸을 8가지의 색깔로 오려 물고기를 만들어 준 후 금, 석, 사, 죽, 포, 토, 혁, 목에 해당하는 국악기 사진을 오려 붙인다. 나무젓가락을 활용해 낚싯대를 만들어 준다(장난감 낚싯대를 활용하여도 좋다). • 활동방법 8모둠으로 나눈 후 각 모둠이 선택한 국악기 재료에 해당하는 물고기를 낚는 '국악기 낚시놀이'를 한다. 국악기 낚시놀이는 국악기 8음분류법에 대하여 살펴보는 활동 등에 활용할 수 있다. <div align="right">개발자: 이선미</div>

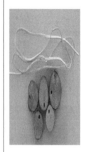 

수박 목걸이

• 만드는 방법

원목 펜던트 5개에 수박 성장 과정을 사인펜으로 그려 넣거나 스티커 등을 붙혀 완성한다(수박 글씨-싹(무당벌레 스티커 활용)-꽃(꽃비즈 스티커 활용)-수박 겉모습 그림-수박 속모습 그림). 성장 과정의 순서에 맞게 가죽끈으로 연결한다.

• 활동방법

전래동요 〈수박따기 노래〉를 부른 후 수박의 성장 과정을 순서대로 연결해 보는 활동에 활용할 수 있다.

개발자: 이선미

투호

• 만드는 방법

신문지를 단단하게 말아 테이프로 고정해 준다. 말린 신문지의 한쪽 끝을 잘라 술을 만들거나 한지를 이용하여 술을 만들어 붙인다.

• 활동방법

창작국악동요 〈투호놀이〉를 부른 후 투호화살 만들기, 모둠을 나누어 투호놀이하기 등에 활용할 수 있다.

[예시 11-2] 상품화된 교재·교구의 활용 예시

도토리 팽이

• 활동방법

창작국악동요 〈도토리〉 노래 부르기 활동을 한 후 '도토리 팽이'를 살펴본다. 색연필, 사인펜 등을 이용하여 팽이를 꾸민 후 도토리 팽이를 돌려보는 활동 등에 활용할 수 있다.

도자기 새피리

• 활동방법

'도자기 새피리'를 불어 새소리를 들려 준 후 '도자기 새피리' 소리와 함께 창작국악동요 〈종달새〉 노랫말을 설명하는 등 도입에 활용하거나 〈종달새〉 노래 부르기 활동 후에 '도자기 새피리'를 부는 활동 등에 활용할 수 있다.

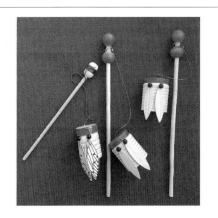

• 활동방법
전래동요 〈주열재열〉 노래 부르기 활동을 하기 전에 매미
소리를 들어 보거나 '주열' '재열'의 뜻을 알아보는 등 도입
에 활용하거나 노래 부르기 활동 후에 매미를 돌려 보는
활동 등에 활용할 수 있다.

매미 돌리기

[예시 11-3] 활동지 형태 교재 · 교구의 사례 및 활용 예시

'나는야 어린이 큐레이터' 해설카드

• 활동방법
무용총의 주악 장면이 보이는 자료를 살펴본다(군
무와 합창 자료, 거문고 타는 선인의 모습이 보이는
자료, 뿔나팔 연주하는 자료 등). 해설카드에 자신
이 선택한 벽화 주제를 적고 주제에 대한 해설내용
을 작성한다. 해설카드를 보며 큐레이터가 되어 시
연하는 활동 등에 활용할 수 있다.

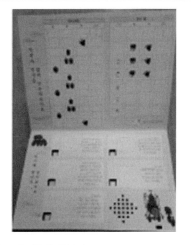

국립고궁박물관 '함께 짓고 부르는 궁중노래, 악장' 활동지

국악박물관 '쿵따쿵, 이야기 보따리' 활동지

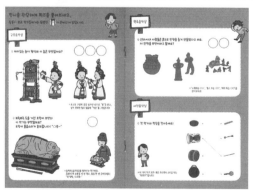
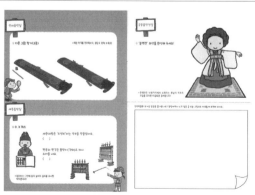

국악박물관 체험 활동지

출처: 국립고궁박물관

제12장
교재 · 교구의 제작 실습 2

곽은아

1. 청장년 및 노년 대상 교재 · 교구의 제작 실습
2. 교수매체의 실제와 실습

이 장에서는 청장년과 노년 대상의 교재 · 교구 제작 실습을 목표로 한다. 교재 · 교구의 제작은 국악 교육프로그램을 더 효과적으로 보완하거나 목적을 특화시킬 수 있다. 그러므로 각 대상에 맞도록 교재 · 교구의 선택 혹은 제작을 계획하고 활용할 수 있도록 한다. 또한 교수매체의 종류와 그에 따른 활용 방안을 알아보고, 적절한 실습 예시를 알 수 있다.

1. 청장년 및 노년 대상 교재·교구의 제작 실습

성인으로 분류할 수 있는 청장년과 노년 학습자는 사회적 위치나 각자 살아온 경험에 따라 학습에 대한 욕구나 목적이 다양하다. 이에 청장년 및 노년 대상의 교재·교구의 제작은 학습자의 흥미 유발과 함께 지적 만족도를 높이는 것에 중심을 두어야 한다.

교재·교구 제작의 계획과 실습은 원활한 교수·학습을 위해 필요한 과정이며, 교재·교구의 개발절차[1]에 근거하여 계획할 수 있다.

1) 청장년 및 노년 대상 교재·교구 제작 계획

교재·교구 제작에 앞서 계획안을 작성하여 수업의 주제와 목표에 부합할 수 있도록 하며, 준비해야 할 사항을 미리 검토한다. 다음은 청장년 대상으로 제재곡 〈경기아리랑〉을 통해 가야금을 배우며 노래를 학습하는 가야금 병창 수업을 위한 교재·교구 제작 계획안 예시이다.

〈표 12-1〉 가야금 병창 교재·교구 제작 계획안 예시

수업 일시	2018. ○. ○. (○차시)	대상	청장년
수업명	가야금 병창	수업곡명	경기아리랑
수업목표	• 가야금과 함께 노래를 할 수 있다. • '아리랑'에 대한 배경 지식을 이해할 수 있다.		
활용 교재 및 교구	가야금(기본 구비), 〈경기아리랑〉 악보, PPT		
교재 및 교구 제작방법	재료: PPT에 들어갈 음원·동영상 및 배경 지식 자료 등 1. 악보 제작 - 악보는 누구나 쉽게 읽을 수 있도록 오선보를 사용한다. - 오선보에 익숙하지 않은 학습자를 위하여 계이름을 위에 함께 표기한다.		

---

1) 제11장 [그림 11-2]의 '교재·교구 개발을 위한 절차' 참조.

	2. PPT 제작
	– '아리랑'의 유래와 종류 등을 간략히 설명한다.
	– 〈경기아리랑〉의 노랫말을 기입한다.
	– 〈경기아리랑〉의 음원이나 동영상을 삽입한다.
교재 및 교구 활용방법	1. PPT를 보며 '아리랑'에 관련된 배경 지식을 습득한다.
	2. 〈경기아리랑〉의 노랫말을 읽어 보며 그 내용을 간략히 파악한다.
	3. 〈경기아리랑〉의 음원이나 동영상을 보며 학습할 곡을 미리 익혀 둔다.
	4. 주어진 악보를 보며 먼저 가야금으로 연주해 본다.
	5. 가야금 연주가 익숙해진 후 노래를 함께 불러 본다.
	6. 모두 함께 가야금을 연주하며 병창을 한다.
완성 예시	1. 악보  2. PPT 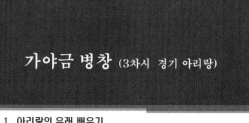

　　다음은 노년 대상으로 한 판소리 중 '흥보가'와 '춘향가'의 〈돈타령〉을 비교하고, 짝을 지어 하는 상황극 활동을 위한 교재·교구의 제작 계획안 예시이다.

〈표 12-2〉 판소리 배우기 교재·교구 제작 계획안 예시

수업 일시	2018. ○. ○. (○차시)	대상	노인
수업명	재미있는 판소리 배우기	수업곡명	'흥보가'와 '춘향가'의 돈타령
수업목표	• '흥보가'와 '춘향가'에 나오는 〈돈타령〉을 비교하며 듣는다. • 각 곡에 나타난 장단의 차이와 배경의 차이를 알 수 있다. • 짝을 지어 상황극을 펼쳐 볼 수 있다.		
활용 교재 및 교구	PPT, 노랫말이 적힌 유인물, 영상자료		
교재 및 교구 제작방법	재료: 윈도 무비 메이커(Windows Movie Maker) 프로그램, PPT에 들어갈 음원·동영상 및 배경 지식 자료 등		

1. 노랫말보 제작
- 글씨 크기를 13pt로 하여 '흥보가'와 '춘향가'의 〈돈타령〉 노랫말을 적는다.
- 장단도 함께 표기한다.

'춘향가' 중 돈타령 노랫말

-빠른중중모리-
돈 돈 돈 돈 봐라 돈 좋다 돈 봐라 돈 좋네 돈 봐
맹상군의 술레바퀴처럼

둥굴둥굴 생긴 돈
잘 난 사람은 더 잘난 돈
못난 사람도 잘난 돈
생살지권을 가진 돈
부귀공명에 붙은 돈
이놈의 돈아 아나 돈아 어디 갔다 이제 오느냐 얼씨구 돈 봐라
돈 돈 돈 돈 돈 돈 돈 돈 돈 봐라

'흥부가' 중 돈타령 노랫말

-중중모리-

얼씨고나 좋을씨고, 얼씨고나 좋을씨고, 얼씨고 절씨고 지화자 좋구나, 얼씨고나 좋을씨고. 돈 봐라, 돈 봐라, 얼씨고나 돈 봐라. 잘난 사람은 더 잘난 돈, 못난 사람도 잘난 돈. 생살지권을 가진 돈, 부귀공명이 붙은 돈. 이놈의 돈아, 아나 돈아, 어디를 갔다가 이제 오느냐? 얼씨고나 돈 봐라. 야, 이 자식들아, 춤 춰라. 어따, 이놈들, 춤을 추어라, 이런 경사가 어디가 있느냐?

얼씨고나 좋을씨고. 둘쨋놈아 말 듣거라. 건넌말 건너가서 너그 백부님을 오시래라. 경사를 보아도 형제 볼란다. 얼씨고나 돈 봐라. 야, 이 자식들아, 춤 춰라. 이따, 이놈들, 춤을 추어라. 이런 경사가 어디가 있느냐? 얼씨고나 좋을씨고, 지화자 좋을씨고. 불쌍허고 가련한 사람들, 박 흥보를 찾아 오오. 나도 내일부터 기민을 줄란다.

얼씨고나 좋을씨고. 여보시오 부자들, 부자라고 좌세 말고 가난타고 한을 마소. 엊그저께까지 박 흥보가 문전 걸식을 일삼더니, 오늘날 부자가 되니, 석숭이를 부러허며 도주공을 내가 부러워 헐그냐? 얼씨고 얼씨고 좋을씨고. 얼씨고나 좋구나.

2. 시청각 자료 제작

윈도 무비 메이커(Windows Movie Maker)를 활용하여 시청각 자료를 제작한다.
- 판소리에 나오는 '흥보가'와 '춘향가'의 〈돈타령〉을 비교할 수 있도록 편집한다.
- 창극에 나오는 '흥보가'와 '춘향가'의 〈돈타령〉을 비교할 수 있도록 편집한다.

3. PPT 제작
- '흥보가'와 '춘향가'의 〈돈타령〉의 배경을 간략히 설명한다.
- 판소리 → 창극 순서로 각각의 〈돈타령〉 편집본을 삽입한다.

교재 및 교구 활용방법	1. '흥보가'와 '춘향가'의 〈돈타령〉에 대한 배경을 설명한다. 2. 판소리로 된 '흥보가'와 '춘향가'의 〈돈타령〉을 노랫말과 함께 감상한다. 3. 창극으로 된 '흥보가'와 '춘향가'의 〈돈타령〉을 노랫말과 함께 감상한다. 4. 두 노랫말의 차이점과 곡의 감상을 학습자끼리 자유롭게 공유한다. 5. 짝을 지어 마음에 드는 사설을 선택한 후 각자의 느낌을 실어 상황극을 만들어 본다.
완성 예시	**1. 노랫말보** 춘향가 中 돈타령 가사 -빠른중중모리- 돈 돈 돈 돈 봐라 돈 좋다 즌 봐라 돈 좋네 돈 봐 행상군의 술레바퀴처럼 둥굴둥굴 생긴 돈 잘 난 사람은 더 잘난 돈 못난 사람도 잘난 돈 생살지옥을 가진 돈 부귀공명에 붙은 돈 이놈의 돈아 아나 돈아 어디 갔다 이제 오느냐 얼씨구 돈 봐라 돈 돈 돈 돈 돈 돈 돈 돈 돈 봐라 춘향가 中 돈타령

2. PPT

앞의 두 예시에서 공통적으로 볼 수 있는 것은 학습 목표 도달을 위하여 필요한 교재·교구의 선택과 그것을 제작하는 방법, 그리고 활용방안이다. '가야금 병창'과 '판소리 배우기'에서는 주로 악보와 PPT, 영상자료를 활용하는 방법을 채택하였고, 이로 하여금 학습자들이 수업 내용에 대한 배경 지식과 제재곡의 예술적 측면을 간접적으로 체험할 수 있도록 하였다. 이렇듯 교재·교구 계획안 작성으로 필요한 제작 재료와 도출해 낼 수 있는 효과까지 예상하여 실제 수업의 시뮬레이션을 그려 볼 수 있다.

2) 청장년 및 노년 대상 교재·교구의 제작 실습

교재·교구의 계획 및 제작 실습은 국악 교육프로그램의 효율성을 높이고 수업의 질을 높일 수 있는 중요한 단계 중 하나이다. 앞서 배운 내용을 토대로 노년 대상 국악 교육프로그램에 활용할 수 있는 교재·교구를 직접 계획하고 제작해 보도록 한다.

〈표 12-3〉 교재·교구 제작 계획안

수업 일시		대 상	
수업명		수업곡명	
수업목표			
활용 교재 및 교구			
교재 및 교구 제작방법	재료:		
교재 및 교구 활용방법			
완성 사진			

2. 교수매체의 실제와 실습

교수매체는 교육 목적 달성을 위한 교수 · 학습 과정에서 직접 사용되어 학습자의 학습 활동을 돕고, 교사의 교수 활동을 원활하게 해 주는 모든 유형의 자료를 의미한다(이인원 외, 2009). 다시 말해, 교육에 흔히 사용되는 악기, 악보, 책, 오디오 시스템, 컴퓨터, 교육을 이끄는 교사 등 교수매체가 될 수 있는 종류는 매우 다양하다. 특히 국악교육은 음악교육이라는 특성상 시청각 등의 여러 감각을 풍부하게 활용할수록 교육목적 달성에 용이하기에 적절한 교수매체를 선택하고 활용하는 것이 중요하다. 이인원 등(2009)에 따르면 교수매체는 크게 전통적 교수매체와 뉴미디어 교수매체로 구분할 수 있으며 다음과 같이 정리할 수 있다.

〈표 12-4〉 교수매체의 구분

전통적 교수매체	뉴미디어 교수매체
교과서, 칠판, 텍스트 자료, 실물악기, 실물모형, 사진, 신문, 방송(TV · 라디오) 등	컴퓨터와 인터넷을 비롯한 현대와 미래의 공학기기를 이용하는 각종 자료

출처: 이인원 외(2009)

전통적 교수매체는 지금까지 흔히 사용되던 교수매체이다. 아직까지 활용하고 있는 매체들도 있지만 대부분은 미디어의 발달로 인해 컴퓨터 혹은 각종 프로그램 등의 뉴미디어 매체로 점점 대체되고 있는 추세이다. 각종 미디어 교수매체의 발달로 교육의 다양성과 학습자의 욕구가 더 적극적으로 충족되고 있기에 뉴미디어 교수매체의 활용은 앞으로 더 중요해질 것이며, 그에 따라 교수자의 뉴미디어 교수매체에 대한 높은 이해도가 요구될 것이다.

이 장에서는 『음악과 교재 연구』(김미숙 외, 2015)에서 나타난 교수매체의 분류를 토대로 국악교육에 있어서 유용하게 사용할 수 있는 음악 교수매체(이하 교수매체)를 간략히 분류하고, 교수매체가 활용된 예시를 살피며 실제 수업에 적용할 수 있도록 한다.

1) 음악 교수매체의 분류

음악교육에 있어서 교수매체는 시각, 청각, 시청각 매체로 나누어 생각해 볼 수 있다. 시각적 교수매체에는 이미지나 악보 등을 예로 들 수 있다. 이미지는 여러 가지 그림이나 사진의 형태를 아우르며 악곡에 대한 이해나 역사적 배경까지 쉽게 전달받을 수 있도록 도와준다. 악보는 음악 교수매체에서 빠질 수 없는 중요한 요소이며, 악곡의 구성 뿐 아니라 세부적인 감정 표현까지 학습자에게 전달한다.

시각적 매체를 효과적으로 편집하여 다룰 수 있는 구체적인 교수매체는 〈표 12-5〉와 같이 꼽을 수 있다.

〈표 12-5〉 시각적 교수매체 프로그램

포토샵 (Photoshop)	이미지 편집 프로그램. 사진 등의 편집에 용이하며 그래픽 활용도 가능함
김프(Gimp)	포토샵과 같은 이미지 편집 프로그램. 맥, 리눅스, 윈도우 지원
피날레(Finale)	대표적인 악보 사보 프로그램. 편리함과 전문성을 갖춤

출처: 김미숙 외(2015).

청각적 교수매체는 대표적으로 소리(sound)를 꼽을 수 있다. 음악은 소리를 기반으로 하여 학습이 이루어지기에 교수매체에 다양하게 활용된다. 소리 자료는 일반적으로 녹음기, 스마트폰 등의 저장매체에 녹음되거나 컴퓨터 파일로 만들어진다(김미숙 외, 2015). 소리 자료를 편집할 수 있는 대표적인 교수매체는 〈표 12-6〉과 같다.

〈표 12-6〉 청각적 교수매체 프로그램

골드웨이브(GoldWave)	음악 편집 프로그램. 전문성을 띄지는 않지만 용이한 편집이 가능
사운드포지 (Sound forge)	사운드 편집 프로그램. 멀티채널 녹음과 편집, 사운드 보정 등 다양한 기능을 지원
iTunes(아이튠즈)	미디어 플레이어. CDA 파일을 MP3 파일로 변환 가능

출처: 김미숙 외(2015).

시청각적 교수매체에는 동영상을 들 수 있다. 동영상은 시각적 교수매체와 청각적 교수매체의 집합체로, 이미지, 텍스트, 사운드 등을 종합적으로 제공하기에 음악교육 매체로서의 다기능적인 역할을 한다. 동영상을 편집할 수 있는 교수매체는 〈표 12-7〉과 같다.

〈표 12-7〉 시청각적 교수매체 프로그램

어도비 프리미어 (Adobe Premiere Pro)	대중적인 영상 편집 프로그램. 비교적 자유로운 편집이 가능
베가스(Vegas)	영상 편집 프로그램. 직관적 인터페이스로 초보자도 쉽게 접근 가능
곰믹스(GOM Mix)	영상 편집 프로그램. 초보자도 편집이 용이
윈도 무비 메이커 (Windows Movie Maker)	영상 제작 및 편집 프로그램. 대표적인 영상편집 무료 프로그램

출처: 김미숙 외(2015).

2) 교수매체의 선정

교수매체 선정을 위해서 가장 중점적으로 고려해야 할 것은 '교육 내용과 교육 목표'라고 할 수 있다. 음악교육의 분야는 기악, 가창, 감상, 창작 등 다양하게 구분이 되며, 교육 목표 또한 지식의 습득, 취미·여가 활동 등 지향점이 많다. 교육 내용과 목표 설정이 완료된 이후에 이에 적합한 교수매체를 선정해야 한다. 예를 들어, 기악이나 가창영역의 경우에는 악보와 음원 등을 선정한다. 교수매체를 선정하기 위한 단계를 설정해 보면 [그림 12-1]과 같이 간략히 살펴볼 수 있다.

교육 내용 설정	기악, 가창, 감상, 창작 등 어떠한 내용을 교육할 것인가?

↓

교육 목표 설정	순수교육, 취미·여가 등 어떠한 목표를 설정하였는가?

↓

교수매체 선정	PPT, 동영상, 인쇄매체 등 어떠한 교수매체를 활용할 것인가?

↓

검토	선정한 교수매체가 교육 목표 도달에 적합한 교수매체인가? 더 활용할 수 있는 교수매체가 있는가?

[그림 12-1] 교수매체 선정의 단계

이상 다양한 교수매체는 제10장을 상세히 참조해 볼 수 있고, 교육 내용과 목표에 부합되는 교수매체를 선정하였다면 선정한 교수매체의 합리성을 한 번 더 검토한 후 수정·보완하여 교재·교구 제작 계획 및 활용에 들어가도록 한다.

3) 교수매체의 활용

교수매체를 활용하여 교수·학습 자료를 만들 때에는 한 가지 항목만 활용할 수도 있지만 2개 이상의 교수매체를 수합하여 사용할 수 있다. 동시에 여러 교수매체를 사용할 경우에는 단일매체를 사용할 때보다 학습자의 지식에 대한 이해도를 높일 수 있다.

〈자료 12-1〉은 '정악 장단'과 '민속악 장단'에 대한 수업 자료로, 시각적 교수매체와 청각적 교수매체를 PPT에 활용한 예이다. 각 장단의 정간보 및 오선보 악보와 민요 음원을 첨부하여 민요에 맞춰 장단을 직접 연주할 수 있도록 유도하였다. 이 경우, 학습자 스스로 음악에 맞추어 장단을 연주해 볼 수 있기에 악보만 제시되었을 때 보다 '정악 장단'과 '민속악 장단'의 차이, 각 장단에 대한 이해력과 학습 참여도를 높일 수 있다.

〈자료 12-1〉 시각적 교수매체와 청각적 교수매체의 활용 1[2]

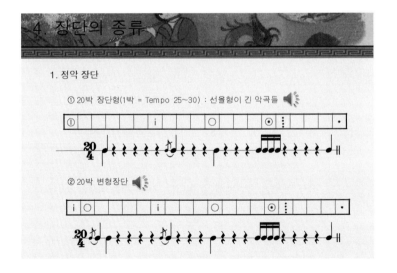

2) 저자의 수업 자료.

   〈자료 12-2〉의 경우에는 '정악 가야금, 산조 가야금'에 대한 설명을 위해 악기의 사진 자료를 첨부한 후 각 부분의 명칭을 설명하고, 음원을 넣어 소리의 차이도 느낄 수 있도록 하였다.

〈자료 12-2〉 시각적 교수매체와 청각적 교수매체의 활용 2

이렇게 여러 교수매체를 활용하여 학습자가 다방면으로 교육내용을 이해할 수 있도록 계획하여 실제 수업에 적용하도록 한다.

4) 교수매체의 실습계획

이제 교수매체의 선정과 활용을 위한 실습계획을 세워보도록 한다. 다음의 양식에 맞추어 활용계획안을 작성하여 발표해 보자.

〈표 12-8〉 교수매체 활용 계획안

수업 일시	2018. . (○차시)	대 상	
수업명		수업곡명	
수업 목표			
활용 교수매체			
교수매체 활용방안			
교수매체 활용 완성 예시			

이 장에서는 청장년과 노년 대상의 교재·교구 제작을 위하여 제작 계획안 예시들을 살펴본 후 교재·교구를 직접 계획하고 제작해 보는 것에 중점을 두었다. 더불어 교수매체에 대해 보다 중점적으로 살펴보았다. 그중 음악 교수매체 분류에 대해 알아보고 교수매체 선정의 단계, 교수매체의 활용 예시들을 통해 교수매체 활용 계획안 작성을 해 보았다. 다양한 교수매체를 활용하여 교재·교구를 제작해서 수업에 활용한다면 보다 효과적인 수업이 될 것으로 기대된다.

🗐 토의 주제

1. 청장년 및 노년 대상 교재·교구 제작 계획안을 작성해 보자.

2. 각 영역별로 활용할 수 있는 교수매체의 종류를 조사해 보자.

3. 여러 교수매체를 교차로 활용할 수 있는 방안을 제시해 보자.

📖 참고문헌

김미숙, 현경실, 민경훈, 장근주, 김영미, 조성기, 김지현, 조대현, 송주현, 박지현, 최윤경, 김지현(2015). 음악과 교재연구-음악교육 교재·교구 개발 및 활동-. 서울: 학지사.

이인원, 양진희, 이은진(2009). 영유아의 효율적 교육방법을 위한 교육공학 및 교수매체 이론과 실제. 경기: 양서원.

이화정, 양병찬, 변종임(2003). 평생교육프로그램 개발의 실제. 서울: 학지사.

전숙경(2017). 미디어는 교육을 어떻게 바꾸었나. 서울: 커뮤니케이션북스.

현경실, 김미숙, 김선미, 김신영, 김영미, 김지현, 민경훈, 배수영, 이가원, 임인경, 장근주, 조대현, 조성기, 주희선(2018). 음악 교육프로그램 개발. 서울: 레인보우북스.

Smaldino, S. E., Lowther, D. L., & Russell, J. D. (2011). 교수공학과 교수매체[Instruction technology and media for learning]. (이미자, 권혁일, 김도헌 역). 서울: 아카데미플레스. (원전은 2011년에 출판).

부록

교육프로그램 개발 서식 모음

- 프로그램 계획안 작성 양식 1
- 프로그램 계획안 작성 양식 2
- 프로그램 계획안 작성 양식 3
- 프로그램 계획안 작성 양식 4
- 프로젝트 과제 발표 시 활용할 수 있는 자기 평가 양식
- 프로젝트 과제 발표 시 활용할 수 있는 동료 평가 양식
- 보고서 발표 시 활용할 수 있는 교수 평가 양식
- 프로그램 평가서(참여자용)
- 교수·학습 지도안 양식 1
- 교수·학습 지도안 양식 2
- 교수·학습 지도안 양식 3
- 교수·학습 지도안 양식 4
- 교수·학습 지도안 양식 5

■ 프로그램 계획안 작성 양식 1

프로그램명	
대상	
영역	
기간	
기획의도	
프로그램 목표	
프로그램 개요	

차시	주요활동
1차시	
2차시	
3차시	
4차시	
5차시	
6차시	
7차시	
8차시	
9차시	
10차시	

■ 프로그램 계획안 작성 양식 2

프로그램명	
대상	
기간	
프로그램 목표	
프로그램 개요	

구분	수업주제	학습 목표	주요 활동내용
1차시			
2차시			
3차시			
4차시			
5차시			
6차시			
7차시			
8차시			

■ 프로그램 계획안 작성 양식 3

차시	활동 단계	수업 단계	활동내용	핵심 역량	평가 계획	
					평가요소	방법
1	활동 시작	도입				
2~3		전개				
4		정리				
5	활동 전개	도입				
6~7		전개				
8						
9~10		정리				
11	활동 마무리	도입				
12		전개				
13		정리				

■ 프로그램 계획안 작성 양식 4

월	주	수업주제	지도내용	자료 및 유의점
	1			
	2			
	3			
	4			
	1			
	2			
	3			
	4			
	1			
	2			
	3			
	4			
	1			
	2			
	3			
	4			

■ 프로젝트 과제 발표 시 활용할 수 있는 자기 평가 양식

구분	본인 이름 (　　　　)	팀원 1 (　　　　)	팀원 2 (　　　　)
프로젝트 계획 수립 (100%)			
자료 수집 (100%)			
수집 자료 분석 및 보고서 작성 (100%)			
발표 자료 개발 및 발표 (100%)			
기타 (　　　　)			

■ 프로젝트 과제 발표 시 활용할 수 있는 동료 평가 양식

평가항목＼타모둠	1	2	3	4	5	6	7	8	9	10
과제 이해도 (25점)										
내용 타당도 (25점)										
과제 완성도 (25점)										
유의미한 시사점 (25점)										
총점										

■ 보고서 발표 시 활용할 수 있는 교수 평가 양식

채점표

학번	이름	과제 이해도 (20점)	과제 완성도 (20점)	내용 타 당도 (20점)	발표 태도 (20점)	제출 기한 (10점)	기타 (10점)	계

■ 프로그램 평가서(참여자용)

프로그램명	작성일자	작성자

순번	평가내용	평가기준				
		매우 아니다	아니다	보통 이다	그렇다	아주 그렇다
1	프로그램이 전체적으로 즐겁고 유익했다.	①	②	③	④	⑤
2	프로그램은 휴 · 결강 없이 이루어졌다.	①	②	③	④	⑤
3	프로그램의 성격에 맞는 수업방법이 사용되었다.	①	②	③	④	⑤
4	프로그램 특성에 적합한 수업 자료(매체)를 활용하였다.	①	②	③	④	⑤
5	강사와 참여자 간의 상호작용이 활발하게 이루어졌다.	①	②	③	④	⑤
6	참여자들의 수준에 맞게 프로그램의 내용이 진행되었다.	①	②	③	④	⑤
7	이 프로그램을 다른 사람에게 추천할 것이다.	①	②	③	④	⑤

1. 이 프로그램의 가장 유익했던 점을 자유롭게 쓰세요.
2. 이 프로그램에서 수정 · 보완되었으면 하는 점을 자유롭게 쓰세요.

■ 교수 · 학습 지도안 양식 1

제재해설			
학습 목표			
주요활동			
중점요소		수업자료	
학습 과정	도입		
	전개		
	정리		

■ 교수 · 학습 지도안 양식 2

활동명	
활동목표	
활동자료	
활동 내용 및 방법	
참고사항	

■ 교수·학습 지도안 양식 3

활동명	
활동주제	
활동목표 및 기대효과	
활동자료	

적정인원		소요시간	

단계		
도입		
전개		
정리		

활동 사진		

■ 교수 · 학습 지도안 양식 4

제재곡		학년	
차시		수업시간	
성취기준			
학습 목표			
교과 역량		하위요소	
교수 · 학습 과정	교수 · 학습 활동		
동기 (동기유발)			
전개 (기초 기능 탐색 및 창의적 표현)			
정리 (내면화)			

■ 교수 · 학습 지도안 양식 5

활동명		차시	
활동 내용			
학습 목표			
핵심 역량			
수업 단계	수업 활동		
도입			
전개			
정리			

찾아보기

[인 명]

[내 용]

저자 소개

윤명원(尹明遠, Yoon Myung won)
서울대학교 음악대학 국악과
서울대학교 음악학 석사
고려대학교 문화재학 박사
현 단국대학교 국악과 교수

〈주요 저서〉
『국악교육론』(공저, 학지사, 2018)
『국악 교수 · 학습방법』(공저, 학지사, 2018)
『초등 5-6 음악교과서』(공저, 천재교육, 2015)

곽은아(郭銀兒, Kwak Eun ah)
이화여자대학교 음악대학 한국음악과
이화여자대학교 음악학 석사
성균관대학교 철학 박사
현 이화여자대학교 한국음악과 교수

〈주요 저서 및 논문〉
『국악교육론』(공저, 학지사, 2018)
『국악 교수 · 학습방법』(공저, 학지사, 2018)
「한국전통음악교육의 철학적 토대와 교과과정 적합성 분석」(성균관대학교 대학원 박사학위논문,
    2013)

김희선(金希鮮, Kim Hee sun)
서울대학교 음악대학 국악과
서울대학교 음악학 석사
피츠버그 대학교 음악인류학 박사
현 국립국악원 국악연구실장, 국민대학교 교양대학 부교수, 국제전통음악학회 동아시아음악연구회
    회장(ICTM MEA)

〈주요 저서 및 논문〉
『황병기 연구: 한국전통음악의 지평을 넓히다』(도서출판 풀빛, 2015)
「사물놀이 세계화의 전개와 성격」(국악교육 44집, 2017)
「월드뮤직의 문화번역: 한국적 월드뮤직의 전개와 성격」(음악과 문화, 제30권, 2014)

박지영(朴志永, Park Ji young)
이화여자대학교 음악대학 한국음악과
명지대학교 음악치료학 석사
경인교육대학교 음악교육학 석사
현 서원대학교 음악교육과 겸임교수, 수원대학교 국악과 객원교수, 이화여자대학교 한국음
    악과 · 이화여자대학교 문화예술교육원 · 경인교육대학교 음악교육과 강사

〈주요 저서〉
『초등 5-6 음악교과서』(공저, 천재교과서, 2019)
『국악교육론』(공저, 학지사, 2018)
『국악교수 · 학습방법』(공저, 학지사, 2018)

이선미(李善美, Lee Seon mi)
수원대학교 음악대학 국악과
중앙대학교 교육학 석사
단국대학교 음악학 박사과정 수료
현 단국대학교 국악과 강사, 안산대학교 영유아학부 · 경북전문대학교 유아교육과 외래교수,
    국립고궁박물관 교육강사

〈주요 저서 및 논문〉
『날아라 유아국악』(공저, 민속원, 2013)
「융합적 사고 함양을 위한 국악교육 연구」(국악교육연구, 2018)
「유아의 가야금 기초교육을 위한 교수법 연구」(중앙대학교 국악교육대학원 석사학위논문,
    2010)

신영미(愼英美, Shin Young mi)
단국대학교 음악대학 작곡과
공주대학교 음악교육학 석사
단국대학교 음악학 박사과정
현 선인중학교 교사

〈주요 논문〉
「한국예술가곡에 나타난 전통음악적 요소에 관한 고찰」(공주대학교 대학원 석사학위논문, 2013)

이주항(李紬恒, Lee Ju hang)
이화여자대학교 음악대학 한국음악과
이화여자대학교 음악 석사
이화여자대학교 음악 박사
현 이화여자대학교 한국음악과 · 이화여자대학교 문화예술교육원 강사

〈주요 저서 및 논문〉
『국악은 젊다』(예경, 2015)
「지영희 대풍류 중 염불풍류의 전승과 확장」(이화여자대학교 대학원 박사학위논문, 2016)
「한범수류 대금산조 중모리의 연구」(이화여자대학교 대학원 석사학위논문, 2011)

국악 교육프로그램 개발
Korean Traditional Music Education Program Development

2019년 3월 15일 1판 1쇄 인쇄
2019년 3월 25일 1판 1쇄 발행

지은이 • 윤명원 · 곽은아 · 김희선 · 박지영 · 이선미 · 신영미 · 이주향
펴낸이 • 김진환
펴낸곳 • (주) **학지사**
　　　　　04031 서울특별시 마포구 양화로 15길 20 마인드월드빌딩
대표전화 • 02)330-5114　　　팩스 • 02)324-2345
등록번호 • 제313-2006-000265호

홈페이지 • http://www.hakjisa.co.kr
페이스북 • https://www.facebook.com/hakjisa

ISBN 978-89-997-1786-4 93370

정가 19,000원

이 도서의 국립중앙도서관 출판시도서목록(CIP)은 서지정보유통지
원시스템 홈페이지(http://seoji.nl.go.kr)와 국가자료공동목록시스템
(http://www.nl.go.kr/kolisnet)에서 이용하실 수 있습니다.
(CIP 제어번호: CIP2019007710)

교육문화출판미디어그룹 **학지사**
심리검사연구소 **인싸이트** www.inpsyt.co.kr
원격교육연수원 **카운피아** www.counpia.com
학술논문서비스 **뉴논문** www.newnonmun.com
간호보건의학출판 **학지사메디컬** www.hakjisamd.co.kr